Ciak… si parla italiano

CINEMA FOR ITALIAN CONVERSATION

Ciak… si parla italiano

CINEMA FOR ITALIAN CONVERSATION

Piero Garofalo
University of New Hampshire

Daniela Selisca
University of New Hampshire in Italy

Focus Publishing / R. Pullins Co.
Newburyport, MA

INDICE

PREFAZIONE

Ciak... si parla italiano è pensato per studenti di italiano che siano già ad un livello di conoscenza della lingua abbastanza avanzato da poter seguire senza eccessive difficoltà un film con i dialoghi in italiano. Può essere utilizzato dall'insegnante come manuale per il corso oppure come testo supplementare per le proprie lezioni. Il lavoro consiste in sedici unità didattiche che accompagnano la visione di altrettanti film.

Perché il cinema? Spesso dopo due o tre anni di studio gli studenti non hanno ancora una familiarità con la lingua sufficiente a seguire un film o ad elaborare, soprattutto oralmente, alcuni concetti. La visione di un film diventa così un'occasione di apprendimento divertente, in cui l'ausilio delle immagini facilita la comprensione e rende meno faticoso e più stimolante lo studio rispetto al testo scritto, soprattutto letterario. Allo stesso tempo, le attività di discussione, esercitazione, ricerca, riflessione e conversazione qui proposte costituiscono un ottimo ausilio anche per lo studio e le capacità di espressione ed esposizione in ambito più ampio, che va dai dialoghi del quotidiano ai testi più impegnativi. Proprio per stimolare gli studenti ad estendere la loro riflessione anche all'ambito letterario ogni capitolo si chiude con 'L'angolo della poesia', che costituisce uno stimolo alla lettura di un testo poetico e alle riflessioni che da questo possono scaturire. Inoltre, si è dato il dovuto rilievo all'inquadramento storico e culturale delle situazioni presentate dai film, per aiutare gli studenti ad ampliare il loro bagaglio culturale sull'Italia, la sua storia, i suoi usi e costumi e le sue caratterizzazioni geografiche.

Le attività didattiche previste nel testo offrono spunti per la conversazione ed incoraggiano gli studenti a parlare italiano e ad ampliare il loro vocabolario fornendo glossari ed esercizi sulle forme idiomatiche. *Ciak... si parla italiano* presuppone da parte dei discenti una già discreta preparazione di base, ma dà anche all'insegnante l'opportunità di far approfondire le forme lessicali, morfologiche, grammaticali e sintattiche su cui più facilmente gli studenti di italiano inciampano. Le esercitazioni previste sono abbondanti e varie, allo scopo di lasciare alla discrezionalità del docente la scelta di quelle più adatte al proprio programma e al livello degli studenti. Molte delle attività possono essere svolte come elaborato scritto e poi diventare materia di discussione fra gli studenti, oppure costituire uno stimolo alla conversazione improvvisata direttamente in classe. Sono stati inclusi anche esercizi (alcuni di tipo creativo, altri di ricerca) che, se l'insegnante lo ritiene opportuno, possono essere oggetto di lavori di gruppo. I capitoli sono indipendenti l'uno dall'altro per offrire al docente la massima libertà nel costruire un programma di studio corrispondente alle proprie esigenze e risorse.

Lo stimolo alla conversazione è stato determinante nella scelta dei film da includere nel presente volume, e i cui dialoghi talvolta riflettono anche alcune inflessioni dialettali che, come l'insegnante sa bene, sono più comuni in Italia dell'italiano standard stesso. I film selezionati, quasi tutti degli ultimi quindici anni, presentano vari aspetti del cinema italiano contemporaneo, e per sottolineare questa varietà abbiamo evitato di includere più di un film dello stesso regista. Allo stesso tempo, la scelta è stata intenzionalmente condizionata dalla disponibilità dei film al di fuori dell'Italia: ad eccezione di *Fiorile*, tutti i film sono disponibili in formato DVD con sottotitoli per non udenti e in inglese; *Fiorile* è, al momento della pubblicazione del volume, disponibile in VHS con sottotitoli in inglese. È importante sottolineare che il testo non presuppone né da parte dell'insegnante né da parte dello studente una conoscenza profonda del cinema italiano: il volume non è un'introduzione al cinema italiano, è uno strumento per stimolare l'interesse dello studente a vari aspetti della cultura italiana attraverso le vicende, le situazioni, i periodi storici presentati nei film.

Nei limiti del possibile, a seconda del livello della classe, si raccomanda la visione del film in lingua originale senza sottotitoli, sia perché non è necessario che gli studenti capiscano ogni parola, sia perché l'assenza dei sottotitoli aumenta la loro concentrazione sui dialoghi. Se l'insegnante giudica troppo difficile la comprensione senza l'ausilio dei sottotitoli, si consiglia al limite di utilizzare quelli in italiano per non udenti.

Nel volume si prende quasi sempre in considerazione 'lo studente' e praticamente mai 'la studentessa'; non vuole questo essere un atteggiamento discriminatorio, ma semplicemente ci si attiene alle consuetudini stilistiche italiane. Bisogna considerare il fatto che in italiano si declina praticamente tutto per genere, e si è voluto così evitare un appesantimento del testo generato da una stesura del tipo: "Discutine con i/le tuoi/tue compagni/e". Nelle esercitazioni riguardanti il lessico, invece, la preferenza per il maschile è dovuta al fatto che questa è la voce che gli studenti trovano sul loro dizionario.

Gli Autori ringraziano l'editore Ron Pullins per aver sostenuto, sempre con entusiasmo, questo progetto, e l'ottima equipe della Focus Publishing: Jena Lustbader, Leslie Powell, Linda Robertson, Kerri Stewart, Cynthia Zawalich e Melissa Massello. Un ringraziamento tutto particolare, infine, va a Karen DuBois, Paolo Papini, Laura Selisca, Matteo e Alessia Garofalo per i loro preziosi consigli, suggerimenti, supporto e disponibilità.

LE PAROLE DEL CINEMA

Angolazione: la posizione della macchina da presa rispetto a ciò che sta riprendendo; ne deriva l'inquadratura

Botteghino: biglietteria, ma spesso l'incasso di un film

Campo: lo spazio ripreso e visibile agevolmente (cioè a fuoco) nell'inquadratura

Campo lunghissimo: il campo di ripresa che comprende anche oggetti molto lontani; in questo tipo d'immagine l'ambiente tende ad annullare le figure

Campo lungo: il campo di ripresa che comprende anche oggetti lontani; in questo tipo d'immagine le figure sono lontane, ma si distinguono bene

Campo medio: il campo di ripresa che comprende oggetti abbastanza vicini; in questo tipo d'immagine le figure occupano metà dell'inquadratura

Campo totale: inquadratura delimitata dalla figura intera dell'attore

Carrellata: il movimento che si ottiene facendo muovere la macchina da presa su un carrello che scorre su un binario

Ciac, ciak: parola onomatopeica del rumore fatto da un'asticciola che batte sulla tavoletta di legno cui è incernierata; questo movimento è il modo convenzionale per dare il via alla ripresa di una scena

Colonna sonora: il suono (musica, dialogo, ecc.) del film. Spesso usato per indicare solo l'accompagnamento musicale

Controcampo: il campo inverso a quello dell'inquadratura precedente

Cortometraggio: film di breve durata (meno di un'ora)

Doppiaggio: aggiunta alla colonna sonora di dialogo diverso da quello registrato durante la lavorazione del film

Fuori campo: tutto ciò che è fuori del campo inquadrato, e che quindi non si vede

Girare: l'operazione di ripresa di un film, detto anche filmare

Inquadratura: l'immagine compresa nel campo di ripresa

Lungometraggio: film di lunga durata (almeno un'ora e mezzo)

Macchina da presa: l'apparecchio, detto anche cinepresa, che gira il film

Montaggio: l'operazione di ordinare il materiale girato, tagliando parti di pellicola e collocandole dove ritenuto più opportuno

Primo piano: il campo che comprende la figura umana dalla testa fino alle spalle

Primissimo piano: l'inquadratura che comprende solo la testa

Regia: il lavoro del regista, cioè la direzione dell'allestimento del film

Scena: un episodio particolare, oppure il luogo dove si svolge l'azione

Sceneggiatura: il testo scritto del film, detto anche copione

Scenografia: l'ambientazione artificiale che fa da sfondo alla ripresa (fondali dipinti, arredamenti, ecc.)

Sequenza:	porzione di film senza stacchi di montaggio
Soggettiva:	tipo di ripresa il cui punto di vista è solidale con 'l'occhio' del personaggio
Stacco:	il passaggio da un quadro ad un altro per mezzo del taglio e conseguente attacco della pellicola

LA TROUPE

Arredatore:	chi assiste lo scenografo nella scelta e nella manutenzione degli arredi
Comparsa:	attore che interpreta una parte secondaria, spesso senza una parte di dialogo assegnata.
Distributore:	responsabile per la distribuzione commerciale del film
Interprete:	attore che interpreta una parte (ruolo) nel film
Operatore:	chi manovra la cinepresa
Produttore:	finanziatore del film; in alcuni casi influisce anche su alcune scelte organizzative o di regia
Protagonista:	attore che interpreta il personaggio principale nel film
Regista:	l'autore del film, che dà la propria impronta all'interpretazione degli attori, alle riprese e al montaggio del film; detto anche cineasta
Sceneggiatore:	autore di sceneggiature di opere cinematografiche o televisive
Scenografo:	chi realizza l'allestimento scenico del film
Star (f, inv.):	attore, o altro personaggio dello spettacolo, molto famoso

CINECITTÀ

Cinecittà è il maggiore stabilimento cinematografico italiano, che sorge alla periferia di Roma. Costruita nel 1937 durante il periodo fascista, dette un notevole impulso alla produzione cinematografica nazionale. Negli anni Cinquanta attirò molti cineasti americani diventando la «Hollywood sul Tevere».

FESTIVAL E PREMI CINEMATOGRAFICI ITALIANI

Mostra Internazionale d'Arte Cinematografica di Venezia

La prima Esposizione Internazionale d'Arte Cinematografica (dal 6 al 21 agosto 1932) nasce nell'ambito della XVIII Biennale di Venezia. Dal 1935 la Mostra diventa annuale. Il premio principale è il Leone d'oro.

David di Donatello

Istituiti nel 1955 dal Club Internazionale del Cinema e l'Open Gate Club, i Premi David di Donatello riconoscono la migliore produzione cinematografica italiana e straniera. I premiati ricevono una riproduzione in oro della statua di Donatello.

Nastri d'argento

I Nastri d'argento sono il più antico riconoscimento del cinema italiano, secondo nel mondo solo agli Oscar. Vengono assegnati, dal 1946, dagli appartenenti al Sindacato Nazionale Giornalisti Cinematografici Italiani.

Globi d'Oro

I Globi d'Oro sono assegnati a Cinecittà dai giornalisti dell'Associazione Stampa Estera in Italia. L'istituzione del premio risale al 1960.

CAPITOLO 1
DIVORZIO ALL'ITALIANA

DIVORZIO ALL'ITALIANA, Italia, 1961

Regia	Pietro Germi
Sceneggiatura	Alfredo Giannetti, Ennio De Concini, Pietro Germi
Interpreti	Marcello Mastroianni *Don Ferdinando*
	Daniela Rocca *Rosalia*
	Stefania Sandrelli *Angela*
	Leopoldo Trieste *Carmelo Patanè*
	Lando Buzzanca *Rosario Mulé*
	Odoardo Spadaro *Don Gaetano Cefalù*
	Margherita Girelli *Sisina*
	Pietro Tordi *Avvocato De Marzi*
	Angela Cardile *Agnese*
	Ugo Torrente *Don Calogero*
Durata	101'

IL REGISTA: PIETRO GERMI

Pietro Germi (Genova 1914 – Roma 1974), il regista che Federico Fellini chiamava "il grande falegname", nasce in una famiglia modesta e rimane presto orfano di padre; nel 1931 si iscrive all'Istituto Nautico di Genova perché sogna di viaggiare, ma dopo tre anni interrompe gli studi, si trasferisce a Roma e si diploma prima in recitazione e poi in regia al Centro Sperimentale di Cinematografia. I suoi primi film godono di un certo successo ed *Il cammino della speranza* (1950), su un gruppo di lavoratori meridionali che emigrano in Francia, viene lodato dal regista americano Nicholas Ray come «il film più emozionante e pieno di poesia che io abbia mai visto». Dopo essersi concentrato su melodrammi di ambiente popolare e piccolo-borghese, passa alla commedia con *Divorzio all'italiana* (1961). Seguono *Sedotta e abbandonata* (1963) e *Signore e signori* (1965), che affrontano temi simili e che cercano di mettere in risalto il perbenismo della società. I suoi ultimi film riscuotono un successo inferiore ai primi, sia di critica che di pubblico.

FRA I SUOI FILM PIÙ IMPORTANTI:

Alfredo Alfredo (1972)	*L'uomo di paglia* (1957)
Signore e signori (1965)	*Il ferroviere* (1955)
Sedotta e abbandonata (1963)	*Il cammino della speranza* (1950)
Divorzio all'italiana (1961)	*In nome della legge* (1948)
Un maledetto imbroglio (1959)	*Il testimone* (1945)

TRAMA DEL FILM

Ad Agramonte, un paese della Sicilia con "18.000 abitanti e 24 chiese", il barone Ferdinando Cefalù è sposato da dodici anni con Rosalia, che non ama più. Sfinito dal matrimonio, invaghito della bellissima cugina sedicenne Angela, e da questa corrisposto, il barone progetta un piano per sbarazzarsi della moglie. La macchinazione riesce grazie all'arrivo inaspettato di Carmelo Patanè, un pittore di cui Rosalia era stata profondamente innamorata in passato. Ferdinando getta la moglie fra le braccia del pittore per poi poterla cogliere in flagrante adulterio e commettere un 'delitto d'onore' cui il Codice Penale concede molte attenuanti. Dopo aver scontato una condanna a soli tre anni di prigione il barone finalmente vedovo potrà dedicarsi alla bella Angela, ma forse la sua nuova situazione sentimentale non sarà tranquilla...

Divorzio all'italiana vinse l'Oscar per la miglior sceneggiatura nel 1962.

PRIMA DI VEDERE IL FILM...

PREPARIAMOCI ALLA PROIEZIONE...

☞ **Articolo 587:** riferito al Codice Penale Italiano del 1930. L'articolo 587, relativo all'"Omicidio e lesione personale a causa di onore", diceva: «Chiunque cagiona la morte del coniuge, della figlia o della sorella, nell'atto in cui ne scopre la illegittima relazione carnale e nello stato d'ira determinato dall'offesa all'onor suo o della famiglia, è punito con la reclusione da tre a sette anni». Cioè il cosiddetto 'delitto d'onore' godeva di pene notevolmente attenuate rispetto all'omicidio comune, che era invece punito con la reclusione dai ventun anni all'ergastolo. Questo articolo è stato abrogato nel 1981.

☞ **Divorzio:** la possibilità di divorziare viene introdotta in Italia nel 1970 con la legge Baslini-Fortuna, dal nome dei deputati proponenti. Nel 1974 la legge viene sottoposta ad un referendum abrogativo, ma ottiene invece una riconferma popolare con il 59,3% dei voti espressi.

☞ **La Sicilia:** è una regione costituita da un'isola molto estesa ed alcuni arcipelaghi. Non ha avuto sempre un rapporto facile con il continente. Benché con il plebiscito del 1860 i siciliani avessero votato per l'annessione al Regno sabaudo d'Italia, sotto molti aspetti questa esperienza fu una delusione per gl'isolani, visto che la Sicilia rimase povera, con la concentrazione di capitale e proprietà nelle mani di pochi. Con un decreto legislativo il parlamento accordò l'autonomia alla regione nel 1946, ma ciò non ne agevolò di molto la situazione economica. Unita a queste difficoltà economiche rispetto al resto del paese, l'isola soffrì di una netta arretratezza sociale e culturale riguardo ai rapporti fra i sessi. Anche in *Divorzio all'italiana* troviamo due figure femminili (Angela e Agnese) che esemplificano la condizione di minore libertà in cui vivevano le donne in questa società fortemente patriarcale. La prima, Angela, è letteralmente reclusa in un collegio, e la seconda, Agnese, è sottoposta alla volontà non solo del padre, ma anche del fratello.

...E AL LINGUAGGIO DEL FILM

Piccolo glossario di espressioni particolari usate nel film.

➢ **Amnistia:** provvedimento con cui lo stato decide di condonare la pena di alcuni reati.
➢ **Artrosi:** malattia delle articolazioni.
➢ **Assise:** breve per 'Corte d'Assise', organo giudiziario che decide su delitti gravi.
➢ **Baciamo le mani, bacio le mani:** saluto di estremo rispetto (come anche il titolo '**don**'), cui di solito non corrispondeva il gesto effettivo di baciare le mani, che veniva solo menzionato. Attualmente molto raro, caratterizza ambienti conservatori, soprattutto al Sud.
➢ **Cassamortaro:** che fabbrica e/o commercia casse da morto, cioè feretri.
➢ **Cefalea:** mal di testa.
➢ **Consolle:** è un francesismo. Tavolo con due sole gambe anteriori, addossato alla parete.
➢ **Cuccuma:** bricco.

➤ **Don, Donna (seguito dal nome proprio):** titolo riservato a nobili o a persone di riguardo.

➤ **Fioretto:** sacrificio o rinuncia volontaria che si offre a Dio.

➤ **Macché:** no.

➤ **Mammà:** mamma.

➤ **Manco:** nemmeno, neppure, neanche.

➤ **Nannà:** nanna, cioè il dormire, nel linguaggio che solitamente si usa con i bambini.

➤ **Pardòn:** è un francesismo. Significa 'chiedo scusa'.

➤ **P.C.I.:** Partito Comunista Italiano.

➤ **Talamo:** letto coniugale.

➤ **Terrazziere:** operaio addetto allo sterro, cioè alla rimozione di terra da destinarsi alla pavimentazione di strade o terrazzi.

➤ **Uffa:** interiezione che esprime insofferenza, noia, fastidio.

➤ **W:** si legge 'viva', e ne è l'abbreviazione scritta in contesti informali. Esprime lode, approvazione entusiastica.

DOPO AVER VISTO IL FILM...

I PERSONAGGI

Abbina appropriatamente i personaggi della colonna sinistra con i loro nomi della colonna destra.

1. Moglie di don Ferdinando	a.	Carmelo Patanè
2. Padre di Ferdinando	b.	Donna Rosalia
3. Pittore amante di Rosalia	c.	De Marzi
4. Avvocato di don Ferdinando	d.	Don Calogero
5. Sorella di don Ferdinando	e.	Don Ferdinando Cefalù
6. Fidanzato di Agnese	f.	Agnese
7. Padre di Angela	g.	Rosario Mulé
8. Fefè	h.	Don Gaetano Cefalù

I PERSONAGGI: DESCRIVILI TU

1. Fai una descrizione dettagliata di don Ferdinando e del suo modo di vestire.

2. Descrivi la personalità di Rosalia, specificando quali episodi mettono in rilievo i diversi tratti del suo carattere.

3. Analizza il personaggio di Patanè: che ruolo ha nella storia?

LESSICO: I SINONIMI

Abbina ogni parola della colonna sinistra con il suo sinonimo della colonna destra.

1.	grata	a.	destino
2.	verecondo	b.	nauseabondo
3.	ciarpame	c.	ostinato
4.	avo	d.	riservatezza
5.	spaccio	e.	sperpero
6.	esecrabile	f.	cianfrusaglie
7.	fato	g.	antenato
8.	accanito	h.	nascondere
9.	leso	i.	disprezzabile
10.	riserbo	j.	estenuante
11.	dissipazione	k.	pudico
12.	impostore	l.	imbroglione
13.	stomachevole	m.	danneggiato
14.	snervante	n.	griglia
15.	celare	o.	vendita

LA STORIA

1. Quasi tutta la vicenda viene narrata dalla voce fuori campo di don Fefè. In quale momento della storia comincia a raccontare? E quando smette?

2. Come mai la famiglia Cefalù, pur essendo nobile, non è ricca?

3. Perché don Ferdinando invita Carmelo Patanè ad esaminare gli affreschi del suo palazzo?

4. Perché la serva di casa Cefalù si arrabbia con Carmelo e gli dà dell'impostore?

5. Quando don Ferdinando va a Catania e incontra Angela a passeggio con le sue compagne di collegio perché la ragazza è disperata? Cosa le ha detto suo padre?

6. Perché donna Rosalia non ha sposato Carmelo Patanè quando erano fidanzati?

7. Perché don Calogero muore dopo aver letto la lettera di Angela? Cosa è successo?

8. La moglie di Patanè si reca al funerale di don Calogero e, di fronte a tutti, sputa in faccia a don Ferdinando. Perché fa questo gesto?

9. Perché Rosario lascia Agnese dopo la fuga di Rosalia? E perché i due sono di nuovo insieme al processo in cui Fefè è imputato dell'omicidio della moglie?

10. Ripensa alla scena finale del film... per Ferdinando e Angela si può prevedere un matrimonio tranquillo e sereno? Perché?

DIAMO UN'OCCHIATA AL FILM

1. Che cosa sta succedendo in questa scena? Perché Rosario e Agnese sembrano così... stravolti?

2. Dai uno sguardo all'immagine all'inizio del capitolo. Dove si trova don Ferdinando? Perché il suo sguardo è così sognante? A cosa sta pensando? In quale momento del film incontriamo questa scena?

SCEGLI E SOSTITUISCI

Donna Rosalia, al colmo della rabbia, esclama: «Se le cose in questa casa si facessero con un poco di criterio!». Questa espressione significa che non si agisce seguendo un sistema razionale, o usando l'intelligenza. È anche un sinonimo di 'buon senso'.

Ci sono altri modi per esprimere lo stesso concetto. Li conosci? Completa le frasi numerate con una delle parole dell'elenco sottostante:

buon senso   *criterio*   *testa*   *cervello*   *giudizio*

1. Ragiona con la _____!
2. Quando si tratta di prendere una decisione, Giovanni non usa mai il _____.
3. Anche per gestire le questioni meno importanti è meglio stabilire un _____.
4. Quel ragazzo è molto in gamba, pur così giovane ha molto _____.
5. In certe situazioni dovresti avere il _____ di tacere!

QUALE RISPOSTA È QUELLA GIUSTA?

1. Dopo la scena di confusione familiare causata dalla lettura del diario di Angela, don Ferdinando torna a casa e dice a se stesso: «Anima mia santa, percossa, umiliata, visitata…». Chi è l'"Anima" in questione?

    a. Il cuore, i sentimenti di Ferdinando
    b. L'anima spirituale di Ferdinando
    c. Angela
    d. Rosalia

2. L'eccezionale "afflusso di pubblico" alla proiezione de *La dolce vita*, e il fatto che le sedie siano "stipate" nella sala cinematografica pone "problemi di promiscuità per i galantuomini di Agramonte". A che tipo di promiscuità si fa riferimento?

    a. Uomini e donne
    b. Galantuomini appartenenti a famiglie o gruppi rivali
    c. Ceti sociali alti e ceti sociali bassi
    d. Gente di città e gente di campagna

3. Don Ferdinando racconta: «Intanto in città quella piccola macchia d'olio cominciava ad allargarsi. Se ne dicevano di tutti i colori, ma in definitiva l'essenza di tutte quelle chiacchiere poteva riassumersi in una parola sola: cornuto!». A cosa si riferisce l'espressione "macchia d'olio"?

    a. I pettegolezzi sulla fuga degli amanti
    b. La macchia all'onore di Angela
    c. Le chiacchiere su Carmelo Patanè
    d. La macchia all'onore di Rosalia

4. «Presso la pubblica opinione le mie azioni cominciarono a scendere, anzi a precipitare vergognosamente». Di quali 'azioni' parla don Ferdinando?

    a. I suoi investimenti bancari
    b. Il suo modo di agire
    c. La sua popolarità
    d. Il rispetto di cui gode

5. Don Ferdinando: «Disonorato non ero più soltanto io, ma tutti, tutti noi di casa Cefalù, i diretti titolari e gli indiretti, associati e discendenti, e persino le generazioni future in qualche modo imparentate videro minacciata la loro stessa esistenza». Quindi, chi è disonorato dalla fuga di donna Rosalia?

    a. Chiunque sia legato alla famiglia Cefalù
    b. Gli amici intimi
    c. Parenti con legami di sangue e acquisiti tramite matrimoni
    d. La futura famiglia della sorella di don Ferdinando

IN ALTRE PAROLE…

Nelle seguenti citazioni tratte dal film, sostituisci le parole sottolineate con altre scelte appropriatamente dalla lista di coppie sottostante.

1. «Nel giro di una quindicina d'anni l'ex massaro don Calogero, avallando incaute cambiali di gioco emesse da mio padre, s'era andato accaparrando i pezzi più pregiati della nostra proprietà».

   - *Massaro*: muratore / fattore
   - *Avallando*: garentendo / confermando
   - *Incaute*: imprudenti / laute
   - *Cambiali*: promesse / titoli di credito
   - *Emesse*: promulgate / messe in circolazione
   - *S'era andato accaparrando*: si era impadronito (dei) / aveva pagato le caparre (per)
   - *Pregiati*: stimati / preziosi

2. «Preceduto da un gran rumore di scandalo, da echi di polemiche, proteste, anatemi ed osanna era giunto in paese un film sensazionale. Il parroco di San Firmino aveva scagliato i suoi fulmini contro il film licenzioso, ed ammonito i fedeli a boicottarlo, ma con scarso risultato».

   - *Preceduto*: previsto / anticipato
   - *Rumore*: frastuono / scalpore
   - *Anatemi*: maledizioni / imitazioni
   - *Osanna*: lodi / preghiere
   - *Giunto*: arrivato / aggiunto
   - *Licenzioso*: licenziato / spudorato
   - *Ammonito*: convinto / esortato
   - *Boicottarlo*: pubblicizzarlo / disertarlo

3. «Sollecitando la sciocca vanità di Patanè non mi fu difficile attirarlo in casa mia con la scusa di avere un suo esperto giudizio su certe vecchie croste».

   - *Sollecitando*: stimolando / facendo fretta
   - *Vanità*: fatuità / inutilità
   - *Scusa*: motivo / pretesto
   - *Giudizio*: parere / senno
   - *Croste*: cornici / dipinti

4. «Le odiose immagini suggerite da quell'infame lettera anonima gli sconvolgevano la mente. Con estrema riluttanza egli però cedette all'impulso di correre a casa per sincerarsi. Gli sembrava troppo offensivo verso la diletta compagna della sua vita, ma il tarlo del sospetto si era ormai incuneato nell'animo suo dolente».

   - *Suggerite*: evocate / consigliate
   - *Infame*: ignobile / di cattiva fama
   - *Riluttanza*: baldanza / renitenza
   - *Sincerarsi*: essere sincero / verificare
   - *Offensivo*: oltraggioso / dannoso

- *Diletta*: amata / piacevole
- *Incuneato*: insinuato / incurvato
- *Dolente*: dispiaciuto / sofferente

5. «L'avvocato De Marzi fu molto <u>brillante</u>, appassionato e <u>sarcastico</u>, commovente e <u>commosso</u>, percorse con agile sicurezza tutta <u>la tastiera</u> degli affetti e dei sentimenti. Non arrivò a parlare delle Crociate ma <u>chiamò in causa</u> Otello e compare Turiddu. Poi <u>tirò in ballo</u> mio padre: <u>dissoluto</u>, alcolizzato, <u>corruttore di</u> giovinette, sicuramente <u>affetto</u> da qualche malattia <u>innominabile</u>, seminatore di cambiali e di figli <u>illegittimi</u>. Be', era chiaro che l'attenuante di gravi <u>tare</u> ereditarie poteva facilmente aggiungersi ai motivi d'onore».

- *Brillante*: bravo / splendente
- *Sarcastico*: ironico / furioso
- *Commosso*: patetico / emozionato
- *La tastiera*: il repertorio / i toni
- *Chiamò in causa*: citò / denunciò
- *Tirò in ballo*: menzionò / fece ballare
- *Dissoluto*: dispiaciuto / scostumato
- *Corruttore di*: che seduceva / che traviava
- *Affetto*: colpito / affettato
- *Innominabile*: senza nome / vergognosa
- *Illegittimi*: illegali / non riconosciuti legalmente
- *Tare*: malattie / problemi

FUORI DALL'INQUADRATURA

➢ «[O]gni ragazza che assumevamo come comparsa giungeva al lavoro scortata da una mezza dozzina di fratelli o parenti vari, che si aggiravano poi per ore attorno al set senza mollare di un attimo la sorveglianza. Chissà da quali pericoli poi, dato che in mezzo a tutti i tecnici, attori, comparse e così via non v'era certo la possibilità di isolarsi o di imbastire qualche flirt! Ma il colmo è avvenuto quando dovemmo sostituire in fretta e furia la Rocca [donna Rosalia, *nda*] che s'era ammalata. Si trattava di girare alcune scene nelle quali essa doveva apparire da lontano, sul fondo e quindi ci bastava una ragazza che avesse pressappoco la sua taglia. Ne trovammo una che andava bene, aveva anche una vaga somiglianza con la Rocca. Una fortuna quindi: la produzione dovette discutere un paio di giorni con padre e fratelli, ma alla fine si convinsero e diedero il permesso. Avevamo garantito che essi avrebbero potuto stare sul set ogni volta che la loro congiunta doveva lavorare, e gli avevamo anche spiegato chiaramente come si trattasse di innocentissime scene di raccordo, ove la ragazza avrebbe dovuto solo camminare per una strada od entrare in una casa. Ebbene quando venne il momento, al posto della ragazza sopraggiunse un parente, un fratello mi pare, il quale spiegò che tutto era andato a monte perché uno zio aveva detto: "Se Rosaria va a fare il film, prima la caccio, e poi la uccido". Di fronte a questo, non ci è restato che rinunciare: altrimenti avremmo causato sul serio un delitto d'onore...!»[1]

---

1 Pietro Germi, "Pietro Germi: Quasi un'autobiografia" in *Divorzio all'italiana di Pietro Germi*, a cura di Giorgio Moscon, Edizioni FM, Roma 1961, pp. 47-48.

➤   In un primo momento, Pietro Germi non aveva pensato a Marcello Mastroianni per il ruolo del Barone Cefalù perché lo considerava 'troppo romano', la sua immagine cinematografica non era adatta al personaggio. Aveva invece preso in considerazione parecchi altri attori tra i quali Alberto Sordi, ma Mastroianni si entusiasmò del copione e della figura di Fefè e fece di tutto per convincere il regista (per esempio, improvvisando il suo indimenticabile tic con la bocca che lo accompagna in tutto il film) delle sue capacità di immedesimarsi nel personaggio. Per rendersi più consono al tipo fisico richiesto, l'attore si sottopose ad una dieta ingrassante a base di pasta e farinacei, dotandosi così di quel 'pancione' che la macchina da presa mise impudicamente in mostra. Con *La dolce vita* e *Divorzio all'italiana* l'attore si liberò definitivamente dai soliti ruoli "alla Mastroianni" che aveva precedentemente interpretato.

➤   Il paese di Agramonte in cui è ambientato *Divorzio all'italiana* è fittizio. Germi avrebbe voluto girare il film a Ragusa, ma per una serie di contrattempi dovette fare le riprese ad Ispica (provincia di Ragusa).

CONGIUNTIVI E CONDIZIONALI

Donna Rosalia ha un po' di problemi con i condizionali e i congiuntivi, e don Ferdinando deve anche correggerla.

Nelle frasi che seguono, coniuga correttamente i verbi in corsivo, al condizionale o al congiuntivo.

    Esempio: «Se domani tu *venire* alla mia festa ti *presentare* i miei amici» *diventa:*
                     «Se domani tu *venissi* alla mia festa ti *presenterei* i miei amici».

1. Se (io) *sapere* che (tu) *arrivare* oggi, ti *aspettare*.
2. *Dovere* pensarci prima, ora non hai più scelta.
3. Spero che oggi Cristina *sentirsi* meglio: ieri aveva un po' di febbre, temo che *prendere* freddo alla gita in campagna.
4. Speravo proprio che tu e Fabio *tornare* prima di cena.
5. Anche all'esame dell'anno scorso, se tu *studiare*, *passare* senza problemi.
6. Nonostante *piovere*, i miei genitori sono usciti a fare compere.
7. Scapparono prima che la polizia *scoprire* il loro nascondiglio.
8. Scusi, *potere* dirmi da che parte è la stazione?
9. Siamo ancora in tempo: se il treno *essere* in orario, (noi) *potere* arrivare puntuali all'appuntamento.
10. Ora *bere* volentieri un po' d'aranciata, ma l'ho finita.

SPIEGA CON PAROLE TUE!

Sono qui riportate alcune citazioni dai dialoghi del film. Spiega cosa significano in relazione ai personaggi che le pronunciano e a quello che accade nel film.

1. Don Ferdinando, quando riceve le lettere anonime piene d'insulti: «Comunque per me quelle lettere erano altrettanto oro, ne stavo preparando una minuziosa documentazione».

2. Don Ferdinando: «Nessuno s'era ancora preoccupato di farmi sapere dove diavolo s'erano andati a cacciare i due fuggiaschi, e la cosa cominciava a diventare seccante perché io, la parte lesa, non potevo assumere ufficialmente informazioni, io dovevo partire così, di slancio».

3. Don Ciccio Matara a don Ferdinando, al funerale di don Calogero: «Adesso però vi dovete muovere don Fefè. La vostra famiglia era una famiglia onorata. Tutto il paese aspetta e voi non potete... mi spiego? Abbiamo messo in moto amici fidati. Tempo 24 ore sapremo... sapremo dove stanno».

PICCOLE NOTE CULTURALI ED ALTRE CURIOSITÀ

➤ **Ave Maria, gratia plena:** è l'inizio in latino della preghiera 'Ave Maria'. Attualmente viene usato l'italiano, anche per la liturgia.

➤ **Tacitiane:** riferito a Tacito, storico romano (56/57ca.-120ca.), dallo stile particolarmente conciso.

➤ **Ultime sul fronte delle corna:** le ultime notizie riguardo all'adulterio. Le 'corna' sono 'portate' da chi viene tradito dalla moglie o dal marito e per questo viene chiamato 'cornuto' (o 'cornuta', al femminile). È un insulto. Qui si parla del 'fronte delle corna' per analogia con i notiziari di guerra, che comunicano le ultime notizie dal fronte (del conflitto).

➤ **Orge degne di Tiberio:** Tiberio (42a.C.-37d.C.), secondo imperatore romano, considerato un depravato da alcuni storici.

➤ **L'avvocato De Marzi [...] chiamò in causa Otello e compare Turiddu:** 'Otello', protagonista dell'omonima opera di William Shakespeare e famoso per la sua gelosia che lo condusse ad uccidere la moglie Desdemona. 'Compare Turiddo' è un personaggio di *Cavalleria rusticana* (1880), una novella dello scrittore siciliano Giovanni Verga (1840-1922). Turiddu muore in un duello d'onore a causa di una donna.

➤ **Un capello bianco! E ora che te l'ho strappato te ne nascono altri sette!:** in Italia si dice che se si strappa un capello bianco al suo posto ne nascono altri sette, ugualmente bianchi.

➤ **E perciò miei fedeli e amati cari concittadini io vi esorto a dare il vostro suffragio ad un partito che sia popolare, cioè democratico, e quindi rispettoso della nostra fede cristiana. Un partito, per concludere, che sia democratico e cristiano:** il parroco di San Firmino sta facendo 'campagna elettorale' per la Democrazia Cristiana (DC), un partito conservatore molto legato alla chiesa cattolica e che in quegli anni era al governo, opponendosi ovviamente al divorzio, mentre il PCI era favorevole. Attualmente la DC non esiste più, il partito si è sciolto negli anni '90 dopo che molti dei suoi membri più importanti erano stati coinvolti (ma non tutti gli inquisiti sono poi risultati colpevoli) in una serie di inchieste legate alla corruzione. Anche il PCI non esiste più come tale ma si è disgregato in partiti diversi.

➤ **La lebbra, come un appestato, come un untore di manzoniana memoria:** riferimento alla *Storia della colonna infame* (1842), in cui Alessandro Manzoni (1785-1873) racconta di un caso giudiziario realmente accaduto a Milano nel 1630. Due milanesi furono accusati di diffondere la peste ungendo i muri della città (da cui il termine *untore*), e per questo vennero torturati e giustiziati. La casa di uno dei due fu demolita e al suo posto fu eretta una colonna da chiamarsi infame a ricordo dell'infamia del delitto.

➤ **Niccolò Tommaseo:** l'avvocato Marzio De Marzi cita la definizione di 'onore' data da Niccolò Tommaseo (1802-1874) che fu uno scrittore e il redattore dell'importante *Dizionario della lingua italiana*.

➤ **Vecchi trucchi appresi durante il servizio militare:** don Fefè si provoca un attacco di febbre bevendo acqua in cui ha sciolto del tabacco. Probabilmente, a quanto dice, lo faceva durante il servizio militare per fingersi malato.

➤ **Calendario fascista:** il regime fascista adottò un nuovo calendario (l'Era Fascista, E.F.) che aveva come data di inizio quella del giorno successivo alla marcia su Roma, che avvenne il 28 ottobre 1922. Il primo anno dell'era fascista iniziò dunque il 29 ottobre 1922 e terminò il 28 ottobre 1923; il 29 ottobre 1923 iniziò il secondo anno, e così via. L'obbligo di aggiungere, in numero romano, l'anno dell'era fascista accanto a quello dell'era cristiana entrò in vigore a partire dal 29 ottobre 1927. L'arresto di Benito Mussolini il 25 luglio 1943 portò questo calendario alla sua cessazione, anche se dal 15 settembre 1943 alla fine di aprile 1945 esso fu ancora in vigore nella Repubblica sociale italiana.

➤ **Antonello da Messina:** 1430-1479. È il pittore cui viene accreditato il rinnovamento artistico del Meridione. Lavorò per molti anni a Venezia dove introdusse tecniche fiamminghe e di pittura ad olio nell'arte veneziana. Fra le sue opere più importanti ricordiamo *Ritratto d'uomo* (1474) *San Sebastiano* (1476) e *La Vergine Annunciata* (1476).

LEGGIAMO IL COPIONE

Leggiamo insieme la scena del processo a Mariannina Terranova.

Giudice:	-Mariannina Terranova, come vi procuraste l'arma del... del delitto...
Mariannina:	-Me la diede lui.
Giudice:	-Lui chi?
Mariannina:	-Lui. Mi disse: se un giorno ti tradissi, uccidimi con questa.
Difensore:	-E dopo?
Giudice:	-E dopo?
Mariannina:	-Dopo... mi disonorò.
Vecchia:	-Bene *faciste* Mariannina! Bene *faciste*!
De Marzi:	-Signori della Corte... bocca baciata non perde ventura! Ma io vi dico parafrasando un testo ben più alto e ben più sacro: "Chi guarda una donna

con desiderio, ha già commesso peccato nel cuor suo"! Perciò, mentre il treno trasportava Mariannina Terranova verso la sua tragica meta, mentre la trasportava inarrestabile, come inarrestabile era il fato che la spingeva, lei, piccola e povera creatura del Sud avvolta nell'antico scialle scuro simbolo del pudore delle nostre donne, le mani congiunte a torturarsi in grembo, quel grembo da Dio condannato, sacra condanna, ai beati tormenti della maternità, mentre il treno correva, così, come un incubo incessante, dové risuonare il ritmico fragore delle ruote e degli stantuffi alle orecchie deliranti della povera Mariannina Terranova: disonorata, disonorata, disonorata, disonorata, disonorata... Ma l'onore, signori miei, l'onore, che cos'è l'onore? Terremo ancora per valida la definizione che di esso dà il Tommaseo nel suo monumentale *Dizionario della lingua italiana* quando lo definisce come il complesso "degli attributi morali e civici che rendono un uomo rispettabile e rispettato nell'ambito della società in cui vive"? O lo butteremo tra il ciarpame delle cose vecchie e inutili, sorpassate... Lettere! Lettere vergate da anonime ma simboliche mani! Lettere illeggibili che offenderebbero la dignità di quest'aula! Tacitiane talaltre, come questa che in una sola parola compendia la sorte dell'infelice Mariannina: «Cornuta!».

Come reagisce la folla all'interrogatorio e perché reagisce così? Come interpreti l'espressione "Bocca baciata non perde ventura" usata dall'avvocato De Marzi? Secondo te, perché la gente scrive a Mariannina e perché l'avvocato presenta queste lettere in tribunale? Cosa ne pensi della difesa dell'avvocato De Marzi? Analizzane gli elementi fondamentali per mettere in evidenza su quali attenuanti e giustificazioni l'avvocato cerchi di far leva per indurre la Corte alla clemenza.

LA PAROLA AL REGISTA, PIETRO GERMI

«Io per natura sono un po' eclettico, ho sempre teso a girare film di tono diverso, né questo mi pare un aspetto negativo. Gli echi della vita nell'anima di un uomo sono molti ed un regista ha tanti toni da riflettere, tanti volti da illuminare. È vero, cercando nuove esperienze si può sbagliare, ma vale la pena affrontarle e portarle fino in fondo (che io poi riesca ad approfondirle, questo è giudizio che lascio allo spettatore): ma fino in fondo, fino a fare qualcosa di conclusivo, di ben definito. Forse in questo io non sono molto moderno, se essere moderno è lasciare tutto incerto, sfumare la fine dei film, non definirli: d'accordo anche la vita è ambigua, ma io tengo a dare una conclusione alle cose, una morale»[2].

1. Secondo te è vero che essere moderni significhi lasciare tutto incerto? A tuo parere *Divorzio all'italiana* può essere considerata un'opera moderna? Perché?
2. In *Divorzio all'italiana*, quale sarebbe, secondo te, la morale alla quale accenna Germi?

---

2 Ivi, p. 45.

3. Preferisci le opere con un finale chiaramente delineato oppure quelle con una conclusione sfumata, poco definita? Conosci esempi letterari o cinematografici con un finale di quest'ultimo tipo? Quali?

«I film più importanti e migliori credo che siano quelli che nascono da una emozione. Ma forse dico una cosa ovvia... Qual è l'emozione che sta alla radice di *Divorzio all'italiana*? Non un'emozione positiva, ma negativa: il rabbioso rifiuto di usi e costumi (e delle leggi che li consacrano) che offendono la coscienza morale e civile. Da questo rifiuto, da questa rabbia nascono la satira, il grottesco. E perciò, nonostante il tono scherzoso o addirittura comico, credo che il *Divorzio* sia il film più "cattivo" che io abbia fatto finora»[3].

1. Quali sono gli usi e costumi (e le leggi) cui si riferisce Germi?
2. Dopo aver visto il film, ma prima di leggere queste parole di Germi, quale ti sembrava l'emozione alla base di *Divorzio all'italiana*? La stessa indicata dal regista?
3. Secondo te la satira e il grottesco scaturiscono sempre da emozioni negative, rabbiose?

MA ORA IL REGISTA SEI TU... E VUOI CAMBIARE TUTTO!

In *Divorzio all'italiana* Don Calogero muore e non può rivelare a nessuno l'identità dell'amante della figlia, né prendere provvedimenti al riguardo.

Ma ora il regista sei tu... e vuoi cambiare tutto!

Scrivi una tua versione del film in cui Don Calogero non muore. Cosa succederà?

Se ti sembra opportuno, dopo aver raccontato la tua storia cambia anche il titolo del film, e spiega i motivi della tua nuova scelta.

RIFLETTIAMO UN PO'

1. Riguardo all'episodio di Mariannina Terranova, i giornali riportano due foto: "l'equivoca figura dell'ucciso" e "la patetica figura dell'assassina". Che tipo di atteggiamento esprimono i due aggettivi nei confronti della vicenda e dei suoi protagonisti? Ritrovi questi atteggiamenti anche in altri tratti del film? Questo modo di presentare un caso di cronaca è evidentemente teso ad influenzare l'opinione del lettore: ti sembra che questo accada anche oggi alla televisione, alla radio, o sui giornali, quando vengono riportate le notizie? Sai dare qualche esempio? Come può fare secondo te il comune cittadino per formarsi un'opinione davvero personale?
2. Don Ferdinando legge sul dizionario la seguente definizione di 'onore': "Il complesso degli attributi morali e civici che rendono un uomo rispettabile e rispettato nell'ambito della società in cui vive". Sei d'accordo con questa definizione? Hai una tua idea personale del concetto di 'onore'? Cosa saresti disposto a fare per difenderlo?

---

3 Ivi, pp. 45-47.

3. Rosalia dice al marito: «Fefè sai che pensavo? Mi chiedevo: ma noi chissà perché viviamo? Ma tu mai ci hai pensato, qual è lo scopo vero della nostra vita, eh? È amare». Cosa ne pensi della domanda che si pone Rosalia? E della risposta che si dà? E tu, te lo chiedi mai perché viviamo? E qual è la tua risposta? È sempre stata la stessa, o è cambiata nel corso degli anni? L'amore può essere considerato lo scopo vero della nostra vita?

4. Il titolo di un giornale che compare nel film dice: "L'uomo nello spazio cosmico intorno alla terra". Questo titolo porta il progresso, il mondo moderno e gli spazi sconfinati in una realtà che invece è arretrata, anacronistica e chiusa nelle sue tradizioni e nei suoi piccoli pettegolezzi. Ci sono altri esempi nel film di questa irruzione della modernità nell'ambiente di Agramonte? Cosa ne pensi del progresso? È sempre positivo? Perché? Una società come quella rappresentata in *Divorzio all'italiana* che cosa ha da perdere, e cosa da guadagnare, con una modernizzazione dei costumi e del modo di vivere?

5. Don Ferdinando, dopo aver appreso dai giornali che a Mariannina sono stati dati otto anni come pena per il suo delitto d'onore, commenta: «Otto anni... certo non sono pochi ma... ma quella è figlia di terrazziere: volgare, ignorante, brutta, concubina. E io invece... una persona dabbene, laureato, marito esemplare per quasi 15 anni, nobile!». Queste considerazioni di don Ferdinando ci fanno capire come lui consideri la legge e la giustizia decisamente non imparziali, contrariamente a quanto espresso da una scritta che viene esposta nei tribunali italiani e che vediamo anche nel film: "La legge è uguale per tutti". Cosa pensi delle riflessioni di don Ferdinando? Avranno delle conseguenze nelle vicende narrate nel film? Quali? È giusto in un paese democratico che un cittadino prima ancora di commettere un delitto possa presumere di ricevere un trattamento privilegiato in un processo penale? Perché?

QUATTRO CHIACCHIERE CON...

Donna Rosalia cerca di acquisire una certa consapevolezza di sé e del senso della sua vita, cerca di tenere vivo il rapporto con Fefè, e a un certo punto trova il coraggio, diversamente dal marito che si affida a sotterfugi e macchinazioni, di uscire allo scoperto sfidando molte regole sociali e morali per inseguire la propria felicità.

Supponi di poter parlare con Donna Rosalia, ponile delle domande che permettano al pubblico di capirla meglio, e immagina le sue risposte. Trascrivi la tua intervista e discutine con i compagni.

NON VORRESTI SAPERNE DI PIÙ?

1. Svolgi una breve ricerca sulla storia del divorzio in Italia e confronta la situazione italiana con quella del tuo paese.

2. La condizione di 'reclusione' della donna rappresentata nel film era caratteristica della società siciliana fino a non molti anni fa, e lo è ancora oggi non solo in alcune zone italiane ma anche, in modo più grave, in molte parti del mondo. Sai fare qualche esempio? Un breve romanzo di Lara Cardarella, *Volevo i pantaloni* (1989), racconta le esperienze dell'autrice nella Sicilia degli anni '70 e '80. Leggi il libro e confronta la sua rappresentazione della condizione della donna con quella offerta in *Divorzio all'italiana*.

3. Carmelo Patanè era stato dato per morto ad El Alamein. Dov'è El Alamein? Cosa vi è successo? Svolgi una breve ricerca sul ruolo italiano nel nord Africa durante la seconda guerra mondiale.

4. All'inizio di *Divorzio all'italiana* don Ferdinando presenta una specie di scheda anagrafica del suo paese, Agramonte. Fai la stessa cosa per la Sicilia e poi per la tua città.

5. L'impossibilità di ottenere il divorzio spinge il protagonista a prendere una decisione estrema per risolvere il suo problema, e proprio le attenuanti di una legge irragionevole e anacronistica sembrano offrire una giustificazione al delitto di Fefè. Ci sono delle leggi nel tuo paese che tu consideri irrazionali o superate? Se tu potessi cambiare una legge, quale cambieresti? Perché? E come?

6. Guarda un altro film di Pietro Germi. Individua delle scene chiave da far vedere ai tuoi compagni, racconta loro la trama e presenta le tematiche del film.

7. Dopo aver letto la poesia riportata sotto, trova un'altra poesia che ti piace particolarmente di Giacomo Leopardi. Confronta le due liriche e identificane i temi principali.

VI PRESENTO *DIVORZIO ALL'ITALIANA*

Scrivi una composizione, di almeno 5000 caratteri (spazi esclusi), in cui presenti *Divorzio all'italiana*: la trama, i personaggi, le tematiche affrontate, le soluzioni di regia e quant'altro ti sembra importante. Aggiungi anche una tua valutazione critica ed un commento personale.

L'ANGOLO DELLA POESIA

Donna Rosalia, mentre è a passeggio con il marito, gli dice: «Mi spiego, Fefè... è come un'intima insoddisfazione che tengo dentro... Be', a me l'uva mi piace di più quando non ci sta che quando ci sta... Quando ci sta l'uva... Fefè, io tengo voglia di pere! Mi spiego? Certo che è difficile da spiegare... Insomma per me non è tanto importante l'uva in se stessa, quanto la voglia che tengo d'uva... mi spiego? Un po' come a quella poesia che a me piace tanto, Fefè, dove dice che il sabato è più meglio assai della domenica... Mi spiego?».

Nel suo italiano sgrammaticato, donna Rosalia fa però un riferimento molto appropriato al famoso idillio "Il sabato del villaggio" di Giacomo Leopardi (Recanati 1798 – Napoli 1837), uno dei maggiori poeti italiani. Una voce originale ma isolata nella cultura ottocentesca italiana, lo stile di Leopardi accoglie e fonde elementi classici, illuministici e romantici. Le sue poesie approfondiscono vari temi quali l'angoscia esistenziale dell'individuo, il conflitto tra Natura e Ragione, e la questione del vero. Fra le sue opere ricordiamo i *Canti* (1835), le *Operette morali* (1827) e lo *Zibaldone* (1817-1832). Ne "Il sabato del villaggio" (1829) la poetica leopardiana si affida più alla memoria e alla fantasia che a una mediazione razionalizzatrice. Leggiamo insieme questa poesia.

Il sabato del villaggio

La donzelletta vien dalla campagna,
in sul calar del sole,
col suo fascio dell'erba; e reca in mano
un mazzolin di rose e di viole,
onde, siccome suole,   5
ornare ella si appresta
domani, al dì di festa, il petto e il crine.
Siede con le vicine
su la scala a filar la vecchierella,
incontro là dove si perde il giorno;   10
e novellando vien del suo buon tempo,
quando ai dì della festa ella si ornava,
ed ancor sana e snella
solea danzar la sera intra di quei
ch'ebbe compagni dell'età più bella.   15
Già tutta l'aria imbruna,
torna azzurro il sereno, e tornan l'ombre
giù da' colli e da' tetti,
al biancheggiar della recente luna.
Or la squilla dà segno   20
della festa che viene;
ed a quel suon diresti
che il cor si riconforta.
I fanciulli gridando
su la piazzuola in frotta,   25
e qua e là saltando,
fanno un lieto romore:
e intanto riede alla parca mensa,
fischiando, il zappatore,
e seco pensa al dì del suo riposo.   30

Poi quando intorno è spenta ogni altra face,
e tutto l'altro tace,
odi il martel picchiare, odi la sega
del legnaiuol, che veglia
nella chiusa bottega alla lucerna,   35
e s'affretta, e s'adopra
di fornir l'opra anzi il chiarir dell'alba.

Questo di sette è il più gradito giorno,
pien di speme e di gioia:
diman tristezza e noia   40
recheran l'ore, ed al travaglio usato
ciascuno in suo pensier farà ritorno.

Garzoncello scherzoso,
cotesta età fiorita
è come un giorno d'allegrezza pieno,   45
giorno chiaro, sereno,
che precorre alla festa di tua vita.
Godi, fanciullo mio; stato soave,
stagion lieta è cotesta.
Altro dirti non vo'; ma la tua festa   50
ch'anco tardi a venir non ti sia grave.

Quali attività sono descritte in questa poesia? Come ne descriveresti il tono? Perché la voce narrante dice che il sabato è il giorno più gradito della settimana (v. 38) e che la domenica porta tristezza e noia (v. 40)? Sei d'accordo? E qual è il significato del paragone, nell'ultima strofa, fra l'"età fiorita" del "garzoncello scherzoso" e il giorno che precede la domenica? Che esortazione dà il poeta al fanciullo nei versi 50-51? Perché? Anche tu provi questi sentimenti i giorni di festa? Questo idillio rievoca un tempo e un luogo in cui tutto un paese si preparava per il giorno di festa. Pensi che ancora oggi ci sia un simile senso di comunità? Dove? Oppure: in quali occasioni? Anche dove vivi tu?

CAPITOLO 2
C'ERAVAMO TANTO AMATI

	C'ERAVAMO TANTO AMATI, Italia, 1974	
Regia	Ettore Scola	
Sceneggiatura	Agenore Incrocci, Furio Scarpelli, Ettore Scola	
Interpreti	Nino Manfredi	*Antonio*
	Vittorio Gassman	*Gianni Perego*
	Stefano Satta Flores	*Nicola Palumbo*
	Stefania Sandrelli	*Luciana Zanon*
	Giovanna Ralli	*Elide Catenacci*
	Aldo Fabrizi	*Romolo Catenacci*
Durata	125'	

IL REGISTA: ETTORE SCOLA

Ettore Scola nasce a Trevico in provincia di Avellino nel 1931. Inizia la sua carriera come sceneggiatore nel 1954 e dieci anni più tardi esordisce alla regia con il film ad episodi *Se permette parliamo di donne*, dal quale nasce una lunga collaborazione tra il regista ed il protagonista, Vittorio Gassman. I suoi film degli anni Sessanta e Settanta, come *Riusciranno i nostri eroi a ritrovare l'amico misteriosamente scomparso in Africa?* (1968) e *Dramma della gelosia. Tutti i particolari in cronaca* (1969), sono comici, satirici e grotteschi. Con *Trevico-Torino: viaggio nel Fiat-Nam* (1973), un esempio riuscito di documentario fiction, Scola abbandona il genere comico per temi più impegnativi. Negli anni successivi gira alcuni dei suoi film più conosciuti quali *C'eravamo tanto amati* (1974), *Brutti, sporchi e cattivi* (1976), *Una giornata particolare* (1977), *La terrazza* (1979) e *La famiglia* (1987). Nel 2003 realizza *Gente di Roma*, una sorta di omaggio alla città capitale.

FRA I SUOI FILM PIÙ IMPORTANTI:

Concorrenza sleale (2001)

Il viaggio di Capitan Fracassa (1990)

La famiglia (1987)

La terrazza (1979)

Una giornata particolare (1977)

Brutti, sporchi e cattivi (1976)

C'eravamo tanto amati (1974)

Trevico-Torino, viaggio nel Fiat-Nam (1973)

Dramma della gelosia... (1969)

Riusciranno i nostri eroi a ritrovare l'amico... (1968)

TRAMA DEL FILM

C'eravamo tanto amati narra le vicende di tre amici, Antonio, Gianni e Nicola, dal 1945 agli anni Settanta. I tre partecipano insieme alla Resistenza, ma finita la guerra ognuno va per la sua strada. Antonio fa il portantino ausiliario in un ospedale, Gianni diventa avvocato e Nicola insegna in un liceo. Un giorno Antonio conosce Luciana e se ne innamora, ma la loro storia finisce quando lei incontra Gianni e lascia l'ausiliario ospedaliero per l'avvocato, che ben presto l'abbandona per contrarre un matrimonio di convenienza. Gianni e Antonio litigano e si perdono di vista. Dopo parecchi anni i tre amici si incontrano di nuovo per scoprire che le loro vite sono molto cambiate dai vecchi tempi.

PRIMA DI VEDERE IL FILM...

PREPARIAMOCI ALLA PROIEZIONE...

➴ **Il referendum del 1946**: dopo la caduta del fascismo e la fine della seconda guerra mondiale, l'Italia va alle urne per decidere se mantenere la monarchia o diventare una repubblica. Il referendum istituzionale si svolge il 2 giugno 1946 con un risultato a favore della repubblica (Monarchia 10.719.284 voti, Repubblica 12.717.923).

➴ **Il governo del 1947**: come racconta Antonio con evidente sarcasmo, la politica italiana del periodo era fortemente influenzata dal governo statunitense: «Oh, tanto per la storia, devo ricordare che nel 1947 De Gasperi, ottenuto dagli Stati Uniti un prestito di cento milioni di dollari, casualmente cacciò dal governo comunisti e socialisti».

➴ **Resistenza**: Antonio, Gianni e Nicola si conoscono verso la fine della seconda guerra mondiale. I tre partecipano alla Resistenza, il movimento di liberazione dalle forze nazifasciste che durò dall'8 settembre 1943 al 25 aprile 1945, cioè dall'annuncio pubblico dell'armistizio tra l'Italia e gli Alleati alla Liberazione del paese.

...E AL LINGUAGGIO DEL FILM

Molti dialoghi del film sono in romanesco. Vediamo insieme cosa lo distingue dall'italiano standard.

➤ Gli articoli che cominciano per /l/ tendono a perderla. Per esempio: la mamma ➔ *'a mamma*.

➤ La pronuncia di *–gli-* si riduce a *–j-*, come in voglio ➔ *vojo*, maglia ➔ *maja*.

➤ La /l/ cambia in /r/ nei monosillabi che terminano in /l/. Per esempio: quel ➔ *quer*, nel ➔ *ner*, il ➔ *er*.

➤ Spesso la /r/ sostituisce la /l/ nelle parole in cui la /l/ precede una consonante. Per esempio: calcio ➔ *carcio*, volta ➔ *vorta*.

➤ Il nesso *-nd-* è ridotto a *-nn-*. Per esempio: quando ➔ *quanno*, mondo ➔ *monno*.

➤ In molti monosillabi la /i/ diventa /e/. Per esempio: il ➔ *er*, di ➔ *de*, ti ➔ *te*.

➤ Il romanesco sostituisce una /o/ molto aperta al dittongo *–uo-*. Per esempio: uomo ➔ *omo*, cuore ➔ *core*, buono ➔ *bono*, uovo ➔ *ovo*.

➤ Da notare anche che l'infinito dei verbi della prima e terza coniugazione perde *-re* divenendo un vocabolo tronco. Per esempio: andare ➔ *annà*, finire ➔ *finì*. Per quelli della seconda coniugazione, se l'accento cade sulla penultima sillaba si applica la stessa regola (volere ➔ *volé*), se invece cade sulla terzultima il verbo perde *-re* ma mantiene l'accento originale (prendere ➔ *prenne*).

VOLER BENE E AMARE

Nel film Gianni confessa ad Antonio: «Io e Luciana ci vogliamo bene», e Antonio chiede «Ci vogliamo bene... in che senso?».

La domanda di Antonio è molto importante, perché in italiano 'voler bene' esprime un affetto generico, che può legare amici, parenti, un bimbo al suo gattino, ed anche, certamente, marito e moglie. Ma più specifico del sentimento che lega una coppia (di fidanzati, o di coniugi, o una coppia omosessuale, e così via) è il verbo 'amare'. Ricordati di questa distinzione importante quando nel film sentirai Luciana che dice ad Antonio: «Antonio io ti voglio bene, voglio più bene a te che a Gianni. Però con lui è diverso».

DOPO AVER VISTO IL FILM...

I PERSONAGGI

Abbina appropriatamente i personaggi della colonna sinistra con i loro nomi della colonna destra.

1.	Ausiliario ospedaliero	a.	Luciana Zanon
2.	Avvocato	b.	Romolo Catenacci
3.	Professore di ginnasio	c.	Gianni Perego
4.	Aspirante attrice	d.	Elide
5.	Marchese di Cazzuola	e.	Amedeo
6.	Moglie di Nicola	f.	Nicola Palumbo
7.	Figlio di Romolo	g.	Gabriella
8.	Moglie di Gianni	h.	Antonio

I PERSONAGGI: DESCRIVILI TU

1. Fai una descrizione dettagliata di Romolo e del suo modo di vestire.
2. Descrivi la personalità di Nicola, specificando quali episodi mettono in rilievo i diversi tratti del suo carattere.
3. Analizza il personaggio di Luciana: che ruolo ha nella storia?

LESSICO: I SINONIMI

Abbina ogni parola della colonna sinistra con il suo sinonimo della colonna destra.

1.	ricoverato (di ospedale)	a.	inceppato
2.	fomentare	b.	acrimonia
3.	scansare	c.	fretta
4.	livore	d.	istigare
5.	lazzarone	e.	toccare
6.	diffamare	f.	ragazzino

7.	ingrippato	g.	imbranato
8.	broccolo	h.	risoluto
9.	tangere	i.	mascalzone
10.	prescia	j.	fogna
11.	subdolo	k.	evitare
12.	chiavica	l.	aiutante
13.	ausiliario	m.	ingannevole
14.	tòsto	n.	degente
15.	pischello	o.	screditare

LESSICO: I CONTRARI

Abbina ogni parola della colonna sinistra con il suo contrario della colonna destra.

1.	sprovveduto	a.	succinto
2.	sozzo	b.	divertente
3.	proficuo	c.	indurire
4.	stagnante	d.	infruttuoso
5.	sparute	e.	amichevole
6.	intenerire	f.	numerose
7.	mollare	g.	scaltro
8.	uggioso	h.	prendere
9.	scontroso	i.	fluente
10.	prolisso	j.	pulito

LESSICO: UNA PAROLA, DUE SIGNIFICATI

Abbina appropriatamente ogni parola della colonna sinistra con i suoi due significati della colonna destra.

1.	sano	a.	portare
		b.	strofinare
2.	menare	c.	opinione
		d.	imbrogliare
3.	fregare	e.	innamoramento
		f.	sembrare
4.	parere	g.	intero
		h.	picchiare
5.	cotta	i.	in salute
		j.	cucinata

LA STORIA

1. Cosa condividono Antonio, Gianni e Nicola durante la guerra? E subito dopo, come mai si perdono di vista?

2. Chi è Luciana? Da dove viene? Che lavoro vorrebbe fare?

3. Perché Gianni torna a Roma dopo aver finito gli studi?

4. Cosa propone Romolo a Gianni?

5. Perché Nicola litiga con il preside e gli altri professori del ginnasio?

6. Perché Luciana tenta di suicidarsi?

7. Come mai Nicola non vince il quiz televisivo? Quale malinteso si è verificato? Dopo molti anni, nel film, succederà qualcosa che darà ragione a Nicola: cosa?

8. La notte in cui Gianni, Antonio e Nicola si rincontrano dopo 25 anni e cenano insieme, cosa sta facendo Luciana?

9. Chi è il 'Re della Mezza Porzione' e perché si chiama così?

10. Cosa fanno Nicola, Antonio e Luciana dopo aver visto Gianni nel giardino della sua villa? Perché?

DIAMO UN'OCCHIATA AL FILM

1. Che cosa viene rappresentato in questa inquadratura? Cosa stanno guardando i tre protagonisti? Considerata la trama del film, quale significato simbolico potresti attribuire a questo muro?

2. Osserva l'immagine all'inizio del capitolo. Cosa sta succedendo? In quale momento della vicenda si colloca questa scena? E qual è la sua importanza?

CORREGGI ROMOLO!

Romolo Catenacci, che è poco colto, quando parla usa spesso dei termini impropri. Nelle frasi che seguono la parola (sbagliata) usata da Romolo nel film è sottolineata; scegliendo fra le alternative proposte sostituiscila con il termine corretto.

1. «È un'usanza che mi aiuta a mantenermi vivo e <u>vegetale</u>».

   a. vegetante
   b. vegeto
   c. vegetativo

2. «E venite proprio il giorno della festa mia a pugnalarmi dietro la <u>spina</u>!».

   a. porta
   b. spalla
   c. schiena

3. «Per non dare <u>andito</u> a critiche».

   a. adito
   b. anello
   c. alito

4. «<u>Contorsioni</u> illecite e <u>barcarotta</u> fraudolenta».

   a. distorsioni – rapina
   b. estorsioni – bancarotta
   c. estorsioni – frode

5. «A <u>poco</u> intenditor, <u>buone</u> parole».

   a. buon – buone
   b. poco – poche
   c. buon – poche

6. «Si è fatto incastrare con un miliardo di cambiali <u>ipocrife</u>».

   a. apocrife
   b. apocope
   c. ipocrite

7. «Quando vede un tipo alto, <u>aiutante</u> come te, s'impappina pure!».

   a. allettante
   b. aitante
   c. astante

DAL DISCORSO DIRETTO AL DISCORSO INDIRETTO

Trasforma le frasi seguenti da discorso diretto a discorso indiretto.

Esempio: «Mia madre mi disse: "Raggiungimi in centro appena ti è possibile, almeno potremo andare insieme a fare una passeggiata"», *diventa*:

«Mia madre mi disse di raggiungerla in centro appena mi fosse stato possibile, così saremmo potute andare insieme a fare una passeggiata».

Esempio: «Ci domandarono: "È la prima volta che venite a Firenze o ci siete già stati prima? Contate di trattenervi in città a lungo?"», *diventa*:

«Ci domandarono se fosse la prima volta che andavamo a Firenze o se ci fossimo già stati prima, e se contassimo di trattenerci in città a lungo».

Esempio: «Quando le disse: "Ti accompagno!", lei, arrabbiata, esclamò: "Piuttosto che andare ad una festa con il mio fratellino ci rinuncio anch'io!"», *diventa*:

«Quando le disse che l'avrebbe accompagnata, lei, arrabbiata, esclamò che piuttosto che andare ad una festa con il suo fratellino ci avrebbe rinunciato anche lei».

1. Alla fine del compito il professore ci dice: «Controllate se c'è il vostro nome sulla prima pagina e rileggete con attenzione le risposte che avete scritto».

2. Le chiesi: «A che ora esci dal lavoro? Ti andrebbe di venire a prendere un caffè con me?».

3. Mi rispose: «Esco alle cinque, e dopo vado a prendere un caffè con il mio fidanzato. Vuoi venire con noi?».

4. Tutti i sabati mi domanda: «Mi aiuteresti a lavare la macchina?».

5. Davvero ha dichiarato: «Da ora in poi parcheggio l'auto nel parco pubblico!»?

6. Le due compagnie assicurative scrissero congiuntamente: «Ci dispiace molto ma non ci è possibile accogliere nessuna richiesta di indennizzo».

7. Dite sempre: «Non abbiamo tempo di venire a trovarvi ma lo vorremmo tanto», però sappiamo che andate spesso a trovare i nostri vicini!

8. Esclamò: «Se fossi tua madre non ti lascerei tutta questa libertà!».

9. Mi ordinarono: «Torna immediatamente in ditta e riferisci sulla trattativa fallita».

10. Quando ne ha occasione, ribadisce: «La mia opinione al riguardo rimane invariata, casomai siete voi che dovete adeguarvi!».

FUORI DALL'INQUADRATURA

➢ In un'intervista con Antonio Bertini, Ettore Scola spiega perché il suo film è dedicato a Vittorio De Sica e rivela anche il soggetto originale di *C'eravamo tanto amati*: «Alcuni giorni dopo la fine delle riprese, De Sica morì. Aveva partecipato al film nel ruolo di se stesso. Mi sento in un certo senso un figlio del neorealismo e tra i registi di quella corrente del cinema italiano, quello che amavo di più era De Sica. C'è anche da dire che il film si apre con un'ampia citazione di *Ladri di biciclette*, che avrà poi rilievo nella evoluzione della storia. Insomma, mi è parso che il film fosse, in vario modo, ispirato al suo cinema. Quando cominciammo a lavorare con Age e Scarpelli, la prima versione del soggetto era un po' diversa. Di quella prima stesura è rimasto solo uno dei personaggi, quello di Nicola [...]. Avevamo immaginato un cinefilo talmente infatuato di De Sica da [...] venire a Roma per conoscerlo [...]. A Roma bracca a lungo De Sica, che in quel tempo viveva un periodo difficile e partecipava, per soldi, a qualunque film, anche il più scadente. Il nostro personaggio assisteva impotente al crollo del suo mito [...] e lì per lì decide di ucciderlo, per un dovere di ecologia intellettuale. Da questo primo spunto, la sceneggiatura si è allargata ad altri personaggi»[1].

➢ Nella sequenza in cui Federico Fellini sta girando *La dolce vita*, un uomo si avvicina al regista e gli dice «Sono fiero di stringere la mano al grande Rossellini». All'insaputa di Fellini – è evidente il suo stupore prima di scoppiare a ridere – un uomo della folla aveva chiesto a Scola se poteva partecipare in qualche modo alla scena, e Scola per scherzo gli aveva assegnato questa battuta improvvisata da rivolgere al collega regista.

SCEGLI LA RISPOSTA GIUSTA!

1. Antonio: «Mi dispiace. Gli dispiace, le dispiace. E io, eccomi qua. Ma essi si dispiacino. Dispiaceno? O dispiaciono? Dispiaciano».

   Qual è la forma corretta del verbo, che Antonio non riesce a trovare?

   a. Dispiacciano.
   b. Non esiste, è un verbo difettivo.
   c. Dispiacciono.
   d. Dispiacevano.

2. Con quale delle seguenti alternative potresti sostituire la frase "La misura è colma!"?

   a. A tutto c'è un limite!
   b. Questo è il colmo!
   c. Misuri le parole, lei!
   d. Non voglio sentir ragioni!

---

1 Ettore Scola *Ettore Scola: Il cinema e io. Conversazione con Antonio Bertini*, Officina Edizioni Cinecittà International, Roma 1996, p. 122.

3. Elide: «Io che sarei se Gianni si sarebbe sposato un'altra donna?».

   Questa frase è sbagliata, quale di quelle che seguono ne è la versione corretta?

      a. Io che sarei se Gianni si fosse sposato con un'altra donna?
      b. Io che sarei se Gianni si avrebbe sposato un'altra donna?
      c. Io che sarei se Gianni si avesse sposato un'altra donna?
      d. Io che sarei se Gianni si sarebbe sposato con un'altra donna?

4. Elide: «Quante cose sai, Giannino. Me le imparerai tutte?».

   Questa frase è sbagliata, quale di quelle che seguono ne è la versione corretta?

      a. Quante cose sai, Giannino. Me le impareresti tutte?
      b. Quante cose sai, Giannino. Me le insegnerai tutte?
      c. Quante cose sai, Giannino. Le insegneresti tutte?
      d. Quante cose sai, Giannino. Le imparerai tutte?

5. Con quale delle seguenti alternative potresti sostituire la frase "Come te la passi?"?

      a. Come ti va la vita?
      b. Di cosa vivi?
      c. Secondo te come stanno le cose?
      d. Da dove intendi passare?

LE CONSONANTI DOPPIE

Luciana dichiara nel film di avere "difficoltà con le doppie" a causa del suo accento friulano (cioè della regione Friuli Venezia Giulia). E tu, hai delle difficoltà?

Correggi le parole seguenti; ad alcune mancano le doppie, mentre altre ne hanno anche troppe... ma attenzione: qualcuna è corretta!

acellerare	ombellico	supremazzia
paregiare	belico	imaginare
chiacchierare	fazziosità	soqquadro
sottovallutare	maleolo	roddodendro
feminismo	gociolare	domattore
parmiggiano	tazzina	tavolineto
porticiolo	fazzoleto	griletto
noleggiare	perioddico	inafidabile
obligatorio	condonnare	atacco
subaccueo	pazia	automobbile

SPIEGA CON PAROLE TUE!

Sono qui riportate alcune citazioni dai dialoghi del film. Spiega cosa significano in relazione ai personaggi che le pronunciano e a quello che accade nel film.

1. Gianni: «Venni assunto, ma con una remunerazione talmente simbolica che non potevo assolutamente permettermi di entrare in un ristorante, anche modesto, senza aver fatto un accurato preventivo di spesa».

2. Luciana, sulla sua breve relazione con Nicola: «È la replica di una recita che abbiamo già fatto. Io, tu e l'altro. Ma è cambiato l'altro... e la commedia è meno di successo. Infatti è durata solo due sere».

3. Romolo alla fine del film, rivolto a Gianni: «Siamo rimasti soli e staremo sempre assieme, io e te. Perché tu non scappi. E io non *moro* [= *muoio*, in romanesco]».

PICCOLE NOTE CULTURALI ED ALTRE CURIOSITÀ

➤ *C'eravamo tanto amati*: il titolo del film è in realtà il primo verso della canzone *Come pioveva* (Armando Gill, 1918), famosissima in Italia. Nella canzone si parla di due amanti che si incontrano dopo una lunga separazione seguita alla fine della loro relazione.

➤ **Referendum**: voto mediante il quale la popolazione è chiamata ad esprimere direttamente la propria preferenza su questioni specifiche di grande rilievo. Attraverso un referendum istituzionale il 2 giugno 1946 gli italiani scelsero tra monarchia e repubblica. In Italia sono previsti diversi tipi di referendum, di cui quello più noto è quello abrogativo, che consente di cancellare norme esistenti. All'indomani della consultazione popolare, il governo in carica è tenuto a prendere immediati provvedimenti affinché la volontà espressa venga rispettata; nel caso del referendum abrogativo dunque, se il popolo ha scelto l'abrogazione di una legge essa deve essere annullata. Il referendum è considerato valido solo se il numero dei votanti raggiunge il *quorum*, vale a dire il 50%+1 di coloro che hanno diritto al voto.

➤ **Il fiocco alla porta**: in Italia per una nuova nascita in una famiglia si usa appendere fuori dalla porta un fiocco, rosa se il neonato è femmina e azzurro se è maschio. Il fatto che Romolo Catenacci appenda alla sua porta un fiocco azzurro in occasione di ogni suo compleanno è un riferimento quindi ad una specie di rinascita.

➤ **Nocera Inferiore**: città della Campania. 'Inferiore' la distingue da Nocera 'Superiore', che si trova poco più a est. 'Inferiore', però, può anche essere sinonimo di 'di minor valore' ed in questo senso viene usato da Nicola nella sua discussione con i suoi colleghi professori: «Nocera è 'inferiore' perché ha dato i natali a individui ignoranti e reazionari come voi tre!».

➤ **Bo**: (oppure 'boh') è una risposta poco educata che si dà ad una domanda cui non si sa o non si vuole rispondere. BO è anche la sigla della provincia di Bologna.

➤ **Il madonnaro**: nella transizione dalla parte di film in bianco e nero a quella a colori, si vede un uomo che disegna in terra con dei gessi colorati: in Italia queste persone vengono comunemente chiamate 'madonnari', visto che uno dei soggetti che tipicamente disegnano (chiedendo gli spiccioli ai passanti che ammirano le loro opere) è la Madonna.

➢ *Ladri di biciclette*: film neorealista del 1948 di Vittorio De Sica.

➢ *La dolce vita*: film del 1960 di Federico Fellini con Marcello Mastroianni.

➢ *L'Eclisse*: film del 1962 di Michelangelo Antonioni con Monica Vitti.

➢ *Lascia o raddoppia?*: popolarissimo quiz televisivo a premi degli anni '50 condotto da Mike Bongiorno, in cui ad ogni tappa il concorrente aveva la possibilità di concludere il gioco o raddoppiare la propria vincita sottoponendosi ad un ulteriore quesito di difficoltà superiore. La scenografia ed il conduttore che si vedono nel film sono quelli reali.

➢ **Bustarella**: tangente. È un pagamento illegale di denaro in cambio di favori non dovuti e spesso illeciti. Chi pretende bustarelle, e quindi abusa della propria posizione per ottenerne denaro, è un corrotto e commette il reato di concussione; colui che paga per ottenere favori invece è un concusso e quindi vittima dell'abuso nel caso in cui sia stato obbligato a pagare per ottenere ciò che gli spetta di diritto (ad esempio il disbrigo di una pratica amministrativa), mentre è un corruttore colpevole di corruzione se cerca di pagare per ottenere un trattamento di favore cui non ha diritto. La parola *bustarella* è un diminutivo della parola *busta*, utilizzato per indicare la tangente in quanto spesso il denaro viene consegnato chiuso dentro una busta.

➢ *Siddharta*: è il libro di cui Elide parla a Gianni. (Vedi *Piccole note culturali ed altre curiosità* del capitolo 13 dedicato a *L'ultimo bacio*).

➢ *Ed io ero Sandokan*: è una canzone di Armando Trovajoli.

LEGGIAMO IL COPIONE

Gianni incontra la moglie suicida dallo sfasciacarrozze.

Gianni:	-Elide!
Elide:	-Hai ricevuto il mio messaggio.
Gianni:	-Quale messaggio?
Elide:	-Beh, secondo te perché sei qui?
Gianni:	-Mah, per l'assicurazione, no? Formalità... dopo l'incidente... che altro?
Elide:	-Ah, non perché ti ho chiamato io?
Gianni:	-Lo sai che non ci credo a queste cose, non ci ho mai creduto.
Elide:	-Sì? E allora con chi stai parlando?
Gianni:	-Da solo! Con me sto parlando, come un matto. E infatti, me ne vado!
Elide:	-No, aspetta! Devo domandarti una cosa.
Gianni:	-Va bene! E allora coraggio, forza!
Elide:	-Sono importante per te adesso?
Gianni:	-Importante, in che sen...? Importante perché sei morta? Mah, non lo so. Non mi sembra, no... No!
Elide:	-Ma che te *possino ammazzatte*! Ma perché no?
Gianni:	-Elide, perché se una non è stata importante da viva, non lo è nemmeno da morta. Ecco perché!
Elide:	-Bravo ignorante!
Gianni:	-Ah!

Elide:	-La morte sublima.
Gianni:	-Sì, va bene!
Elide:	-E si vede che non hai letto il *Siddharta!*
Gianni:	-No, non ho letto il *Siddharta.*
Elide:	-E certo! A me mi obbligavi a leggere ma tu non leggi mai niente.
Gianni:	-Elide, che rottura!
Elide:	-E non essere volgare! Sei tu che non sei importante Gianni... per nessuno, neppure per te stesso! Lo eri solo per me... perché ero stupida.

Come si comportano i due personaggi? Quali aspetti delle loro personalità emergono in questo dialogo? Questa scena è anche la conclusione del rapporto fra Elide e Gianni. Come è stato e come si è evoluto questo rapporto? Mentre Elide si dedicava alla propria crescita culturale, cosa ne è stato di Gianni? Sei d'accordo con Gianni sull'importanza (o la mancanza d'importanza) di una persona dopo la sua morte?

LA PAROLA AL REGISTA, ETTORE SCOLA

«Il film è un lungo *flashback* che dura il tempo di un tuffo di Gassman nella sua piscina. Le storie dei tre protagonisti vengono seguite a staffetta: un po' una un po' l'altra, passando da un evento all'altro, saltando in epoche diverse: mi era quindi sembrato giusto quell'inizio, interrotto, progressivo, non concluso. Può anche sembrare un errore di montaggio, finché la quarta volta si rivela per quello che è: un avviso allo spettatore, un "consiglio per l'uso" di un film che non ha una tecnica di racconto piana, consequenziale, ordinata nel tempo»[2].

1. Tu come avevi interpretato i tre ciak all'inizio del film? Pensi che questa scelta artistica sia efficace?

2. Che importanza ha in un film di questo genere il fatto di optare per una narrazione non consequenziale?

«La discussione [finale, *nda*] verte sulla parola "boh"; una esclamazione italiana che non ha corrispondenti in altre lingue e rappresenta un po' anche un certo carattere nazionale, una certa filosofia, per la quale ci si arresta di fronte alle conclusioni. In particolare, il mio non è mai un cinema affermativo, programmatico, che dà risposte, semmai lascia qualche interrogativo, se il film è riuscito. Anche questo finale invece di esprimere un giudizio negativo sul borghese che ha tradito, sul fallimento dell'intellettuale, sul velleitarismo del proletario, si sofferma sull'analisi che i due litigiosi amici fanno dell'interiezione "boh". «Che significa "Boh"?», «Mah, forse nulla, ma può significare tante cose. Può anche essere minaccioso». «Ma che minaccia è? Boh!», «Può anche voler dire "boh" una curiosità insoddisfatta». Si allontanano e la discussione va avanti all'infinito. Tra parentesi appare anche la scritta: (continua)...»[3].

1. Perché pensi che il regista abbia scelto questa conclusione ambigua? Che effetto ti ha fatto vedere il film concludersi in questo modo?

---

2 Ivi, p. 127.

3 Ibid.

2. Il regista afferma che il finale non esprime giudizi "sul borghese che ha tradito, sul fallimento dell'intellettuale, sul velleitarismo del proletario"; le vicende narrate ti suggeriscono una valutazione su queste tre figure? Quale?

MA ORA IL REGISTA SEI TU... E VUOI CAMBIARE TUTTO!

In *C'eravamo tanto amati* Nicola, per un malinteso, non vince a *Lascia o raddoppia?*.

Ma ora il regista sei tu...e vuoi cambiare tutto!

Nicola vince e diventa ricchissimo. Racconta cosa accade nel tuo film dopo questo nuovo colpo di scena. Suggerisci anche un nuovo titolo che ti sembra più adatto dopo questi cambiamenti.

RIFLETTIAMO UN PO'

1. Al loro primo incontro, Gianni rivolge a Luciana il seguente pensiero: «Vincerà l'amicizia o l'amore? Sceglieremo di essere onesti o felici?». Nel film, cosa vincerà? Gianni e Luciana, cosa scelgono? E tu, cosa avresti fatto? Perché?
2. Romolo, per convincere Gianni a difenderlo, afferma: «Chi vince la battaglia con la coscienza ha vinto la guerra dell'esistenza». Che tipo di mentalità è questa? Anche tu la pensi così? Perché?
3. Dopo 25 anni di lontananza, gli amici protagonisti della storia si rincontrano, e Gianni dice di fare il guardiamacchine. Perché? Come ti saresti comportato tu al suo posto?
4. Romolo dice a Gianni: «L'essere più solo al mondo è l'uomo ricco». Secondo te, cosa intende dire? Quello che accade nel film dà ragione a Romolo?
5. Nicola dice, quasi alla fine del film: «Vivere come ci pare e piace costa poco, perché lo si paga con una cosa che non esiste: la felicità». Perché dice questo? Sei d'accordo?

QUATTRO CHIACCHIERE CON...

Sei un giornalista e Romolo Catenacci ti riceve nella sua villa per concederti un'intervista.

Il tuo caporedattore desidera che il tuo 'pezzo' faccia conoscere al pubblico in che modo Catenacci abbia accumulato le sue ricchezze, ma desidera anche che sia comprensibile a tutti! Quindi trascrivi la tua intervista immaginaria in italiano e non nel dialetto sgrammaticato in cui si esprime Catenacci.

NON VORRESTI SAPERNE DI PIÙ?

1. La Resistenza è stata un'esperienza che ha accomunato Antonio, Nicola e Gianni. Che cos'è stata la Resistenza? Chi vi ha partecipato? Che importanza ha avuto nella formazione dell'Italia postbellica?

2. In seguito al referendum istituzionale del 2 giugno 1946, la famiglia reale Savoia viene esiliata e per legge gli eredi maschili non possono rientrare nel territorio italiano. Quali furono i motivi che portarono addirittura all'esilio dei reali? (Un piccolo aiuto: che atteggiamento ebbe Vittorio Emanuele III negli anni dell'ascesa di Mussolini e del fascismo?) Oggigiorno è ancora in vigore questo divieto di ingresso in Italia per la famiglia reale?

3. Con *La dolce vita* Federico Fellini ha lanciato una nuova immagine dell'Italia nel mondo. Guarda il film e poi parla ai tuoi compagni dei suoi temi principali e dei suoi protagonisti. Fa' vedere loro la famosa scena della Fontana di Trevi che viene girata in *C'eravamo tanto amati* e spiegane l'importanza all'interno del film.

4. *Ladri di biciclette* in un certo senso è stato determinante nella vita di Nicola. Guarda il film e situalo nel contesto della storia del cinema italiano. Alla prossima lezione, fanne vedere ai tuoi compagni l'ultima scena, che tanto è costata a Nicola in *Lascia o raddoppia?*. Partendo proprio da quella scena, racconta loro il film.

5. Vittorio De Sica è molto importante per i personaggi di *C'eravamo tanto amati*, e la sua presenza è forte nel film. Chi era? Come figura nella storia del cinema italiano? Quali sono i suoi film più conosciuti?

6. La specialità della trattoria dove i tre amici spesso si incontrano è il 'Picchiapò', cioè manzo bollito ripassato con pomodoro e cipolla. Quali sono i piatti tipici della cucina romana? Trova una ricetta appetitosa e spiega ai tuoi compagni come preparare il piatto.

7. Nel dibattito con Nicola su *Ladri di biciclette*, il Preside del liceo afferma: «Opere siffatte offendono la grazia, la poesia, il bello. Questi stracci e questi cessi ci diffamano di fronte al mondo; bene ha detto un giovane cattolico di grande avvenire [Giulio Andreotti, *nda*]: "I panni sporchi si lavano in famiglia!"». Il preside sta polemizzando non solo contro *Ladri di biciclette* ma contro il neorealismo in generale. Che cos'era il neorealismo? Chi erano gli esponenti di questa estetica? Quali opere vengono definite neorealiste?

8. Dopo aver letto la poesia riportata sotto, trova un'altra lirica di Vincenzo Cardarelli da commentare e presentare ai tuoi compagni.

VI PRESENTO *C'ERAVAMO TANTO AMATI*

Scrivi una composizione, di almeno 5000 caratteri (spazi esclusi), in cui presenti *C'eravamo tanto amati*: la trama, i personaggi, le tematiche affrontate, le soluzioni di regia e quant'altro ti sembra importante. Aggiungi anche una tua valutazione critica ed un commento personale.

L'ANGOLO DELLA POESIA

Quando Antonio si lamenta per come l'ha trattato l'amico Gianni, Nicola coglie l'occasione per esporre le sue critiche all'amicizia:

Antonio: L'amicizia non deve essere al di sopra di tutto?

Nicola: Niente è al di sopra di tutto. Io poi, sono contrario all'amicizia. È una combutta tra pochi. È una complicità antisociale.

Confronta le opinioni di Nicola sull'amicizia con questa poesia, "L'amicizia" (1916), di Vincenzo Cardarelli (Tarquinia 1887 – Roma 1959). Cardarelli (che in realtà si chiamava Nazareno e non Vincenzo) iniziò la sua carriera letteraria a Roma come giornalista politico. Insieme ad altri letterati nel 1919 fondò la rivista letteraria *La Ronda*. Il suo modello poetico era, come per gli altri rondisti, il Giacomo Leopardi delle *Operette morali*, cioè un classicismo formale. Tra le sue opere principali ricordiamo *Viaggi nel tempo* (1920), *Favole e memorie* (1925) e *Il sole a picco* (1929). Leggiamo insieme la poesia.

Amicizia

Noi non ci conosciamo. Penso ai giorni
che, perduti nel tempo, c'incontrammo,
alla nostra incresciosa intimità.
Ci siamo sempre lasciati
senza salutarci,
con pentimenti e scuse da lontano.   5
Ci siam riaspettati al passo,
bestie caute,
cacciatori affinati,
a sostenere faticosamente
la nostra parte di estranei.   10
Ritrosie disperanti,
pause vertiginose e insormontabili,
dicevan, nelle nostre confidenze,
il contatto evitato e il vano incanto.
Qualcosa ci è sempre rimasto,   15
amaro vanto,
di non ceduto ai nostri abbandoni,
qualcosa ci è sempre mancato.

Come descriveresti il tono della poesia? Il poeta esordisce con "Noi non ci conosciamo", e conclude con "qualcosa ci è sempre mancato": come ti appare questa amicizia di cui parla? Riconosci i tuoi rapporti di amicizia in quello descritto dal poeta? Perché? La 'combutta tra pochi' e la 'complicità' disprezzate da Nicola sono presenti nel rapporto descritto da Cardarelli?

CAPITOLO 3
NUOVO CINEMA PARADISO

NUOVO CINEMA PARADISO, Francia/Italia, 1989		
Regia	Giuseppe Tornatore	
Sceneggiatura	Giuseppe Tornatore	
Interpreti	Philippe Noiret	*Alfredo*
	Salvatore Cascio	*Salvatore (bambino)*
	Marco Leonardi	*Salvatore (ragazzo)*
	Jacques Perrin	*Salvatore (adulto)*
	Agnese Nano	*Elena*
	Pupella Maggio	*Maria*
	Leopoldo Trieste	*Padre Adelfio*
	Enzo Cannavale	*Ciccio Spaccafico*
	Leo Gullotta	*Maschera*
Durata	125'	

IL REGISTA: GIUSEPPE TORNATORE

Giuseppe Tornatore nasce a Bagheria (Palermo) nel 1956. Comincia a girare documentari per la Rai dal 1974 e nel 1984 è regista della seconda unità di *Cento giorni a Palermo* di Giuseppe Ferrara. Il suo debutto cinematografico avviene nel 1986 con *Il camorrista*. Il discreto successo che riscuote gli permette di conoscere il produttore Franco Cristaldi il quale gli offre la regia di un film a sua scelta. Così realizza *Nuovo Cinema Paradiso*, che ottiene un enorme riscontro internazionale. Due anni dopo gira *Stanno tutti bene*, che racconta le vicende di un padre siciliano che va a trovare i suoi figli sparsi per la penisola. Con *Una pura formalità* (1994), interpretato da Roman Polanski e Gérard Depardieu, Tornatore assume uno stile meno poetico e più inquietante. L'anno successivo vince il David di Donatello e il Nastro d'Argento per la regia per *L'uomo delle stelle*. Nel 1998 torna ai successi di botteghino con un film tratto dal monologo teatrale *Novecento* di Alessandro Baricco, *La leggenda del pianista sull'oceano*, che riceve molti premi internazionali. Anche *Malèna*, il suo ultimo film, conferma il suo successo sia di pubblico che di critica.

FRA I SUOI FILM PIÙ IMPORTANTI:

Malèna (2000)

La leggenda del pianista sull'oceano (1998)

L'uomo delle stelle (1995)

Una pura formalità (1994)

Stanno tutti bene (1990)

Nuovo Cinema Paradiso (1989)

Il camorrista (1986)

TRAMA DEL FILM

Una sera un affermato regista, Salvatore Di Vita, riceve a Roma una telefonata dalla madre (che vive in Sicilia) che deve comunicargli una notizia urgente. Dalla telefonata ha inizio il racconto dei ricordi di Salvatore che lo riportano agli anni Quaranta, alla sua infanzia nel paesino siciliano di Giancaldo, quando la sua vita si intrecciava alle vicende del cinema parrocchiale Paradiso e del suo operatore di cabina cui lui, orfano di padre, era legato da una particolare ma profonda amicizia. Un incendio distrugge la sala Paradiso che riapre come 'Nuovo Cinema Paradiso' con una nuova gestione e con il piccolo Salvatore come operatore. Le vicende del paese, i primi amori, la difficile decisione di partire per cercare la fortuna altrove ed altre esperienze scorrono nella memoria di Salvatore adulto che decide così di tornare in Sicilia. Ma tutto è cambiato a Giancaldo e Salvatore sente ancora il peso dei fantasmi del passato.

Nuovo Cinema Paradiso si è aggiudicato il Gran Premio della Giuria al Festival di Cannes, un David di Donatello, il Golden Globe e, nel 1990, l'Oscar come miglior film straniero.

PRIMA DI VEDERE IL FILM...

PREPARIAMOCI ALLA PROIEZIONE...

☞ **ARMIR**: l'Armata Italiana in Russia durante la seconda guerra mondiale, negli anni 1941-1943. La nascita dell'ARMIR segnò l'avvio della seconda spedizione italiana in Russia, dopo che il primo corpo di spedizione ne era uscito praticamente distrutto. Tuttavia, invece della ritirata, la decisione italiana fu quella di aumentare il numero dei soldati impiegati perché la vittoria sembrava imminente.

☞ Il **Cinema Paradiso** è un cinema parrocchiale, cioè gestito dal prete della parrocchia. In passato i cinematografi non erano diffusi come oggi, e specialmente nei piccoli paesi erano del tutto assenti. I piccoli cinema parrocchiali proponevano al loro pubblico film in seconda (o terza) visione e il prezzo del biglietto era popolare. Il parroco spesso visionava il film in anticipo e censurava le scene che considerava offensive della morale.

☞ Nel loro insieme i numerosi film proiettati nella sala sia del Cinema Paradiso che del Nuovo Cinema Paradiso formano una specie di rassegna della cultura popolare cinematografica di quegli anni. Ecco alcune delle opere citate: *L'angelo azzurro* (*Der blaue Engel*, 1930), *Verso la vita* (*Les Bas-fonds*, 1936), *Tempi moderni* (*Modern Times*, 1936), *Furia* (*Fury*, 1936), *Via col vento* (*Gone with the Wind*, 1939), *Ombre rosse* (*Stagecoach*, 1939), *Dottor Jekyll e mister Hyde* (*Dr. Jekyll and Mr. Hyde*, 1941), *Casablanca* (1942), *La terra trema* (1948), *Il tesoro della Sierra Madre* (*The Treasure of the Sierra Madre*, 1948), *I pompieri di Viggiù* (1949), *In nome della legge* (1949), *Catene* (1949), *I vitelloni* (1953), *Mambo* (1954), *L'oro di Napoli* (1954), *Sette spose per sette fratelli* (*Seven Brides for Seven Brothers*, 1954), *Ulisse* (1955), *Poveri ma belli* (1957), *Il grido* (1957).

☞ **SISAL**: società che dal 1946 ha introdotto in Italia il concorso a pronostici "schedina Sisal", divenuta successivamente Totocalcio.

...E AL LINGUAGGIO DEL FILM

Il siciliano, come tutti i dialetti regionali, varia molto da città a città (a volte addirittura da quartiere a quartiere) anche se si possono ritrovare elementi comuni nella parlata dell'isola. Vediamone alcune caratteristiche.

➤ Articolo indeterminativo: maschile *un*, *unu*, femminile *una*. Si usano anche le forme contratte *'n*, *'nu* e *'na*.

➤ Articolo determinativo: maschile *lu*, femminile *la*, plurale *li*. Si usano anche le forme contratte *'u*, *'a* e *'i*. Spesso l'articolo è l'unica marca di distinzione fra singolare e plurale.

➤ Genere: i sostantivi maschili di solito terminano in *–u*, mentre quelli femminili terminano in *–a*. Nella forma plurale sia quelli maschili che femminili terminano in *–i*. Naturalmente esistono molte eccezioni.

➤ Dimostrativi: i pronomi sono: questo → *chistu*, questa → *chista*, questi/e → *chisti*; codesto → *chissu*, codesta → *chissa*, codesti/e → *chissi*; quello → *chiddu*, quella → *chidda*, quelli/e → *chiddi*. Le stesse forme sono usate come aggettivi dimostrativi e come tali hanno anche le forme contratte: *'stu, 'sta, 'sti, 'ssu, 'ssa, 'ssi, 'ddu, 'dda, 'ddi*.

➤ La /b/ semplice dell'italiano corrisponde solitamente a una /v/ del siciliano, mentre la /b/ siciliana è pronunciata doppia. Per esempio: barca → *varca*.

➤ La /d/ singola dell'italiano spesso diventa /r/ in siciliano. Per esempio: dire → *rire*. Come per la /b/, la /d/ siciliana è pronunciata doppia.

➤ La doppia /lll/ italiana diventa /dd/ in siciliano. Per esempio: cavallo → *cavaddu*, bello → *bieddu*.

➤ Il nesso /nd/ tende a diventare /nn/. Per esempio: quando → *quannu*.

➤ Verbi: in siciliano si tende ad usare il passato remoto al posto del passato prossimo per indicare azioni anche recenti.

➤ Presente indicativo di essere: *sugnu, si, è, sìemo, siti, sunnu* (abbreviato in *su'*).

➤ Presente indicativo di avere: *aiu, ai, avi, avìemu, aviti, annu*.

DOPO AVER VISTO IL FILM...

I PERSONAGGI

Abbina appropriatamente i personaggi della colonna sinistra con i loro nomi della colonna destra.

1.	Madre di Salvatore Di Vita	a.	Ciccio Spaccafico
2.	Operatore di cabina	b.	Elena
3.	Dr. Lenera	c.	Anna
4.	Fidanzata di Salvatore	d.	Adelfio
5.	'Il napoletano'	e.	Salvatore Di Vita
6.	Moglie di Alfredo	f.	Maria
7.	Parroco	g.	Alfredo

I PERSONAGGI: DESCRIVILI TU

1. Fai una descrizione dettagliata di Elena e del suo modo di vestire.
2. Descrivi la personalità di Salvatore, specificando quali episodi mettono in rilievo i diversi tratti del suo carattere.
3. Analizza il personaggio di Alfredo: che ruolo ha nella storia?

LESSICO: I SINONIMI

Abbina ogni parola della colonna sinistra con il suo sinonimo della colonna destra.

1.	vampata	a.	irreperibile
2.	lurido	b.	pullman
3.	scimunito	c.	prendere in giro
4.	deceduto	d.	valoroso
5.	disperso	e.	fiammata
6.	chiappa	f.	abbattere

7.	sfottere	g.	sporco
8.	corriera	h.	morto
9.	demolire	i.	sciocco
10.	gagliardo	j.	gluteo

LESSICO: I SINONIMI DOPPI

Ogni parola della colonna sinistra ha due significati: abbinala con i suoi sinonimi della colonna destra.

1.	piattola	a.	incrinato
		b.	persona importuna
2.	bandito	c.	cattivo
		d.	mattatoio
3.	macello	e.	pidocchio
		f.	fuorilegge
4.	fesso	g.	cacciato
		h.	demonio
5.	maligno	i.	finimondo
		j.	tonto

LA STORIA

1. Perché all'inizio del film la vecchia madre telefona a Salvatore? Cosa vuole comunicargli?

2. Che tipo di scene fa tagliare il parroco dai film? Perché? E come cambia la programmazione dei film nel Nuovo Cinema Paradiso?

3. Perché Alfredo non vuole che Totò stia con lui nella cabina di proiezione?

4. Perché una notte la madre di Totò lo picchia per essere andato al cinema? E l'intervento di Alfredo, come risolve la questione?

5. In seguito a quale episodio Alfredo promette alla madre di Totò di non far più entrare il bambino in cabina?

6. Chi paga la ricostruzione del Cinema Paradiso dopo l'incendio? Con quali soldi?

7. Perché Totò deve partire per prestare il servizio militare?

8. Perché il padre di Elena non vuole che la figlia frequenti Totò?

9. Perché la famiglia di Peppino emigra in Germania? Come mai il padre non trova lavoro al paese?

10. Cosa succede al Nuovo Cinema Paradiso dopo la morte di Alfredo?

DIAMO UN'OCCHIATA AL FILM

1. Cosa sta succedendo in questa scena? Quali conseguenze ci saranno nella vita dei protagonisti in seguito a quello che sta accadendo in questa inquadratura?

2. L'immagine all'inizio del capitolo suggerisce alcuni particolari della trama del film e della caratterizzazione dei personaggi: quali? In quale momento della storia puoi collocare quella inquadratura?

UN PO' DI ARITMETICA... IN ITALIANO!

Totò e Alfredo si ritrovano insieme a fare l'esame di aritmetica della quinta elementare. Conosci il linguaggio matematico di base in italiano? Prova a trascrivere in italiano, senza usare la simbologia matematica e le abbreviazioni, le espressioni che seguono.

- $\sqrt{4} + \frac{10}{5} = 4$ $\{[(\sqrt[3]{8}+1) - (2^2 - 4)]\times3+1\}= 10$ ½: 0,5 = 1
- $x \leq 2$ $x \geq 2$ $x \neq y$ $x \cong 2, \overline{3}$
- Superficie del cerchio: $A = \pi r^2$
- $3m \times 3m = 9m^2$
- $10m^2 \times 3m = 30m^3$
- Unità di misura di lunghezza: km, hm, dam, m, dm, cm, mm
- Unità di misura di superficie: km², hm², dam², m², dm², cm², mm²
- Unità pratica di misura di peso: t, q, Mg, kg, hg, dag, g, dg, cg, mg
- Unità di misura di capacità: kl, hl, dal, l, dl, cl, ml

> Qual è il nome più comune per un poligono con... 3 vertici? 4 vertici? 5 vertici? 6 vertici? 7 vertici? 8 vertici?
> Come si chiama il poliedro con... 4 facce? 5 facce? 6 facce? 7 facce? 8 facce?

CORREGGI!

Le frasi che seguono sono sbagliate: individua gli errori e correggili, tenendo presente che possono essere più d'uno in una sola frase.

1. La dilemma è semplice: dovremmo o no accettare l'invito ad unificare le due societè?
2. Ho sempre pensato che tu avresti vinto la partita, sei una molto ottima giocatrice di tennis.
3. Se avreste non niente in contrario, possiamo partire.
4. Attenzione a quel cane, non ci vi avviciniate troppo, non sappiamo se sia mansueto o aggressivo.
5. Hanno litigato quasi fa sei mesi, e ancora oggi quando incontrano per strada non si salutano nemmeno.
6. Non dovete preoccuparsi per noi, qui alla campagna ci troviamo bene e le persone sono parecchio gentili.
7. Non ti sembra che devi essere almeno educato con gli ospiti?
8. Non si può dire che sia merito tuo se siamo riusciti restaurare la scultura dentro i termini previsti del contratto.
9. Ma guarda un po', credevamo che foste partite per la montagna la settimana scorsa, e invece siete ancora qui in città.
10. Se per te va bene andrò a prenderti domani a casa tua verso le 15.00.

FUORI DALL'INQUADRATURA

> *Nuovo Cinema Paradiso* ebbe una storia travagliata. La prima assoluta avvenne nel 1988 a Bari, durante Europa Cinema, dove il film era in concorso. Ne venne proiettata una versione di 170 minuti, per la quale lo stesso Tornatore già prevedeva alcuni tagli, reputandola ridondante. La reazione del pubblico fu positiva, ma le critiche facevano emergere l'esigenza di ridurre la durata del film. Tornatore tagliò allora una quindicina di minuti, ma questa edizione non godette di grande successo, così il regista ridusse ulteriormente la durata per realizzare la terza edizione, che tolse quasi interamente la parte finale, quella dell'incontro tra Elena e Salvatore adulti. Questa versione definitiva, di 125 minuti, è quella che ricevette i vari premi internazionali. Il titolo della prima versione era *Nuovo Cinema Italia*.

> Nella scena in cui il Cinema Paradiso viene distrutto dalle fiamme, la pellicola che prende fuoco è quella del film *I pompieri di Viggiù* (Mario Mattoli, 1949).

> Quando Totò adulto sfoglia il calendario del 1954 i giorni della settimana non corrispondono in realtà all'anno in questione; sono invece quelli del 1988, anno in cui è stato girato il film.

➢   Quasi in concomitanza con *Nuovo Cinema Paradiso* uscì *Splendor* (Ettore Scola, 1989), interpretato da Marcello Mastroianni e Massimo Troisi. Il film di Scola racconta la storia della chiusura del cinema Splendor e l'importanza del cinema nella vita del proprietario, del giovane proiezionista e della maschera. Le affinità tematiche tra i due film hanno fatto parlare di 'tiri mancini' e hanno suscitato alcune polemiche, ma i due registi hanno sempre smentito e parlano di coincidenze.

➢   Boccia, il ragazzo che in bicicletta trasporta le pizze del film da un cinema all'altro è una citazione di un personaggio di *Due soldi di speranza* (Roberto Castellani, 1951).

NOMI COLLETTIVI

Sai scegliere fra i nomi collettivi proposti quello giusto da inserire nelle frasi?

1. L'intera _____ di bufali si mosse in un solo istante per cominciare ad attraversare il fiume.

    a. folla
    b. muta
    c. mandria

2. Quest'anno la _____ è fortissima e sicuramente vincerà lo scudetto.

    a. squadra
    b. folla
    c. serie

3. Avvistammo il _____ di aringhe e ci dirigemmo in quella direzione.

    a. gregge
    b. branco
    c. banco

4. La _____ di cani da caccia di mio zio è davvero superba.

    a. nidiata
    b. squadra
    c. muta

5. Alcune delle più belle navi della _____ italiana erano ancorate nel porto di Genova, e i loro _____ facevano da guida ai visitatori.

    a. serie - gruppi
    b. flotta - equipaggi
    c. squadra - equipaggi

6. L'intera _____ di pappagalli è sopravvissuta nonostante il freddo intenso dell'inverno.

    a. nidiata
    b. serie
    c. flotta

PASSATO PROSSIMO E PASSATO REMOTO

Il siciliano fa un uso molto più frequente del passato remoto rispetto all'italiano standard, che spesso preferisce il passato prossimo. Nelle frasi seguenti volgi il verbo in corsivo al tempo più opportuno, scegliendo fra passato prossimo e remoto.

Esempio: «Ieri quando *venire* da me *dimenticare* i guanti» *diventa:* «Ieri quando *sei venuto* da me *hai dimenticato* i guanti».

Esempio: «Alessandro Manzoni *sposare* Enrichetta Blondel nel 1808» *diventa:* «Alessandro Manzoni *sposò* Enrichetta Blondel nel 1808».

1. Nell'ultimo secolo il progresso ci *offrire* tantissime comodità che *rendere* molto più comoda la nostra vita.
2. Marco non *volere* mai dirmi dove avesse nascosto il mio libro, *fingere* di non saperne niente; da allora *passare* 15 anni ma io non gli *rivolgere* mai più la parola.
3. Ieri sera io *accendere* il fuoco nel caminetto ma purtroppo *spegnersi* mentre dormivo, e *soffrire* tutta la notte per il freddo.
4. Nel 44 a.C. una congiura *portare* all'assassinio di Giulio Cesare.
5. Prima che io nascessi mia madre *esprimere* il desiderio di avere un maschietto, e io... *accontentarla*!
6. La settimana scorsa *piovere* quasi tutti i giorni, i bambini *annoiarsi* molto perché non *potere* uscire in giardino a giocare.
7. Vent'anni fa *uscire* il suo primo libro... sembra già passato un secolo!
8. Luca era ancora molto piccolo quando tutta la famiglia *trasferirsi* a Firenze, e da allora non *tornare* mai più a Roma.
9. Io non *dire* mai che sei stato tu!
10. Sandro Pertini *essere* un Presidente della Repubblica molto amato. Chi gli *succedere*?

SPIEGA CON PAROLE TUE!

Sono qui riportate alcune citazioni dai dialoghi del film. Spiega cosa significano in relazione ai personaggi che le pronunciano e a quello che accade nel film.

1. Il Salvatore adulto alla nipote: «Io vendo tanto fumo e poco arrosto».
2. Alfredo, quando gli parlano delle nuove pellicole ignifughe: «Il progresso... sempre tardi arriva!».
3. Uno degli spettatori del Cinema Paradiso: «Vent'anni che vado al cinema, non ho visto mai un bacio!».

PICCOLE NOTE CULTURALI ED ALTRE CURIOSITÀ

➤ **Charlot**: nome italiano di uno dei personaggi di Charlie Chaplin.

➤ **Baffone**: è un soprannome per Josif V. Stalin (1879-1953).

➤ *La terra trema*: (Luchino Visconti, 1948) è uno dei film proiettati al Cinema Paradiso. Tratto liberamente dal romanzo *I Malavoglia* (1881) di Giovanni Verga, *La terra trema* recava i sottotitoli in italiano perché i personaggi parlavano in siciliano stretto.

➤ **Capodanno**: alla mezzanotte fra il 31 dicembre e il 1° gennaio in Italia si usava (ora sempre meno) gettare dalla finestra qualcosa di vecchio che simboleggiava l'anno che se ne andava per fare posto a quello nuovo. Altre tradizioni per la cosiddetta 'notte di San Silvestro' sono di indossare qualcosa di rosso e nuovo (che porta fortuna per l'anno venturo) e di mangiare lenticchie (che portano ricchezza).

➤ **La leva**: è il servizio militare obbligatorio per tutti i cittadini maggiorenni di sesso maschile, attualmente sostituibile con 12 mesi di servizio civile. Nel periodo in cui si svolge il film però la sostituzione non era possibile. A decorrere dal 1° gennaio 2007 il servizio di leva obbligatorio non esisterà più.

➤ **Nonnismo**: dispetti, talvolta anche violenti, o atteggiamenti fortemente vessatori dei militari più grandi (i 'nonni') nei confronti dei nuovi arrivati. L'episodio della caserma in cui a Totò viene gettato addosso del sugo di pomodoro è un esempio di nonnismo.

➤ **La settimana INCOM**: cinegiornale settimanale che, prima della diffusione della televisione, forniva informazioni di cronaca, politica e attualità nelle sale cinematografiche.

➤ *Lascia o raddoppia?*: popolarissimo quiz televisivo (v. *Piccole note culturali ed altre curiosità* del capitolo 2 dedicato a *C'eravamo tanto amati*). Con l'avvento della televisione, quando ancora la maggior parte delle famiglie italiane non poteva permettersi l'acquisto di un televisore le trasmissioni più popolari venivano trasmesse in altri luoghi pubblici (cinematografi, bar, circoli...).

➤ **Ufficialmente l'operatore sono io, ma i soldi se li piglia Totò**: lo dice don Ciccio quando apre il Nuovo Cinema Paradiso. Il problema è che, proprio a causa della forte infiammabilità delle pellicole, per poter lavorare in cabina di proiezione era necessario avere il patentino che abilitasse alla professione, cosa che ovviamente Totò, in quanto bambino, non poteva avere.

➤ **AGIS**: Associazione Generale Italiana dello Spettacolo, che regola le attività dello spettacolo in Italia (cinema, teatro, concerti, spettacoli circensi, e così via).

➤ **Abracadabra**: parola cui si attribuiscono misteriose virtù magiche, e che viene usata per incantesimi e sortilegi.

➤ **Punizioni corporali**: le punizioni corporali che la maestra infligge in classe ai bambini sono da molti anni proibite in Italia. Attualmente a scuola l'insegnante non può tenere nessun tipo di comportamento umiliante, offensivo o aggressivo nei confronti dello scolaro.

➤ **Caselline**: quelle che la maestra chiama 'caselline', e che cerca di insegnare ai suoi scolari con metodi abbastanza duri, sono più comunemente note come 'tabelline' (o tavola pitagorica), e vengono imparate nei primi anni di scuola. Consistono nella memorizzazione dei risultati di tutte le moltiplicazioni possibili fra coppie di numeri compresi fra 1 e 10 (ad esempio, la tabellina del tre: 3 × 1=3, 3 × 2=6, 3 × 3=9, 3 × 4=12, 3 × 5=15, 3 × 6=18, e così via).

LEGGIAMO IL COPIONE

Alfredo racconta una storia a Salvatore.

Alfredo:	-Una volta un re fece una festa e c'erano le principesse più belle del Regno. Un soldato che faceva la guardia vide passare la figlia del Re. Era la più bella di tutte e se ne innamorò subito, ma... ma che poteva fare un povero soldato a paragone con la figlia del Re? Finalmente un giorno riuscì ad incontrarla, e le disse che non poteva più vivere senza di lei. La Principessa fu così impressionata dal suo forte sentimento che disse al soldato: «Se saprai aspettare cento giorni e cento notti sotto il mio balcone, alla fine io sarò tua». *Minchia!* Subito il soldato se ne andò là e aspettò un giorno, e due giorni, e dieci e poi venti. E ogni sera la Principessa controllava dalla finestra, ma quello non si muoveva mai! Con la pioggia, con il vento, con la neve era sempre là. Gli uccelli gli cagavano in testa, e le api se lo mangiavano vivo, ma lui non si muoveva. Dopo novanta notti... era diventato... tutto secco, bianco... e gli scendevano le lacrime dagli occhi... e non poteva trattenerle, ché non aveva più la forza manco per dormire. Mentre la Principessa sempre lo guardava. E arrivati alla novantanovesima notte, il soldato si alzò, si prese la sedia e se ne andò via.
Salvatore:	-Ma come, alla fine?
Alfredo:	-Sì. Proprio alla fine, Totò. E non mi domandare qual è il significato. Io non lo so. Se lo capisci, dimmelo tu.
Salvatore:	-Boh.

Che cosa significa, secondo te, il racconto di Alfredo? Salvatore fa come ha fatto il soldato, aspettando giorno e notte sotto la finestra socchiusa di Elena: ti sembra un buon modo per conquistare il cuore della persona amata? Ti viene in mente un modo meno letterale per attuare la strategia del soldato?

Appena tornato dal servizio militare, Salvatore porta Alfredo sul mare.

Alfredo:	-L'hai più vista?
Salvatore:	-No... e nessuno sa dov'è.
Alfredo:	-Eh, si vede che doveva andare così. Ognuno di noi ha una stella da seguire. Vattene. Questa è terra maligna. Fino a quando ci stai tutti i giorni, ti senti al centro del mondo, ti sembra che non cambi mai niente. Poi parti... un anno, due... e quando torni è cambiato tutto, si rompe il filo. Non trovi chi volevi trovare, le tue cose non ci sono più. Bisogna andare via per molto tempo, per moltissimi anni, per ritrovare, al ritorno, la tua gente... la terra dove sei nato. Ma ora no, non è possibile. Ora tu sei più cieco di me.

| Salvatore: | -Questo chi l'ha detto? Gary Cooper? James Stewart? Henry Fonda? |
| Alfredo: | -No, Totò... non l'ha detto proprio nessuno. Questo lo dico io. La vita non è come l'hai vista al cinematografo. La vita è più difficile. Vattene. Tornatene a Roma. Tu sei giovane, il mondo è tuo. E io sono vecchio. Non voglio più sentirti parlare. Voglio sentire parlare di te. |

Perché Alfredo dice a Totò che la loro è una terra maligna? Qual è il filo che si rompe dopo un'assenza di pochi anni? E perché solo dopo un'assenza molto lunga si può ritrovare la propria terra e la propria gente? Perché Salvatore chiede ad Alfredo chi stia citando? Cosa significa "Non voglio più sentirti parlare. Voglio sentire parlare di te"?

Durante la processione funebre, il regista Salvatore Di Vita vede il padrone del Nuovo Cinema Paradiso e i due si mettono a parlare.

Salvatore:	-Da quanto tempo avete chiuso?
Spaccafico:	-Eh, a maggio fanno sei anni. Non veniva più nessuno. Lei lo sa meglio di me... la crisi... la televisione, le cassette... oramai il cinematografo è solo un sogno. Adesso l'ha acquistato il Comune per farci il nuovo parcheggio pubblico. Sabato lo demoliscono. Che peccato.
Salvatore:	-Ma perché mi dà del lei? Una volta non era così.
Spaccafico:	-Eh, a una persona importante, dare del tu è molto difficile.

Il Nuovo Cinema Paradiso soccombe di fronte al progresso che avanza sotto forma di televisione e videocassette, e che per le sale cinematografiche apre anche una crisi. Quali sono secondo te i vantaggi e gli svantaggi della visione di un film alla TV, su cassetta o su dvd piuttosto che in una sala cinematografica? Secondo te sono solo questi nuovi mezzi a fare concorrenza al cinema o c'è qualcos'altro? Come mai Salvatore desidera che Spaccafico gli dia del tu ma lui continua a dargli del lei? Che tipo di atteggiamento dimostra così Salvatore?

Salvatore parla con la madre ormai vecchia.

| Salvatore: | -Non abbiamo mai parlato, mamma. Quando ero piccolo ti vedevo come se fossi stata già vecchia. Forse capita a tutti i figli, chi lo sa. Ma solo ora mi rendo conto che eri giovane, eri bella, avevi tutta una vita davanti a te... ma come hai potuto vivere sempre sola? Senza nessuno che pensasse a te? Potevi sposarti... Perché? Può darsi che allora non avrei capito, ma dopo sì. |
| Madre: | -Sono rimasta sempre fedele prima a tuo padre e poi a te, a Dina. [...] Non so se è un bene, la fedeltà. La fedeltà è una brutta cosa, se sei fedele sei sempre solo. |

Perché Salvatore da piccolo vedeva la madre come se fosse stata già vecchia? Secondo te capita a tutti i figli o il suo è un caso particolare? Se si fosse risposata, perché Salvatore non avrebbe capito da piccolo, 'ma dopo sì'? Di quale fedeltà parla la madre? Perché dice che se si è fedeli si è sempre soli? Sei d'accordo con questa affermazione?

LA PAROLA AL REGISTA, GIUSEPPE TORNATORE

«Quando ho fatto *Nuovo Cinema Paradiso*, ho semplicemente raccontato una storia che forse avevo tenuto dentro per così tanto tempo che mi è risultato facile buttarla fuori. E i due o tre momenti che hanno fatto commuovere il pubblico del mondo intero, erano fra quelli che non avrei mai sospettato potessero provocare tanta emozione. [...] Io non ho paura di raccontare in modo spudorato alcuni modi di sentire, alcune esperienze interiori dei miei personaggi. Quelle cose che talvolta si fa bene a sottintendere io invece le tiro fuori, le metto in primissimo piano perché sono un eccessivo. Se devo sottintendere lo faccio a tal punto che non si capisce più. [...] Infatti sono persuaso che l'iperbole abbia qualcosa a che vedere con il mio modo di raccontare»[1].

1. C'è stato qualche passaggio del film in cui Tornatore ti è sembrato 'spudorato' nel raccontare i suoi personaggi? E quando ti è sembrato invece iperbolico?

2. Quali sono stati i momenti di *Nuovo Cinema Paradiso* che ti hanno emozionato di più?

«La Sicilia è un mondo che mi porto appresso, che mi suggerisce sempre tanti elementi perché mi sembra che sia, con tutte le incognite del caso, il mondo che conosco meglio, nel quale riesco a rispecchiarmi, in un certo qual modo rappresenta la mia "nave". Tuttavia ritengo la Sicilia un bagaglio pesante e con essa ho un rapporto di frustrazione e di incomprensione che mi strema. È per questo che sostengo che il modo migliore di amarla sia quello di andarsene perché solo quando sei lontano riesci ad apprezzarla del tutto»[2].

1. Secondo te perché Tornatore considera la Sicilia "un bagaglio pesante"? Pensi che sia una cosa comune avere con il proprio paese d'origine il rapporto conflittuale che il regista descrive?

2. Il tema dell'allontanamento come modo di 'recuperare' la propria terra è forte anche nel film. Individua i passaggi fondamentali di *Nuovo Cinema Paradiso* in cui emerge quest'idea.

«[È] vero che il primo tempo è molto più brioso, allegro e pieno di emozioni del secondo, ma c'è un motivo, ed è che la prima parte del film parla di un'epoca d'oro del cinema. Il presente è molto più stanco, più lento, anche nei movimenti di macchina. Anzi, io ho tenuto a sottolineare questa differenza. Se ci fai caso, la parte del ricordo è più colorata, con una macchina da presa molto più mobile. Nel presente i movimenti di macchina sono ridotti al minimo, i colori sono più scuri»[3].

1. Ci sono in particolare alcune scene del primo e del secondo tempo del film in cui risulta evidente la differenza di tono di cui parla Tornatore?

---

1 "Le interviste sono inutili. Intervista con Giuseppe Tornatore a cura di Sergio Toffetti" in *Giuseppe Tornatore*, a cura di Sergio Toffetti, Lindau, Torino 1995, p. 28.

2 "Intervista a Giuseppe Tornatore", www.lisoladeltesoro.com/Intervista_con_Giuseppe_Tornatore.htm.

3 "Intervista a Giuseppe Tornatore", *Cineforum* 284, maggio 1989, p. 85.

MA ORA IL REGISTA SEI TU… E VUOI CAMBIARE TUTTO!

Quando Totò torna a casa dopo aver fatto il servizio militare si rende conto del fatto che a Giancaldo non c'è più niente per lui. Spinto sia dalle parole di Alfredo che dall'assenza di Elena, il giovane va a cercare fortuna sul continente.

Ma ora il regista sei tu… e vuoi cambiare tutto!

Proprio mentre Totò si prepara ad andarsene dal paese, Elena ritorna e lo convince a rimandare la sua partenza. Riscrivi la storia partendo da questa svolta. Cosa succederà?

Se ti sembra opportuno, dopo aver raccontato questa nuova versione della vicenda cambia anche il titolo del film, e spiega i motivi della tua nuova scelta.

RIFLETTIAMO UN PO'

1. Alfredo dice a Totò: «Nel sentimento non c'è niente da capire e niente da fare capire». Che ne pensi tu di questa affermazione? Secondo te perché Totò ha tutto questo bisogno di capire e, soprattutto, di spiegare?

2. Totò propone ad Alfredo di essere amici, e Alfredo gli risponde: «Io scelgo i miei amici per il loro aspetto, e i miei nemici per la loro intelligenza. E tu sei un po' troppo furbo per essere amico mio!». Cosa significa una risposta del genere? Che tipo di atteggiamento esprime nei confronti degli altri? Tu hai dei criteri nello sceglierti gli amici e i nemici?

3. Alfredo dice a Totò: «Prima o poi arriva un tempo che parlare o stare muti è la stessa cosa. Allora è meglio stare zitti». Quando può essere 'un tempo che parlare o stare muti è la stessa cosa'? Sei d'accordo che in momenti simili sia meglio tacere? Ti è mai capitato di trovarti in una simile situazione? In che occasione? Tu cos'hai fatto, hai taciuto o parlato?

4. Tutti gli svantaggi del bracciantato (lavoro agricolo a giornata o stagionale) emergono dalle parole dell'uomo che a tarda sera recluta i lavoratori per il giorno dopo: «Dunque *picciotti*, per capirci: qua si *travaglia* dall'alba al tramonto, e non mi domandate mai quanto si guadagna». Che tipo di condizioni sono? Quanto può essere duro mantenersi con un'attività simile? Su quali basi vengono reclutati questi lavoratori? Di quali garanzie godono?

QUATTRO CHIACCHIERE CON…

Elena non si presenta all'appuntamento che aveva preso con Totò e poi non risponde né alle sue lettere né alle sue telefonate. Cosa può essere accaduto? Non era veramente innamorata? Ha assecondato i desideri del padre?

Immagina di poterla intervistare. Cosa racconterebbe e spiegherebbe di sé? Come giustificherebbe le sue azioni? Cosa penserebbe dei consigli che Alfredo dà a Salvatore sull'amore? Trascrivi le domande che vorresti porre e le risposte che ti aspetteresti di ricevere, e poi discutine con i tuoi compagni.

NON VORRESTI SAPERNE DI PIÙ?

1. Padre Adelfio commenta: «Io non vedo film pornografici» quando Vittorio Gassman bacia Silvana Mangano in *Riso amaro* al Cinema Paradiso. Ognuno ha un'idea diversa su che cosa sia la pornografia, e anche il tempo cambia il modo di valutarla. Quali sono i criteri in Italia che determinano se un film sia adatto a tutti o da vietarsi ai minori di 14 anni o di 18 anni? Ci si basa solo sulla pornografia? Come funziona la censura in Italia? E nel tuo paese? Secondo te la censura protegge gli spettatori o limita la libertà d'espressione degli autori?

2. Guarda l'edizione integrale di *Nuovo Cinema Paradiso*. Quale delle due versioni preferisci? Sei d'accordo con le critiche che sono state mosse alla versione integrale? In cosa ti sembra migliore, e in cosa peggiore, la versione definitiva, cioè ridotta?

3. Il padre di Totò è uno dei tanti soldati italiani dell'ARMIR che morirono sul fronte russo. Che cos'era l'ARMIR? Quanti soldati italiani furono mandati in Russia? Quanti ne tornarono? Quali eventi e ragioni portarono alla tragedia dell'ARMIR?

4. La famiglia di Peppino è costretta a trasferirsi in Germania perché il padre non riesce a farsi prendere come bracciante. Il fenomeno dell'emigrazione in altri paesi è stato molto forte nell'Italia del primo decennio dopo la seconda guerra mondiale. Fai una breve ricerca sugli emigranti: quanti furono? In quali paesi si trasferirono per la maggior parte? Quali lavori andavano a fare? In che condizioni vivevano? Che tipo di problemi insorsero in relazione a questi flussi emigratori?

5. Nel film vediamo che Alfredo ed altri adulti si presentano a scuola insieme ad alcuni bambini per sostenere l'esame di quinta elementare. In quegli anni non solo l'analfabetismo era molto diffuso fra gli adulti, ma anche la lingua italiana non era parlata in tutto il paese, come dimostra anche la scritta che compare sulle immagini del film *La terra trema* di Visconti: «La lingua italiana non è in Sicilia la lingua dei poveri». Quanto era diffuso l'analfabetismo? In quali regioni la popolazione non parlava correttamente l'italiano? Fai una breve ricerca sulle misure prese per facilitare la diffusione dell'italiano e dell'alfabetizzazione in Italia dal 1861 ad ora.

6. Fai una breve ricerca sulla storia del servizio militare e del servizio civile nella Repubblica Italiana.

7. Guarda un altro film di Giuseppe Tornatore. Individua delle scene chiave da far vedere ai tuoi compagni, racconta loro la trama e presenta le tematiche del film.

8. Leggi le poesie di Maria Luisa Spaziani riportate sotto. Approfondisci la sua biografia e trova un'altra delle sue poesie da commentare e presentare ai tuoi compagni.

VI PRESENTO *NUOVO CINEMA PARADISO*

Scrivi una composizione, di almeno 5000 caratteri (spazi esclusi), in cui presenti *Nuovo Cinema Paradiso*: la trama, i personaggi, le tematiche affrontate, le soluzioni di regia e quant'altro ti sembra importante. Aggiungi anche una tua valutazione critica ed un commento personale.

L'ANGOLO DELLA POESIA

In *Nuovo Cinema Paradiso* i temi della memoria e del ritorno sono centrali nell'esperienza del protagonista che compie un viaggio nei ricordi prima di tornare nella terra natia. Nelle due poesie che seguono Maria Luisa Spaziani (Torino, 1924), una delle più significative voci poetiche italiane contemporanee, tratta queste tematiche in toni nettamente diversi. Nella sua limpida poesia si sente spesso una tensione emotiva ed intellettuale tra il quotidiano e il metafisico. Autrice di racconti e testi teatrali, è anche un'importante divulgatrice in Italia di letteratura straniera grazie alla sua ampia attività di traduttrice.

Ricordo una stagione

Ricordo una stagione in mezzo a colli
immensi, affaticata dal soffiare
della notturna tramontana. Un gelso
gemeva negli strappi, così alto
che talora il suo grido mi svegliava.

Ieri nel ritornarvi non sembrava
passato altro che un giorno.
La tramontana ci infuriava intorno.
Contro il cancello, intatta, era restata
una mia antica rosa morsicata.

Scrivi una versione in prosa di "Ricordo una stagione". Ti sembra una poesia nostalgica? Perché? Che sensazioni hai quando ritorni ad un luogo del tuo passato? Quali similarità e quali differenze individui fra l'esperienza descritta nella poesia e quella vissuta dal protagonista di *Nuovo Cinema Paradiso*?

La prigione

Memoria, fiorita prigione,
dureremo vent'anni, quaranta,
a trastullarci in questi giochi d'ombre?
Come un cane ti annuso e ti raspo,
come un guanto ti infilo e ti rovescio,
hai spigoli aguzzi, celesti barlumi,
sei la pioggia di rose che mi soffoca,
l'ancora e la grisella degli spazi
e museruola e zufolo e malaria.
Sei l'aria fresca su un deserto, sei
il deserto d'un cielo senz'aria.

Che tipo di immagini usa l'autrice per parlare della memoria? Ne traccia un'immagine positiva o negativa? A te capita mai di trastullarti 'in questi giochi d'ombre'? Ci sono molte similitudini e metafore in questa poesia: individuale e spiegale. Pensi che Salvatore Di Vita condividerebbe questa rappresentazione della memoria? Perché?

CAPITOLO 4
LADRI DI SAPONETTE

LADRI DI SAPONETTE, Italia, 1989

Regia	Maurizio Nichetti	
Sceneggiatura	Mauro Monti, Maurizio Nichetti	
Interpreti	Maurizio Nichetti	*Maurizio Nichetti*
	Maurizio Nichetti	*Antonio Piermattei*
	Caterina Sylos Labini	*Maria Piermattei*
	Federico Rizzo	*Bruno Piermattei*
	Renato Scarpa	*Don Italo*
	Carlina Torta	*Madre-telespettatrice*
	Massimo Sacilotto	*Padre-telespettatore*
	Claudio G. Fava	*Critico*
	Lella Costa	*Produttrice*
	Heidi Komarek	*Modella*
Durata	90'	

IL REGISTA: MAURIZIO NICHETTI

Maurizio Nichetti nasce a Milano nel 1948. Si laurea nel 1975 in architettura presso il Politecnico, ma già si sente spinto verso l'espressione artistica. Infatti nello stesso anno frequenta la scuola di mimo al Piccolo Teatro di Milano e lavora alla "Bruno Bozzetto Film" come sceneggiatore di cartoni animati. Esordisce nel cinema nel 1978 con *Magic Show*. Il successo giunge con *Ratataplan* (1979), un film muto ambientato a Milano. Nichetti è sempre protagonista dei suoi film che si distinguono per le sue gag e la sua espressione comica. Con *Ladri di saponette* (1989) vince il Festival di Mosca. Partecipa a vari film non suoi, per poi tornare alla regia con successi come: *Volere volare* (1991), *Stefano Quantestorie* (1993) e *Luna e l'altra* (1996). L'ultimo film realizzato da Nichetti è *Honolulu Baby* (2001), una commedia fantastica nella quale si cerca di salvare un matrimonio in crisi, e che è il secondo film in assoluto in Europa ad essere girato interamente in digitale.

FRA I SUOI FILM PIÙ IMPORTANTI:

Honolulu Baby (2001)	*Ladri di saponette* (1989)
Luna e l'altra (1996)	*Domani si balla* (1983)
Palla di neve (1995)	*Ho fatto splash* (1980)
Stefano Quantestorie (1993)	*Ratataplan* (1979)
Volere volare (1991)	*Allegro non troppo* (1977)

TRAMA DEL FILM

Il regista Maurizio Nichetti arriva negli studi di una rete televisiva che sta per trasmettere il suo film *Ladri di saponette*, un melodramma in bianco e nero di gusto neorealistico che racconta una storia simile a quella di *Ladri di biciclette* di Vittorio De Sica. Dopo la presentazione del critico ha inizio la trasmissione, ma le continue interruzioni degli spot pubblicitari a colori causano, dopo un blackout, contaminazioni tra l'universo filmico, la realtà e le altre trasmissioni. Il regista, disperato nell'assistere a questi cambiamenti non autorizzati, entra nel film cercando di farlo tornare alla forma originale, ma i suoi tentativi sono vani perché anche i personaggi sono stati contaminati dal mondo della pubblicità. Ormai la storia ha imboccato un'altra via dalla quale non è più possibile tornare indietro.

PRIMA DI VEDERE IL FILM...

PREPARIAMOCI ALLA PROIEZIONE...

☞ *Ladri di biciclette* **e la tradizione neorealista**: sono ricalcati fin dal titolo in *Ladri di saponette*. Molte scene fanno riferimento esplicito al cinema neorealista, come, per esempio, il furto della bicicletta. Questo gioco intertestuale si ripete anche al livello dei personaggi (Antonio, Maria e Bruno) che hanno gli stessi nomi dei protagonisti del film di De Sica. Inoltre abbondano i riferimenti ad altri registi dell'epoca, da Raffaello Matarazzo (1909-1966) a Luchino Visconti (1906-1976).

☞ **Gli spot pubblicitari**: erano massicciamente presenti nella televisione italiana, soprattutto in quella commerciale (cosiddetta 'privata', per distinguerla dal servizio pubblico fornito dalla Rai, Radiotelevisione Italiana). Uno studioso inglese ha calcolato che nel 1984 l'Italia aveva la più alta quota di pubblicità televisive in Europa: circa 1.500 al giorno[1] su sei canali nazionali. Proprio a causa dell'esagerata presenza di pubblicità all'interno dei film, successivamente sono state introdotte a più riprese norme sempre più severe volte a limitare notevolmente le interruzioni pubblicitarie ammissibili.

☞ **10.000 lire false**: le 10.000 lire che Nichetti dà come contributo per il regalo di matrimonio di Caputo vengono prese per false dal brigadiere perché non erano ancora in corso legale all'epoca in cui si svolge presumibilmente la vicenda di Antonio e Maria ed anche perché, sempre per i tempi, erano una cifra esagerata, effettivamente corrispondente quasi ad una mensilità di stipendio.

☞ **Borsa nera**: è la vendita illegale di beni razionati, che di solito consente guadagni anche relativamente facili a chi la pratica. In Italia era diffusa durante la guerra, ed era l'unico modo per procurarsi alcuni prodotti e beni particolari, seppur a prezzi esagerati. Una volta conclusa la guerra nel giro di non molto sparì anche la borsa nera.

...E AL LINGUAGGIO DEL FILM

Piccolo glossario di parole ed espressioni particolari presenti nel film.

➢ **Aperitivo**: bevanda, solitamente alcolica, che si consuma prima di pranzo o di cena.
➢ **Brigadiere**: sottufficiale dei carabinieri, della guardia di finanza o, in passato, della pubblica sicurezza.
➢ **Cassa malattia**: assistenza sanitaria pubblica.
➢ **Colpo di teatro**: azione eclatante.
➢ **Creatura**: bambino/a.
➢ **Da fieno**: causato dall'allergia ai pollini.
➢ **Diretta**: si dice di una trasmissione televisiva simultanea alla ripresa.
➢ **Ergastolo**: carcere a vita.
➢ **Fare la vita**: prostituirsi.

---

1 David Forgacs, *Italian Culture in the Industrial Era, 1880 – 1980*, Manchester University Press, Manchester 1990, pp. 184-185.

➤ **Fare una pazzia**: suicidarsi.

➤ **Figlio di nessuno**: bambino abbandonato, di cui nessuno si cura.

➤ **Liberatoria**: documento in cui con una firma si autorizza l'uso del proprio nome o della propria immagine per fini specifici. In questo caso, per la messa in onda televisiva.

➤ **Orfanotrofio**: istituto per minorenni (minori di 18 anni) orfani, cioè senza genitori.

➤ **Prendere un granchio**: sbagliarsi.

DOPO AVER VISTO IL FILM...

I PERSONAGGI

Scegli per ogni affermazione riguardante i personaggi del film il finale appropriato.

1. Maurizio Nichetti è...

    a. un regista.
    b. uno scenografo.
    c. un produttore.

2. Maria vorrebbe diventare...

    a. attrice.
    b. cantante.
    c. ballerina.

3. L'occupazione principale di Bruno è...

    a. la scuola.
    b. le faccende di casa.
    c. il lavoro ad una pompa di benzina.

4. Antonio avrebbe voluto lavorare...

    a. nella borsa nera.
    b. in fabbrica.
    c. in teatro insieme a Maria.

5. Il fratello di Bruno si chiama...

    a. Paolo.
    b. Sandro.
    c. Giovanni.

I PERSONAGGI: DESCRIVILI TU

1. Fai una descrizione dettagliata di Nichetti e del suo modo di vestire.
2. Descrivi la personalità di Maria, specificando quali episodi mettono in rilievo i diversi tratti del suo carattere.
3. Analizza il personaggio di don Italo: che ruolo ha nella storia?

LESSICO: I SINONIMI

Abbina ogni parola della colonna sinistra con il suo sinonimo della colonna destra.

1.	improvvisare	a.	affaticamento
2.	funzione	b.	donnaiolo
3.	spicciarsi	c.	irriducibile
4.	logorìo	d.	ripagare
5.	cretinata	e.	distrarsi
6.	cacciarsi	f.	stupidaggine
7.	svergognato	g.	spudorato
8.	impenitente	h.	inguaiato
9.	libertino	i.	sbrigarsi
10.	fesseria	j.	programmato
11.	riscattare	k.	inventare al momento
12.	premeditato	l.	discolpare
13.	scagionare	m.	sciocchezza
14.	incasinato	n.	ficcarsi
15.	svagarsi	o.	rito

LA STORIA

1. Cosa è andato a fare Maurizio Nichetti allo studio televisivo? E perché, via via che il film procede, è sempre più arrabbiato?

2. Maria e Antonio sono dei bravi genitori? Da cosa lo si vede?

3. Cosa riferisce Bruno a don Italo sui problemi fra i suoi genitori? E cosa fa don Italo per aiutare la famiglia?

4. Perché Carla è preoccupata per la propria gravidanza? Che tipo di sintomo accusa?

5. Ad un certo punto il piccolo Bruno comincia a cantare una strana canzoncina; secondo il padre, dove l'ha imparata? E invece, cosa è successo realmente?

6. Secondo il marito di Carla, come si fa a distinguere se la televisione sta trasmettendo la pubblicità o il film?

7. Il film che Nichetti aveva originariamente realizzato prima delle intrusioni pubblicitarie aveva un'altra trama. Quale?

8. Il ciclista che dà un passaggio a Nichetti fino alla vetreria gli riferisce le voci di paese sulla morte di Maria. Cioè? Cosa dice la gente?

9. Quando Nichetti arriva alla vetreria, scopre che tutti gli operai sono arrabbiati con Antonio: perché?

10. Al suo arrivo nel mondo della pubblicità, perché Maria è contenta di cominiciare una nuova vita diversa da quella che ha fatto con Antonio?

DIAMO UN'OCCHIATA AL FILM

1. Che cosa viene rappresentato in questa inquadratura? In quale momento della trama del film puoi collocarla?

2. Quella che vedi all'inizio del capitolo è la locandina con cui *Ladri di saponette* fu pubblicizzato in Italia al momento della sua uscita nelle sale cinematografiche. Secondo te perché fu usata proprio questa immagine per promuovere il film? Tu avresti fatto una scelta diversa? Perché?

NOMI COLLETTIVI

Sai scegliere fra i nomi collettivi proposti quello giusto da inserire nelle frasi?

1. Un _____ di lupi terrorizza le galline tutte le notti.

    a. banco
    b. gruppo
    c. branco

2. Il _____ di pecore si era fermato in mezzo alla strada e non accennava a muoversi.

    a. gregge
    b. branco
    c. gruppo

3. Per assistere a questo genere di eventi si raduna sempre una piccola _____ di persone.

      a. squadra

      b. mandria

      c. folla

4. Un intero _____ di aerei da caccia ha sorvolato la zona stamani producendo un rumore assordante.

      a. gruppo

      b. stormo

      c. equipaggio

5. Questa _____ di pubblicazioni è particolarmente interessante.

      a. muta

      b. squadra

      c. serie

6. La popolazione della regione è costituita da diversi _____ etnici che convivono pacificamente.

      a. equipaggi

      b. gruppi

      c. branchi

DAL DISCORSO INDIRETTO AL DISCORSO DIRETTO

Molti problemi delle vicende narrate nel film nascono da discorsi riferiti: da Bruno a don Italo, da don Italo al brigadiere...

Con questo esercizio cerchiamo di risalire a cosa è stato veramente detto: trasforma le frasi seguenti da discorso indiretto a discorso diretto.

Esempio: «Mia madre mi disse di raggiungerla in centro appena mi fosse stato possibile, così saremmo potute andare insieme a fare una passeggiata», *diventa*:

«Mia madre mi disse: "Raggiungimi in centro appena ti è possibile, così potremo andare insieme a fare una passeggiata"».

Esempio: «Ci domandarono: "È la prima volta che venite a Firenze o ci siete già stati prima? Contate di trattenervi in città a lungo?"», *diventa*:

«Ci domandarono se fosse la prima volta che andavamo a Firenze o se ci fossimo già stati prima, e se contassimo di trattenerci in città a lungo».

Esempio: «Quando le disse: "Ti accompagno!", lei, arrabbiata, esclamò: "Piuttosto che andare ad una festa con il mio fratellino ci rinuncio anch'io!"», *diventa*:

«Quando le disse che l'avrebbe accompagnata, lei, arrabbiata, esclamò che piuttosto che andare ad una festa con il suo fratellino ci avrebbe rinunciato anche lei».

1. Mi avevano detto che avrebbero provveduto a fornire tutta la documentazione purché venisse presentata una richiesta scritta.

2. Il medico gli rispose di recarsi al più presto in ambulatorio per farsi visitare.

3. Ci domandarono se avessimo già cenato o se volessimo mangiare qualcosa insieme a loro.

4. Dice che se trovasse una bella casa verrebbe sicuramente ad abitare nel nostro quartiere.

5. Quando arrivi all'ingresso ti chiedono se hai già il biglietto e di esibire un documento d'identità.

6. Le avevano domandato se le piacesse giocare a pallavolo e lei aveva risposto che era la sua passione.

7. Dovevi dichiarare esplicitamente che se tu avessi avuto necessità di assentarti avresti avvertito la persona incaricata di sostituirti.

8. Nella lettera scrive che sta bene e che si sta godendo una fantastica vacanza.

9. Gli avevo solo chiesto se per favore mi avrebbe bagnato le piante mentre ero in vacanza e gli avevo assicurato che io in cambio avrei fatto lo stesso per lui quando fosse partito.

10. Non è corretto che rispondiate sempre dicendo che non ne sapete nulla e che se anche foste a conoscenza della cosa non potreste intervenire.

FUORI DALL'INQUADRATURA

➢   Claudio G. Fava è davvero un famoso critico cinematografico che in questo film interpreta se stesso. Dal 1970 al 1994 si occupò di programmazione di film per la Rai e contribuì alla diffusione in Italia di molte opere inedite.

➢   La realizzazione di *Ladri di saponette* è stata finanziata dalla Fininvest e perciò dalla televisione privata, che nel film viene criticata. Il regista ha sempre affermato comunque di non aver subito pressioni o interferenze nella produzione di *Ladri di saponette* da parte dei suoi co-produttori.

➢   Gli effetti speciali del film sono stati realizzati con *truke* verticali tradizionali. La *truka* è un'apparecchiatura per la stampa ottica di un negativo, composta da una macchina da presa e da elementi che proiettano le immagini da sovrapporre. La *truka* permette di inserire il colore nel bianco e nero e di inserire il bianco e nero nel colore. Cioè, ripassando le immagini in bianco e nero in *truka* verticale le si possono trasferire sul negativo a colore.

MODI DI DIRE

Scegli fra le espressioni elencate quella che secondo te ha il significato più simile al modo di dire in esame. Aiutati con l'esempio fornito e poi inventa tu stesso una frase per ogni modo di dire.

1. "Passare la patata bollente"

   «È una persona inaffidabile, ogni volta che deve occuparsi di un lavoro impegnativo passa la patata bollente a qualcun altro».

   a. Tritare le patate ancora calde per preparare il purè.
   b. Divulgare informazioni riservate.
   c. Scaricare il peso di un problema su altri.

2. "Essere tra l'incudine e il martello"

   «Mi trovo proprio tra l'incudine e il martello: se non mi presento alla riunione mi accuseranno di negligenza, ma se ci vado non potrò finire il lavoro e risulterò comunque negligente».

   a. Trovarsi in una situazione senza uscita fra due problemi.
   b. Essere bloccati nel traffico.
   c. Sentirsi schiacciati dalle responsabilità.

3. "Non avere peli sulla lingua"

   «È proprio un tipo senza peli sulla lingua, ieri ha parlato con il Direttore e gli ha detto chiaramente tutto quello che pensava sugli errori nella gestione dell'azienda».

   a. Parlare esplicitamente.
   b. Avere un linguaggio volgare.
   c. Non avere rispetto per nessuno.

4. "Essere di manica larga"

   «Mio nonno era un tipo di manica larga, e proprio per questo si è ritrovato senza un soldo in tasca!».

   a. Portare vestiti di una taglia superiore.
   b. Spendere con generosità e in abbondanza.
   c. Non rispettare i limiti imposti dalle situazioni.

5. "Gettar fumo negli occhi"

   «È inutile che tu cerchi di gettarci del fumo negli occhi con tutti questi discorsi, ormai abbiamo capito come stanno realmente le cose».

   a. Confondere l'interlocutore per nascondere qualcosa.
   b. Fumare in luoghi in cui è proibito.
   c. Divagare dall'argomento di una discussione per prendere tempo.

6. "Prendere il toro per le corna"

«Se non ti fai coraggio e non ti decidi a prendere il toro per le corna non risolverai mai il problema».

   a. Tecnica usata dagli allevatori per immobilizzare i tori.
   b. Prendere in considerazione l'aspetto più pessimistico dei problemi.
   c. Affrontare le situazioni difficili in modo diretto.

MA COSA STA DICENDO?

Il critico cinematografico che presenta il film di Nichetti afferma: «Solo attraverso le immagini un creatore di cinema può spiegare il passato e interpretare il presente», e viene da pensare che se il creatore di cinema non utilizzasse le immagini probabilmente sarebbe un creatore di radio, no?

Questo personaggio, che ha confessato di non essere preparato sul film di Nichetti, in effetti ne fa una presentazione abbastanza banale che significa molto poco.

Sai fare altrettanto? Scrivi anche tu una presentazione critica di un film o di un libro che non hai visto o letto, cercando di parlare molto per dire poco e di inventarti anche frasi ad effetto ma di scarso significato (minimo 1000 caratteri, spazi esclusi).

SPIEGA CON PAROLE TUE!

Sono qui riportate alcune citazioni dai dialoghi del film. Spiega cosa significano in relazione ai personaggi che le pronunciano e a quello che accade nel film.

1. Antonio, alla moglie che lo accusa di far lavorare Bruno: «Lavorare! Non esageriamo, eh? Bruno quando è occupato si diverte!».

2. Don Italo al brigadiere parlando di Maria: «Lei era una brava ragazza, forse un po' ambiziosa. Voleva spingerlo verso facili guadagni: la borsa nera, la piccola delinquenza... Forse una discussione, un momento di nervosismo...».

3. Bruno, parlando a Nichetti del padre in prigione: «Sta bene: mangia, dorme, non lavora come quando era a casa».

PICCOLE NOTE CULTURALI ED ALTRE CURIOSITÀ

➤ **Jean-Pierre Melville**: (1917-1973). Il cineasta francese ricordato da Claudio G. Fava per la sua opera *L'armée des ombres* (1969), era considerato un loro precursore dai giovani della *nouvelle vague*.

➤ **John Frankenheimer**: (1930-2002). Claudio G. Fava cita il suo *The Manchurian Candidate* (1962, uscito in Italia con il titolo *Va' e uccidi*) che a causa dei suoi contenuti politici è stato uno dei film più boicottati (da critica e pubblico) della storia del cinema americano.

➤ **Pubblicità**: nel 1990 Walter Veltroni del Partito Democratico della Sinistra guidò una campagna politica per combattere l'eccesso di interruzioni pubblicitarie durante la trasmissione di film in televisione. Federico Fellini, Alberto Moravia e Marcello Mastroianni parteciparono attivamente a questa iniziativa, che portò all'approvazione di leggi apposite per la limitazione del numero di interruzioni. Parallelamente e in seguito sono state introdotte anche norme più restrittive per gli spot pubblicitari all'interno di programmi televisivi per bambini.

➤ **Canzoni**: le canzoni che Maria e le amiche provano continuamente nel piccolo teatrino (ed anche in chiesa!) sono: *Bellezze in bicicletta*, (1951, di Giovanni D'Anzi e Marcello Marchesi); *Maramao perché sei morto?* (1939, di Mario C. Consiglio e Mario Panzeri); *La famiglia canterina* (1941, di Bixio Cherubini e Cesare Andrea Bixio).

➤ **Televisione**: la prima trasmissione televisiva in Italia avvenne il 3 gennaio 1954. Il primo programma ad andare in onda fu *Arrivi e partenze*, condotto da Mike Bongiorno e con la regia di Antonello Falqui.

LEGGIAMO IL COPIONE

Questa è la presentazione che Claudio G. Fava propone al suo pubblico televisivo per il film *Ladri di saponette*.

Fava: -Veniamo subito al film di questa sera, che è *Ladri di saponette* di Maurizio Nichetti. Il titolo potrebbe fare pensare ad una parodia, non so quanto accettabile, di un momento essenziale della storia del neorealismo italiano. In realtà si tratta di qualche cosa di più importante: il titolo non deve trarre in inganno, *Ladri di saponette* non è una parodia ma un atto di amore verso il cinema italiano e in particolare verso il cinema neorealista. In realtà quello che è accaduto qui è che Nichetti, come capita spesso a molti autori comici, è fatalmente sfociato nel drammatico. Non ci deve quindi stupire che il cinema di Nichetti sia attualmente pieno di... di echi, di citazioni, di rimandi, di rinvii ad un passato glorioso e sia consapevolmente contemporaneo. Basterà qui citare la scena chiave del film: Antonio Piermattei, il protagonista, colpito in un incidente stradale rimane paralitico; la moglie, trascinata da questa tragedia, è costretta alla prostituzione; e tutto questo sfocia nell'arrivo finale dei bambini, dei figli, all'orfanotrofio.[...] La vera domanda che scaturisce da questo film è questa: perché Nichetti ha riscoperto il drammatico? Nichetti ci risponderà, ci risponderà con le immagini, come il vero autore che sa che solo attraverso le immagini un creatore di cinema può spiegare il passato e interpretare il presente.

Analizza questa presentazione di Claudio Fava: dal punto di vista informativo e da quello critico, cosa ci dice del film? Sembra che Fava utilizzi molte parole per dire poche cose: sapresti cancellare le parti inutili (ripetitive, non informative, e così via) di questa presentazione e ridurla a 130 parole?

Don Italo parla con Bruno per capire quali siano i problemi della famiglia Piermattei; in base a quello che Bruno gli riferisce, e che non corrisponde alla realtà, il sacerdote ha un colloquio con Antonio, in cui i due però non si capiscono a causa del malinteso creato da Bruno. Leggiamo insieme un estratto dei due dialoghi.

Don Italo:	-Dimmi la verità: il papà e la mamma vanno d'accordo?
Bruno:	-No.
Don Italo:	-E perché litigano?
Bruno:	-Perché la mamma vuole che il papà faccia la borsa nera.
Don Italo:	-La borsa nera? Ma se la guerra è finita!
	[Don Italo raggiunge Antonio e affronta l'argomento con lui]
Don Italo:	-Antonio io so tutto.
Antonio:	-Tutto cosa?
Don Italo:	-Quello che stai facendo. È una vergogna, per la tua famiglia e anche per la parrocchia!
Antonio:	-Per la parrocchia? Non sto facendo niente!
Don Italo:	-Non stai facendo, ma cerchi di fare.
Antonio:	-Ah sì, cerco... Anche Maria mi dice sempre: «Cerca...»
Don Italo:	-Lascia stare Maria. Non ascoltarla.
Antonio:	-Ma come, 'non ascoltarla'?
Don Italo:	-Un bravo padre di famiglia... Cerca un buon posto, hai capito?
Antonio:	-Eh sì, ma a cercare cercare non si guadagna nulla.
Don Italo:	-Antonio, una onesta povertà è meglio che arricchirsi col demonio.
Antonio:	-Caro don Italo, neanche il diavolo mi ha offerto qualcosa di questi tempi.

Dove si svolge questa discussione? Perché don Italo e Antonio non si capiscono? Di cosa cerca di discutere il primo, e a cosa sta pensando l'altro? Perché don Italo invita Antonio a non ascoltare Maria? Cosa accadrà in seguito a questo colloquio?

Nichetti finalmente riesce a ritrovare Maria nel mondo della pubblicità, ma questa non ne vuole sapere di tornare a casa.

Nichetti:	-Ma cosa stai facendo, Maria?
Maria:	-Ma come, 'che faccio'? Canto!
Nichetti:	-Ma... canti? Devi tornare a casa, ti stanno cercando tutti!
Maria:	-Io in quello squallore di vita non ci torno più.
Nichetti:	-Ma la tua famiglia, la tua storia sono dall'altra parte!
Maria:	-Io voglio una vita tutta a colori!

Dove si svolge questo colloquio? Cosa sta facendo Maria? Perché definisce squallida la sua vita precedente? Perché a casa la stanno cercando tutti? Che cosa intende Maria per «una vita tutta a colori»?

LA PAROLA AL REGISTA, MAURIZIO NICHETTI

«[L]'idea era di creare e intrecciare tre diverse realtà: quella della famiglia di consumatori che guardano la televisione, il Neorealismo del film in bianco e nero e l'iperrealismo della pubblicità, che non rappresenta il reale, ma qualcosa di più, tanto che in essa i colori sono più colori, i belli sono più belli, la musica è più musica. Il Neorealismo, la realtà e l'iperrealtà erano dunque i tre piani su cui mi piaceva lavorare, divertendomi molto a creare la situazione di un autore reale che si trova nella realtà in bianco e nero di un film neorealista e viene catapultato nell'iperrealtà della pubblicità. Ma, in fondo, la cosa principale che mi premeva dire era che il regista di cinema è prigioniero della televisione, come si vede nel finale»[2].

1. Perché la pubblicità rappresenta qualcosa di più del reale?
2. Puoi individuare delle scene nel film che appartengono ai tre piani di lavoro (neorealismo, realtà e iperrealtà) indicati dal regista?
3. Secondo te perché Nichetti dice che il regista di cinema è prigioniero della televisione?

«*Ladri di saponette* è dunque un film contro la televisione come media e come strumento che si crede più importante di quello che mostra. Io non critico il mezzo o le sue possibilità, ad esempio nel terreno dell'elettronica, ma il fatto che oggi la televisione si autoincensa, parla di sé e non fa parlare d'altro la gente»[3].

1. In quali parti del film secondo te emerge con più forza questo messaggio di Nichetti? Di cosa dovrebbe parlare e cosa dovrebbe mostrare secondo te la televisione?
2. Sei d'accordo con la critica al mezzo televisivo espressa dal regista? Se tu dovessi rappresentare la direzione di una rete televisiva come risponderesti a queste critiche?
3. A tuo parere cosa intende dire Nichetti quando accusa la televisione di autoincensarsi e di non far parlare d'altro la gente?

MA ORA IL REGISTA SEI TU... E VUOI CAMBIARE TUTTO!

Nonostante gli sforzi del regista di salvaguardare l'integrità della sua opera, la contaminazione causata dalla pubblicità rende la trama originale del film irriconoscibile.

Ma ora il regista sei tu... e vuoi cambiare tutto!

Nella storia che tu riscriverai non ci saranno più interruzioni pubblicitarie a corrompere la trama. Ricrea la versione di *Ladri di saponette* che doveva essere proiettata secondo le intenzioni del regista, concentrandoti in particolare sulle scene finali.

Se ti sembra opportuno, dopo aver raccontato questa nuova versione della vicenda cambia anche il titolo del film, e spiega i motivi della tua nuova scelta.

---

2 Marco Pistoia, *Maurizio Nichetti*, Editrice Il Castoro, Milano 1997, pp. 12-13.

3 Ivi, p. 12

RIFLETTIAMO UN PO'

1. Maurizio Nichetti: «Dovete affrontare in maniera più seria il problema dell'intrusione pubblicitaria durante i film. Bisogna avere più rispetto per il lavoro altrui». Nella televisione del tuo paese i film vengono interrotti dalla pubblicità? Cosa ne pensi? Secondo te una cosa del genere potrebbe essere evitata? Come?

2. Don Italo: «Un'onesta povertà è meglio che arricchirsi col demonio». Cosa intende dire? Indipendentemente dal riferimento al diavolo, ti ritieni in linea di principio d'accordo con questa affermazione? Se tu fossi veramente povero che tipo di scelta faresti?

3. Antonio, in risposta a Maria che rivendica per Bruno, una 'creatura', il diritto a svagarsi: «Ma quale creatura! Quello ha 6 anni, deve andare a *lavora*... a scuola!». Anche se Antonio si corregge mentre parla, sappiamo che intendeva dire 'lavorare'. Infatti, che tipo di vita fa Bruno in quella famiglia? E fuori da essa, con don Italo ad esempio, le cose sono diverse? E il fratellino di Bruno come viene trattato? Paragona la tua infanzia con quella di questi piccoli protagonisti, il cui destino, qui preso poco sul serio, non è però troppo diverso da quello di tanti bambini.

4. «Mai più il risciacquo e il secchio [...]. Igiene sì, fatica no!», «L'aperitivo a base di carciofo contro il logorìo della vita moderna», «Oggi non dovete accontentarvi, chiedete di più alla vostra lavatrice»... questi sono solo alcuni degli slogan pubblicitari presenti nel film. Che tipo di messaggio offrono per convincere il pubblico a comprare i prodotti reclamizzati? Talvolta la pubblicità punta, piuttosto che a presentare le qualità di un prodotto, a 'far parlare di sé', colpendo il pubblico con immagini e slogan trasgressivi (e talvolta offensivi); oppure a suscitare il desiderio di un oggetto in quanto status symbol; o anche, ad indurre il bisogno di qualcosa di assolutamente inutile. Fai qualche esempio particolarmente significativo di slogan pubblicitario del tuo paese, e cerca di capire quale strategia di persuasione attui nei confronti del pubblico.

QUATTRO CHIACCHIERE CON...

Il bimbo più piccolo dei Piermattei si trova spesso in situazioni pericolose. Sembra trascurato dai genitori e rischia sovente di farsi del male per le sue azioni da brivido.

Immagina che lui sia capace di parlare e ponigli delle domande per capire cosa ne pensa lui di questa famiglia scombinata e della sua posizione all'interno di essa. Inventati le sue risposte, poi trascrivi la vostra conversazione e discutine con i compagni.

NON VORRESTI SAPERNE DI PIÙ?

1. La pubblicità ha un ruolo molto particolare in *Ladri di saponette*. Traccia la storia di una campagna pubblicitaria particolarmente famosa nel tuo paese, e poi creane tu stesso una per il lancio di un nuovo prodotto di tua scelta.

2. «Big Big Big, mangiati un Big Big...». Anche il piccolo Bruno, convinto dalla pubblicità, vorrebbe mangiare solo il Big Big. Il problema dell'esposizione dei minori, e soprattutto dei bambini, alla pubblicità è molto importante. Perché? In Italia esistono alcune leggi che cercano di proteggere i bambini dalla pubblicità, le conosci? E nel tuo paese, esiste qualcosa del genere? Fai una piccola ricerca che confronti le due situazioni: quale è più efficace secondo te per la protezione dei bambini? A tuo parere, si potrebbe fare di più? Cosa?

3. Il film *Ladri di saponette* trasmesso in televisione è ambientato in un periodo non ben precisato tra fine anni Quaranta e primi anni Cinquanta. Quali erano le condizioni economiche in Italia in quel periodo? Quali opportunità di lavoro esistevano? Qual era la situazione politica?

4. L'incursione del mondo a colori in quello in bianco e nero dà una svolta decisiva al film. Quando passò il cinema italiano dal bianco e nero al colore? E la televisione? Quali sono le opere principali e chi sono i protagonisti di questo passaggio? All'epoca quali vantaggi e quali svantaggi portava un cambiamento del genere?

5. Oltre al riscontro nel titolo, molte scene di *Ladri di biciclette*, specialmente quelle iniziali, vengono riscritte in *Ladri di saponette*. Guarda il capolavoro di De Sica e poi riferisci ai tuoi compagni sulle analogie e le divergenze fra i due film. Fa' vedere loro le prime sequenze di *Ladri di biciclette* che vengono poi riproposte in *Ladri di saponette* e spiegane loro l'importanza all'interno della trama.

6. Un altro film di De Sica che viene citato in *Ladri di saponette* è *Miracolo a Milano* (1951), una specie di fantasia neorealista molto diversa da *Ladri di biciclette*. Guarda il film e poi parla ai tuoi compagni dei suoi temi principali. Fa' vedere loro alcune scene a cui fa riferimento il film di Nichetti commentando il loro significato.

7. Guarda un altro film di Nichetti e confrontalo con *Ladri di saponette*. Ci sono degli elementi ricorrenti nelle due opere? Individua qualche scena significativa da far vedere ai tuoi compagni e spiega loro la trama e le tematiche del film.

8. Leggi la poesia riportata sotto e approfondisci la biografia di Buzzati. Trova un'altra sua poesia che ti colpisce in particolare e commentala.

VI PRESENTO *LADRI DI SAPONETTE*

Scrivi una composizione, di almeno 5000 caratteri (spazi esclusi), in cui presenti *Ladri di saponette*: la trama, i personaggi, le tematiche affrontate, le soluzioni di regia e quant'altro ti sembra importante. Aggiungi anche una tua valutazione critica ed un commento personale.

L'ANGOLO DELLA POESIA

In *Ladri di saponette* lo spettatore assiste alla contaminazione di un film da parte della pubblicità e della televisione. In questa storia la saponetta non è nemmeno presente, non ha importanza nella storia dei personaggi ormai coinvolti in ben altre faccende. Dino Buzzati (San Pellegrino 1906 – Milano 1972) ha composto una poesia che evoca la saponetta, ma in un contesto molto diverso. Laureatosi in legge, Buzzati lavorò per il *Corriere della Sera* dal 1928 fino alla morte. Autore di romanzi, racconti, testi teatrali, poesie e generi misti come *Poema a fumetti* (1969), fu anche pittore. La sua scrittura dimostra una capacità trasfiguratrice che ambienta i personaggi in atmosfere favolose e li trasforma in simboli della condizione umana. Di tematica esistenzialista è la sua opera più celebre, *Il deserto dei tartari* (1940), un'allegoria dell'attesa inutile della prova, dell'invecchiare senza avere l'occasione di dare un senso alla propria esistenza. Leggiamo la sua poesia insieme.

La saponetta

Tu pensavi che cosa mi regalerà
finalmente è venuto Natale
eccomi qua alla porta, e tutto
è Natale scrupolosamente
l'esatto sogno dei bambini   5
col gelo col grigio col vento
che fa turbinare quei cosi
di ghiaccio e di neve e le famiglie
che si chiudono come valve
tram fermi automobili poche   10
eccomi qui da te col regalo
io che te lo avevo promesso
ciao ciao ho avuto la forza
di arrivare fin qui se non altro.
Ma dico: quando l'avrai consumato   15
e resterà un fogliettino
un fagiolo un cece un nulla
e ti scivolerà fra le dita
precipitando giù nel lavandino
dico, amore, per un istante almeno   20
ti ricorderai di me?

Che tipo di situazione tratteggia questa poesia? Come immagini il rapporto tra le due persone della poesia, quella che dona e quella che riceve? Il poeta suggerisce che la saponetta sia una metafora di... cosa? E su cosa si basa l'analogia che regge la metafora? Sei d'accordo con la visione del poeta?

CAPITOLO 5
IO SPERIAMO CHE ME LA CAVO

IO SPERIAMO CHE ME LA CAVO, Italia, 1992

Regia	Lina Wertmüller
Sceneggiatura	Lina Wertmüller, Leo Benvenuti, Piero De Bernardi, Alessandro Bencivenni, Domenico Saverini. Liberamente ispirato all'omonimo libro di Marcello D'Orta.
Interpreti	Paolo Villaggio *Marco Tullio Sperelli*
	Isa Danieli *Direttrice*
	Paolo Bonacelli *Ludovico Mazzullo*
	Esterina Carloni *Esterina*
	Gigio Morra *Mimì, il custode*
	Sergio Solli *Il cartonaio*
	Ciro Esposito *Raffaele*
	Marco Troncone *Giustino*
	Antonio Scotto di Frega *Mimmuccio*
	Maria Esposito *Rosinella*
	Mario Bianco *Nicola*
	Carmela Pecoraro *Tommasina*
	Adriano Pantaleo *Vincenzino*
	Luigi L'Astorina *Totò*
Durata	104'

LA REGISTA: LINA WERTMÜLLER

Nata a Roma nel 1928 (vero nome Arcangela Felice Assunta Wertmüller von Elgg Spanol von Braucich), si iscrive all'Accademia Teatrale diretta da Pietro Scharoff e, in seguito, inizia una collaborazione con la Rai. Nel 1963 approda al cinema come aiuto regista di Federico Fellini per *Otto e mezzo* e nello stesso anno esordisce dietro la macchina da presa con *I basilischi*. Di particolare successo sono i suoi film interpretati dalla coppia Giancarlo Giannini–Mariangela Melato, dei quali ricordiamo: *Mimì metallurgico ferito nell'onore* (1972), *Film d'amore e d'anarchia ovvero: stamattina alle 10, in via dei Fiori, nella nota casa di tolleranza* (1973) e *Travolti da un insolito destino nell'azzurro mare d'agosto* (1974). Con *Pasqualino settebellezze* (1975), sempre interpretato da Giannini, la Wertmüller diventa la prima donna in assoluto ad essere nominata per un Oscar come miglior regista. I toni grotteschi, la critica sociale, l'umore pungente e la forte componente di sessualità nonché i lunghissimi titoli definiscono il suo stile inconfondibile. Cineasta controversa, Lina Wertmüller ha anche pubblicato vari romanzi.

FRA I SUOI FILM PIÙ IMPORTANTI:

Francesca e Nunziata (2001)	*Fatto di sangue fra due uomini per causa di una vedova - si sospettano moventi politici* (1978)
Ninfa plebea (1996)	
Io speriamo che me la cavo (1992)	*Pasqualino Settebellezze* (1975)
Sabato, domenica e lunedì (1990)	*Travolti da un insolito destino nell'azzurro mare...* (1974)
Sotto... sotto... strapazzato da anomala passione (1984)	*Film d'amore e d'anarchia...* (1973)
	Mimì metallurgico ferito nell'onore (1972)

TRAMA DEL FILM

A Marco Tullio Sperelli, un maestro ligure, viene assegnata una terza elementare in un piccolo centro della Campania. L'insegnante si trova subito ad affrontare una situazione disastrosa: quasi tutti i suoi allievi sono assenti e lui deve personalmente andarli a prendere per portarli a scuola. Riesce a recuperarli tutti ad eccezione di uno che fa da messaggero per la camorra locale. I suoi sforzi per salvare il bambino aiutano Sperelli a capire la realtà quotidiana in cui i suoi alunni vivono. Ma non sono solo i ragazzi a procurargli dei problemi: anche la burocrazia e la mentalità di alcune persone si dimostrano ostili. Quando ormai i bambini e il maestro hanno trovato un'intesa e si è sviluppato un rapporto anche affettivo, al maestro arriva inaspettatamente la comunicazione del suo trasferimento al Nord.

PRIMA DI VEDERE IL FILM...

PREPARIAMOCI ALLA PROIEZIONE...

☛ **'Comunione e Liberazione' (CL)**: movimento ecclesiale laico internazionale a scopo di educazione cristiana. Fu fondato a Milano nel 1954 da Don Luigi Giussani. L'acronimo CL si legge 'cielle' e spesso gli appartenenti al movimento vengono chiamati 'ciellini', che però ha un senso leggermente dispregiativo. La direttrice chiede al maestro se è di CL per indagare sulle sue opinioni ed eventualmente sui suoi appoggi politici, anche perché nel settore pubblico per ottenere un trasferimento può talvolta essere molto utile avere una raccomandazione da qualcuno o da qualche organizzazione importante, quale appunto CL.

☛ **De Amicis**: Edmondo De Amicis, lo scrittore da cui la scuola ha preso il nome. La corretta pronuncia del nome è De Amìcis, con l'accento sulla prima 'i', come il maestro ripete a tutti quelli, inclusa la direttrice, che invece dicono De Àmicis, con l'accento sulla 'a'.

☛ **Camorra**: associazione di tipo mafioso presente nella zona di Napoli (mentre la mafia propriamente detta è siciliana). **Camorrista**: affiliato alla camorra.

☛ **Carcere minorile**: la prigione in cui vengono detenuti i giovani fra i 14 e i 18 anni.

☛ **Sfruttamento del lavoro minorile**: far lavorare bambini minori di 14 anni; per la legge italiana è un reato.

...E AL LINGUAGGIO DEL FILM

Grazie alle sue canzoni popolari e ai suoi famosi attori comici il napoletano è forse il dialetto più conosciuto al di fuori della lingua standard.

➢ Come in quasi tutti i dialetti meridionali, nel napoletano *chi-* sostituisce l'iniziale *pi-*. Per esempio: più → *chiù*, piove → *chiove*.

➢ Le vocali atone, soprattutto se finali, sono spesso pronunciate come vocali non differenziate, simili allo schwa [ə]. Per esempio: corrono → *corrənə*.

➢ Gli articoli determinativi e le relative preposizioni articolate, con l'eccezione di quelle terminanti con -ll', in napoletano si riducono a vocali e le forme plurali non si differenziano per genere:

'o	maschile singolare (il)	'e	maschile plurale (gli, i)
'a	femminile singolare (la)	'e	femminile plurale (le)

Per esempio: il libro → *'o libbro*, la casa → *'a casa*, i piatti → *'e piattə*.

➢ Siccome spesso l'ultima vocale non è differenziata, la distinzione tra la forma singolare e quella plurale è osservabile in generale dagli articoli o da un cambio di una vocale non finale. Per esempio: il nipote, i nipoti: *'o nepotə* → *'e neputə*, il pesce, i pesci: *'o pesc'* → *'e pisc'*.

➢ In un rapporto formale al posto della terza persona singolare 'lei' in napoletano si usa la seconda persona plurale (voi → *vuje*) per esprimere la forma di cortesia.

Piccolo glossario delle espressioni regionali usate nel film.

➤   **Cartonaio**: che raccoglie carta e cartoni usati per venderli.
➤   **Creatura**: bambino.
➤   **Guaglione**: ragazzo.
➤   **Mò**: adesso.
➤   **Piccirillo**: bambino.
➤   **Ricchione**: omosessuale, di solito solo maschile. È un termine volgare e offensivo.
➤   **Sgarrupato**: fatiscente.
➤   **Tenere**: avere.

Piccolo glossario di espressioni particolari usate nel film.

➤   **Assenteismo**: assenza continuata dal posto di lavoro, durante la quale si è comunque retribuiti. Si parla di 'assenteismo' soprattutto quando l'assenza non è giustificata da un motivo valido.
➤   **Assessore**: membro della giunta (organo elettivo di governo locale) comunale, provinciale o regionale.
➤   **Avere le palle quadrate (o quadre)**: essere un tipo parecchio in gamba (per coraggio, forza, o intelligenza...).
➤   **Bacchettata**: colpo inferto con un bastoncino ('bacchetta').
➤   **Cinghiata**: colpo inferto con una cintura.
➤   **Colica (renale)**: dolore acuto (in questo caso ai reni).
➤   **Esposto (al Ministero)**: reclamo ufficiale inviato alle autorità competenti (in questo caso il Ministero).
➤   **Fottere**: espressione volgare che significa 'avere rapporti sessuali'.
➤   **Fottersene**: espressione volgare che significa 'infischiarsene', 'fregarsene'.
➤   **Invalidato**: reso invalido.
➤   **Ortografia**: maniera corretta di scrivere una lingua.
➤   **Presa di servizio**: documento ufficiale che attesta che un neo-assunto ha cominciato l'attività lavorativa nel giorno previsto dal contratto.
➤   **Registro di classe**: registro in cui l'insegnante annota ogni giorno l'attività didattica svolta in una classe.
➤   **Ricreazione**: a scuola, breve intervallo (10 o 15 minuti) a metà mattinata in cui gli studenti possono far merenda, uscire nel corridoio e chiacchierare liberamente.
➤   **Scuola dell'obbligo**: il ciclo scolastico minimo obbligatorio che i genitori sono tenuti a far completare al figlio. La scuola elementare e la scuola media rientrano nella scuola dell'obbligo.

DOPO AVER VISTO IL FILM...

I PERSONAGGI

Scegli per ogni affermazione riguardante i personaggi del film il finale appropriato.

1. Marco Tullio Sperelli è...

    a. il nuovo maestro della De Amicis.
    b. un supplente inviato da un'altra scuola.
    c. il nuovo professore della De Amicis.

2. La bidella della scuola è...

    a. la sorella di Mimì.
    b. la cognata di Mimì.
    c. la moglie di Mimì.

3. La direttrice si assenta spesso perché...

    a. fa un secondo lavoro.
    b. è un'assenteista.
    c. si dedica alla politica.

4. L'uomo che dal barbiere si fa insaponare il viso da un bambino è...

    a. un camorrista.
    b. il sindaco.
    c. il capo della polizia.

5. Il bambino 'ribelle' si chiama...

    a. Raffaele.
    b. Totò.
    c. Salvatore.

6. Rosinella è la bambina...

    a. che si ammala di rosolia.
    b. che deve fare la corsa disperata per andare in bagno.
    c. che promette di non dire a nessuno che Sperelli ha le unghie sporche.

I PERSONAGGI: DESCRIVILI TU

1. Fai una descrizione dettagliata della direttrice e del suo modo di vestire.
2. Descrivi la personalità del maestro Sperelli, specificando quali episodi mettono in rilievo i diversi tratti del suo carattere.
3. Analizza il personaggio di Raffaele: che ruolo ha nella storia?

LESSICO: I SINONIMI

Abbina ogni parola della colonna sinistra con il suo sinonimo della colonna destra.

1.	scarabocchio	a.	armadietto
2.	frenetico	b.	trafficante
3.	transito	c.	turpe
4.	frodare	d.	buffonata
5.	disprezzare	e.	imbrogliare
6.	contrabbandiere	f.	sgorbio
7.	scostumato	g.	baccano
8.	pagliacciata	h.	gradevole
9.	ignobile	i.	passaggio
10.	scippo	j.	disdegnare
11.	scassato	k.	indegno
12.	stipo	l.	rotto
13.	ameno	m.	febbrile
14.	immondo	n.	svergognato
15.	gazzarra	o.	furto

LESSICO: UNA PAROLA, DUE SIGNIFICATI

Abbina appropriatamente ogni parola della colonna sinistra con i suoi due significati della colonna destra.

1.	fetente	a.	bastonata
		b.	figura geometrica
2.	mazzata	c.	militare della guardia di finanza
		d.	racconto educativo
3.	piccante	e.	banchiere
		f.	spregevole
4.	finanziere	g.	puzzolente
		h.	dal sapore pungente
5.	parabola	i.	batosta
		j.	licenzioso

LA STORIA

1. Perché appena arrivato a Corzano il maestro non capisce niente di quello che gli dicono?

2. Che lezioni prende Marco Tullio Sperelli dal suo padrone di casa? Perché prende queste lezioni?

3. Perché tutti i bambini della classe portano l'orecchino d'oro? E perché proprio a sinistra?

4. Secondo i bambini, che vita faceva l'uomo primitivo?

5. Perché zia Esterina chiama il maestro 'Michele'?

6. Da dove viene il maestro? Perché è stato assegnato ad una sede di lavoro così lontana dalla sua città di provenienza?

7. Perché la madre di Raffaele Aiello regala a Marco Tullio Sperelli un cesto di uova? Cosa racconta della sua famiglia la donna al maestro?

8. Che differenza c'è fra i due dottori che vanno a visitare Tommasina quando è malata?

9. Perché il maestro non è contento che sia proprio il dottor Nicolella a visitarlo quando prende la rosolia?

10. Che tipo è Mimì, il bidello della scuola? Si comporta correttamente sul lavoro? Perché, cosa fa?

DIAMO UN'OCCHIATA AL FILM

1. Che cosa viene rappresentato in questa inquadratura? Colloca questa scena nella trama del film.

2. Guarda ora l'immagine all'inizio del capitolo: cosa sta succedendo? A quale momento della storia si riferisce?

MODI DI DIRE

Scegli fra le definizioni elencate quella che secondo te ha il significato più simile al modo di dire in esame. Aiutati con la frase fornita ad esempio.

1. "Avere un santo in Paradiso"

   «Quello deve avere un santo in Paradiso, appena arrivato gli hanno subito assegnato l'ufficio più bello».

   a. Essere privilegiati.
   b. Essere molto devoti ad un santo.
   c. Avere una buona raccomandazione

2. "Allargarsi"

   «Non allargarti troppo, qui c'è una gerarchia da rispettare!».

   a. Prendersi troppa confidenza.
   b. Ingrassare.
   c. Diventare ricchi.

3. "Sfondare una porta aperta"

   «Se vuoi proporre una vacanza in montagna con lui sfondi una porta aperta, è uno sciatore appassionato!».

   a. Abbattere una porta senza difficoltà.
   b. Non incontrare resistenza nel promuovere un'iniziativa.
   c. Fraintendere le intenzioni dell'interlocutore.

4. "Scrivere con le zampe di gallina"

   «Ma qui non ci si capisce niente, sembra scritto con le zampe di gallina!».

   a. Scrivere utilizzando una penna di gallina.
   b. Avere una scrittura illeggibile.
   c. Avere uno stile di scrittura molto elaborato.

5. "Vivere alla giornata"

   «Mi piace vivere alla giornata, non sono il tipo che programma tutto in anticipo!».

   a. Non preoccuparsi del domani.
   b. Lavorare con un contratto giornaliero.
   c. Tenere un'agenda degli impegni della giornata.

6. "Dare un colpo al cerchio e uno alla botte"

   «Ho cercato di dare un colpo al cerchio e uno alla botte: ho ceduto su tutte le sue proposte ma ho anche imposto le mie condizioni».

   a. Trovare una soluzione di compromesso.
   b. Fare finta di accontentare le richieste altrui.
   c. Imporre la propria volontà ad ogni costo.

7. "Tirare l'acqua al proprio mulino"

«Qui non va bene, ognuno tira l'acqua al suo mulino; se invece non si impara a collaborare sarà difficile portare a termine il progetto».

    a. Tenersi continuamente in attività.
    b. Fare i propri interessi anche a discapito di quelli altrui.
    c. Non avere fiducia nelle proprie capacità

8. "Vedere tutto nero"

«Ma smettila di vedere tutto nero, vedrai che troviamo una soluzione!».

    a. Essere pessimista.
    b. Essere cieco.
    c. Essere incapace.

9. "Mettere alle strette"

«Mi sono proprio sentito messo alle strette, la maggioranza aveva votato contro la mia proposta e non potevo far altro che adeguarmi!».

    a. Non lasciare scelta alla controparte.
    b. Costringere una persona a vivere in condizioni di ristrettezza.
    c. Imporre la propria volontà con la violenza.

10. "Salvare capra e cavoli"

«Non sempre è possibile salvare capra e cavoli, qualche volta è necessario rinunciare a qualcosa».

    a. Trovare una soluzione che non comporti rinunce.
    b. Dover scegliere fra due alternative.
    c. Non voler rinunciare a niente.

NUMERI E NUMERALI

Quando il maestro chiede quanti sono gli alunni della classe, Rosinella risponde «Una quattordicina – sedicina» per indicare un numero imprecisato intorno a 14-16. Il maestro ride perché di solito si quantifica approssimativamente qualcosa usando questa forma solo nel caso di multipli di cinque da dieci a 25 (è possibile anche sopra 25, ma non suona molto bene), e per i multipli di 10 da 30 a 90; per 'circa 100' si dice 'un centinaio', per 'circa mille' si usa 'un migliaio'. E dopo: decine di migliaia, centinaia di migliaia, e così via. Per altre quantità si antepone 'circa', 'più o meno', 'pressappoco', 'intorno a' o altre espressioni del genere.

Per essere approssimativi si possono anche indicare, come fa Rosinella, due quantità all'interno delle quali è compresa quella esatta. Nel caso del film però la risposta di Rosinella è comica (e impropria) perché i bambini in una classe scolastica non possono essere una quantità imprecisata, sicuramente sono un numero ben definito e conosciuto!

Comunque, ad esempio, se si vuole indicare una quantità imprecisata compresa fra 40 e 50 si può dire 'una quarantina – cinquantina', oppure anche 'quaranta – cinquanta'; fra 25 e 30: 'venticinque – trenta'; fra 400 e 500: 'quattro – cinquecento'; fra 2000 e 3000: 'due– tremila' e così via.

Chi pone la domanda può far capire all'interlocutore che non viene richiesta la quantità esatta ma solo una cifra approssimativa usando ad esempio il futuro e espressioni quali 'più o meno', 'circa', 'all'incirca', e così via. In questo caso il futuro sta ad indicare che quello che si chiede all'interlocutore è di fare una stima approssimativa e che non si pretende di conoscere il numero esatto. Ovviamente, se ci si riferisce al passato il futuro dovrà essere anteriore.

Rispondi alle domande seguenti usando la forma più opportuna. Inoltre, modifica le domande in modo da far capire a chi deve rispondere che non viene richiesta la quantità esatta.

Esempio: «Quanti siete in questa classe?» «15» *diventa*:
«Quanti sarete più o meno in questa classe?» «Una quindicina».

Esempio: «Quante persone sono venute allo spettacolo?» «Un numero compreso fra 300 e 400» *diventa*:
«Quante persone all'incirca saranno venute allo spettacolo?» «Tre – quattrocento».

1. «Quante mele hai comprato?» «8»
2. «Quante persone c'erano sull'autobus?» «20»
3. «In quanti eravate alla conferenza?» «200»
4. «Quanti metri è lunga la staccionata?» «32»
5. «Quante sono le macchine parcheggiate in questo spiazzo?» «120»
6. «Quanti cioccolatini erano rimasti nel vassoio?» «10»
7. «Quanti euro è costata questa camicia?» «60»
8. «Quanti francobolli hai nella tua collezione?» «1100»
9. «Quanti giorni mancavano all'inizio delle vacanze?» «100»
10. «Quanti capi di bestiame hanno in quell'allevamento?» «1000»

FUORI DALL'INQUADRATURA

➢   Il libro cui è ispirato il film è una raccolta di temi degli scolari dell'autore, Marcello D'Orta. Alcuni critici del libro hanno messo in discussione l'origine dei temi suggerendo che fosse Marcello D'Orta il vero autore di questi brani. D'Orta, per più di dieci anni maestro elementare ad Arzano, sobborgo di Napoli, afferma di aver avuto occasione di conservare alcuni dei moltissimi temi dei suoi allievi e di averli voluti pubblicare perché dimostrano, nonostante l'ignoranza della grammatica e della sintassi, «una saggezza e una rassegnazione antica, un'allegria scanzonata e struggente nel suo candore sottoproletario, una cronaca quotidiana ilare e spietata che sfocia in uno spaccato inquietante delle condizioni del nostro Sud»[1]. Nella prefazione a *Io speriamo che me la cavo* il maestro sostiene: «Sono intervenuto solo molto raramente per sbrogliare qualche frase che, in versione originale, sarebbe apparsa a dir poco ermetica. E in ogni caso non ho agito mai sul contenuto»[2].

---

1 *Io speriamo che me la cavo. Sessanta temi di bambini napoletani*, a cura di Marcello D'Orta, Mondadori, Milano 1990, p. 7.

2 Ivi, p. 8.

➢   Tutti i bambini che hanno partecipato al film sono attori non professionisti senza nessuna esperienza precedente davanti alla macchina da presa. Di loro solo Ciro Esposito (Raffaele), Mario Bianco (Nicola) e Adriano Pantaleo (Vincenzino) continuano a lavorare nel cinema.

DARE DEL TU, DEL LEI, DEL VOI

Di solito in italiano ci si dà del tu quando si è in confidenza con qualcuno, e ci si dà del lei quando i rapporti sono più formali. Come avrai notato, nel film spesso si danno del voi, che era molto comune in passato ed è ancora molto usato al sud e talvolta in campagna. Ricomponi le frasi sottostanti: se sono scritte col tu, riscrivile con il lei e il voi; se sono formulate con il voi, cambiale in lei e tu, e così via.

> *Esempio:*   «Mi scusi, sa dirmi dov'è la stazione?» *con il tu diventa*:
> «Scusa, sai dirmi dov'è la stazione?» *e poi, dando del voi*:
> «Scusate, sapete dirmi dov'è la stazione?».

1. Prego, si accomodi pure in sala d'attesa, il dottore la riceverà fra pochi minuti. Se nel frattempo desidera leggere una rivista, ne troverà in abbondanza su quel tavolino; se si interessa di sport, sullo scaffale può trovare anche la *Gazzetta dello Sport* di oggi. Anzi no, non si disturbi, gliela prendo io. Prego, si goda la lettura... Ah, come non detto: il dottore ha finito e la riceve subito! Peccato, ma se vuole può leggersi la *Gazzetta* prima di andarsene!

2. Cara Laura, ti scrivo questa lettera soprattutto per sapere come stai e se finalmente sei riuscita a cambiare lavoro. Tua sorella mi ha detto che stai cercando un impiego più soddisfacente, e secondo me hai perfettamente ragione. Ti scrivo infatti per informarti che l'azienda in cui lavoro cerca personale, e se tu volessi proporti potresti farmi avere il tuo curriculum ed io potrei consegnarlo in direzione a nome tuo. Essendo io la direttrice, puoi stare sicura che verrai considerata con una certa benevolenza...

3. Scusate, giovanotto... Sì, proprio voi! Avvicinatevi per favore. Ecco, mi fareste la cortesia di spostare la vostra valigia? L'avete appoggiata proprio sul mio piede, e comincia a darmi fastidio. No, non vi preoccupate, ma figuratevi: non ve l'ho detto prima perché eravate al telefono con la vostra fidanzata e non volevo interrompere la vostra conversazione. Eh, beata gioventù! Anch'io, ai miei tempi, proprio come voi... Ehi, ma dove andate? Aspettate, vi racconto una cosa... aspettate! Sentite, se volete potete anche rimettere la vostra valigia dov'era prima!

DALLA FORMA ESPLICITA ALLA FORMA IMPLICITA

Trasforma le frasi seguenti dalla forma esplicita alla forma implicita.

Esempio: «Non sapevo che <u>dovevo consegnare</u> oggi gli esercizi svolti» *diventa*: «Non sapevo di <u>dover consegnare</u> oggi gli esercizi svolti».

Esempio: «Dopo che <u>avrete bevuto</u> il caffè, per favore lavate la tazzina» *diventa*: «Dopo <u>aver bevuto</u> il caffè, per favore lavate la tazzina».

Esempio: «Poiché la temperatura <u>era</u> molto <u>calata</u>, sulle montagne cominciò a nevicare nonostante <u>fosse</u> ancora settembre» *diventa*: «<u>Essendo</u> la temperatura molto <u>calata</u>, sulle montagne cominciò a nevicare pur <u>essendo</u> ancora settembre».

1. Quando mi rendo conto che <u>sono</u> in ritardo... è ormai troppo tardi perché io <u>possa arrivare</u> in tempo!

2. Quando mi <u>avrai spiegato</u> esattamente cosa devo fare e mi <u>avrai mostrato</u> dove posso trovare gli attrezzi, torna pure a casa, e io mi metterò al lavoro.

3. Decidemmo che non <u>saremmo andati</u> allo spettacolo della domenica perché sicuramente sarebbe stato affollato.

4. Poiché <u>è</u> già <u>trascorso</u> molto tempo dall'ora dell'appuntamento penso che non <u>aspetterò</u> più e che me ne <u>andrò</u>.

5. Dopo che <u>aveva svolto</u> l'esercizio molto velocemente, mentre lo <u>rileggeva</u> si accorse che <u>aveva fatto</u> parecchi errori.

SPIEGA CON PAROLE TUE!

Sono qui riportate alcune citazioni dai dialoghi del film. Spiega cosa significano in relazione ai personaggi che le pronunciano e a quello che accade nel film.

1. Antonio Ruoppolo, il sindaco: «Il signore ha perfettamente ragione. Scusatemi, io ero con gli occhi chiusi e non mi sono accorto che mi insaponava un minore».

2. Totò al maestro: «E grazie che ci venite a scuola, perché vi pagano! A noi chi ci paga? Nessuno!».

3. Maestro alla classe, dopo l'episodio dello schiaffo: «Vado a casa, non mi sento bene. Tanto sono qui provvisorio. Ah, penso che non starò bene fino al giorno del mio trasferimento».

PICCOLE NOTE CULTURALI ED ALTRE CURIOSITÀ

➤ **Maradona:** Diego Armando Maradona, popolarissimo calciatore argentino che ha giocato nella squadra del Napoli e con cui il Napoli ha vinto lo scudetto nel 1986/87 e 1989/90; era solito portare una campanella d'oro all'orecchio.

➤ **Le corna:** quando il maestro si sta sistemando nella stanza che occuperà durante la sua permanenza a Corzano, si verifica un piccolo ma divertente malinteso fra lui e il padrone di casa. Per capirlo è necessario conoscere alcune premesse: nella gestualità italiana, particolarmente utilizzata al Sud, le corna rivolte verso il basso sono un segno di scongiuro utilizzato dalle persone superstiziose per allontanare la sfortuna; le corna rivolte verso l'alto indicano un 'cornuto', cioè una persona tradita dal proprio partner. Esiste una superstizione secondo la quale porti sfortuna stare distesi (e, in particolare, dormire) con i piedi rivolti verso la porta della camera, perché ciò richiama l'idea del cadavere che viene portato via dalla stanza (cosa che usualmente viene fatta facendo passare prima i piedi). Quindi mentre discutono della posizione del letto, il padrone di casa fa al maestro il gesto delle corna rivolte verso il basso per chiedergli se è superstizioso, visto che forse si ritroverà a dormire con i piedi rivolti verso la porta; ma il gesto è appena accennato ed il maestro, che è del Nord e quindi meno abituato a questo linguaggio, crede che il padrone di casa gli stia chiedendo se è cornuto. Di lì la sua ammissione che sì, sua moglie se n'è andata con un altro e hanno divorziato.

➤ **Edmondo De Amicis:** narratore e giornalista italiano (Oneglia, Imperia 1846 – Bordighera 1908). Nel 1870 partecipò alla breccia di Porta Pia e poi si dedicò al giornalismo, scrivendo reportage di viaggio dall'Olanda, dalla Spagna, dal Marocco, da Costantinopoli. La sua fama è dovuta principalmente a *Cuore* (1886), popolarissimo diario di un ragazzo 'di terza'. In questo romanzo di chiaro intento edificante, le semplici quotidianità scolastiche sono intrecciate alla morale risorgimentale. Tra le altre opere di De Amicis, ricordiamo *Romanzo di un maestro* (1890), *Fra scuola e casa* (1892), *La carrozza di tutti* (1899) e *L'idioma gentile* (1905).

➤ **Befana:** brutta vecchietta che vola su una scopa e porta giocattoli e dolci ai bambini buoni e cenere e carbone a quelli cattivi la notte tra il 5 e il 6 gennaio, quando i bimbi recitano la seguente filastrocca o una delle sue innumerevoli varianti regionali: «La Befana vien di notte con le scarpe tutte rotte, con la scopa di saggina, viva viva la nonnina!». La Befana porta i doni in ricordo di quelli offerti a Gesù bambino dai Magi. Il suo nome è una corruzione di 'Epifania', cioè 'manifestazione'.

LEGGIAMO IL COPIONE

Quello che segue è un dialogo che si svolge in classe durante una lezione di storia.

Maestro: -Chi è che conosce questo signore alle mie spalle? [il maestro indica un'immagine di uomo preistorico]

Bambino 1: -*Chillu* signore mi sembra uno dell'età della pietra, no?

Maestro: -Esatto.

Bambino 1: -Io vorrei vivere all'età della pietra, per *buttare mazzate*!

Maestro: -Perché, si *buttavano mazzate*?

Bambino 2: -Eccome no! Appena si guardavano in mezzo alla strada non si salutavano... *Pa! Pa! Pa! Pa!* Mazzate!

Bambino 3: -A quei tempi in famiglia litigavano sempre ed erano tutti sporchi: non si lavavano, non si pettinavano, non si facevano la barba, neppure le donne!

Maestro: -Perché adesso le donne la barba se la fanno?

Bambino 3: -Eh, si depilano.

Bambino 4: -Un bambino appena nato già era un uomo primitivo.

Bambina 1: -Non *tenevano i riscaldamenti*, non *tenevano* la televisione, non sapevano come passare il tempo e allora disegnavano *spilinguacchi* sui muri.

Maestro: -*Spilinguacchi*?

Bambina 1: -Eh, *spilinguacchi* sui muri.

Maestro: -E cosa vuol dire?

Bambina 1: -Scarabocchi, schifezze, *patacchie*...

Maestro: -Ah. Ho capito, sono i graffiti preistorici!

Bambina 2: -L'uomo a *chillu* tempo cominciava ad essere intelligente ma somigliava ancora alle scimmie.

Bambina 3: -Quando finirono di assomigliare alle scimmie diventarono egiziani.

I bambini raccontano la storia reinterpretandola secondo la loro fantasia e inserendovi anche elementi che in realtà fanno parte del loro quotidiano. Sai distinguere queste diverse componenti nella loro colorita esposizione? Perché è importante secondo te insegnare la storia, anche così remota, a bambini così piccoli? Sicuramente non hanno capito proprio tutto, ma ci sono cose importanti che hanno imparato: quali? Ricordi qualche tua fantasia dell'infanzia riguardo alla vita dell'uomo preistorico?

Leggiamo il dialogo che si svolge fra la direttrice e il maestro, dopo che questi ha denunciato le irregolarità che si compiono nella scuola (vendita di carta igienica, merendine, gessi...).

Maestro: -Comunque signora tranquillizzi pure i miei colleghi di qui che vogliono prendere il mio posto: io ho fatto domanda al ministero competente quindi al massimo fra un mese, un mese e mezzo il caso sarà risolto e io sarò felicemente su a casa mia.

Direttrice: -Ah, ecco, voi felicemente... E allora, professore Sperelli, ma che ve la pigliate a fare! Voi siete in transito, e che volete aggiustare tutti i guai del Sud in qualche settimana? A cominciare dalla De Àmicis?

Maestro:	-Signora, mi scusi, almeno lei non può dire De Amìcis?
Direttrice:	-De Amìcis? E chi lo dice?
Maestro:	-Come, "chi lo dice?". Io, tutti, da sempre!
Direttrice:	-Ah! Eh no, *Spere'*, noi qua tutti quanti diciamo De Àmicis... Eh, adeguatevi *professo'*, mettetevi in sintonia, voi qua volete cambiare troppe cose!

La direttrice sembra qui difendere le gravi irregolarità che si svolgono nella gestione della scuola, e si spinge anche a sostenere il proprio diritto di pronunciare male il nome stesso dell'istituto. Perché? E perché non vuole che il maestro intervenga per aggiustare i guai? È sicuramente vero che Sperelli non potrà rimediare a tutti i problemi del Sud in poche settimane, e dunque secondo te sarebbe meglio che lui rinunciasse a provarci e lasciasse in pace la direttrice, oppure che facesse quello che può, seppure nel suo piccolo? È giusto che il maestro cerchi d'intervenire anche se la gente del posto non vuole? La mentalità della direttrice è quella del 'vivi e lascia vivere', cioè del disinteresse per tutto se non della propria sfera personale. Che ne pensi di questo atteggiamento?

LA PAROLA ALLA REGISTA, LINA WERTMÜLLER

«Il libro [*Io speriamo che me la cavo, nda*] è un'immagine affascinante, allegorica e disperata di quello che provavano i bambini. Per me il punto focale era di creare il confronto fra il maestro che viene dal nord ed i bambini che vivono la realtà della cultura del sud. Raccontare una storia di Napoli sarebbe stato più facile perché in una grande città c'è molta criminalità. Ma una delle nostre scelte è stata di fare un film in un piccolo paese senza la violenza»[3].

1. Quali sono gli aspetti affascinanti, allegorici e disperati di cui parla la regista e che si ritrovano nel film che ha realizzato?

2. Secondo te perché la criminalità di una grande città avrebbe reso più facile raccontare la storia?

3. Sei d'accordo con la scelta del piccolo paese fatta dalla Wertmüller? Ed è proprio vero che in questo paese non c'è violenza, o forse alcune delle violenze sono più sottili ma non meno gravi di quelle legate agli atti più eclatanti della criminalità metropolitana?

«[C]on *Io speriamo che me la cavo*, volevo fare una storia che raccontasse lo sguardo dei bambini di fronte ad un tipo di realtà come quella della provincia napoletana di oggi. Anche questo è storia. Anzi devo dire che è una storia di tutti i paesi, tanto è vero che in America hanno sentito quel film come qualcosa che rappresentava fedelmente anche la loro realtà. A Washington, a Philadelphia tutti mi hanno detto che la realtà era assolutamente identica, soprattutto in certi ghetti in cui vive la popolazione di colore»[4].

---

3 James Berardinelli, "Ciao, Professore!", www.movie-reviews.colossus.net/movies/c/ciao.html. Traduzione dall'inglese degli Autori.

4 Intervista con Lina Wertmüller in Pasquale Iaccio, *Il Mezzogiorno tra cinema e storia: ricordi e testimonianze*, Liguori Editori, Napoli 2002, p. 232.

1. Come descriveresti lo sguardo dei bambini nel film?
2. Sei d'accordo con la regista quando afferma che il film è storia, cioè che è un documento che rispecchia una realtà sociale?
3. Pensi che le condizioni della provincia napoletana rappresentino anche le realtà dei quartieri poveri del tuo paese? Come?

«In un certo senso il Mezzogiorno è il nostro *west*. Lo stesso filone dei film sulla mafia somiglia al *western* americano. L'abbiamo in comune con gli Americani, anche perché l'abbiamo esportata noi... Ma certamente il Mezzogiorno è un grande argomento di riflessione, di racconto e di spettacolo. Anche perché la storia del Mezzogiorno è stata anche una storia di conquista da parte del Nord. Ogni volta che vengo a Napoli mi chiedo come sarebbe la nostra storia se l'unità d'Italia l'avessero fatta i Borboni»[5].

1. La Wertmüller non è la prima a paragonare il Mezzogiorno al *west* americano. Nel contesto di *Io speriamo che me la cavo*, pensi che il paragone sia valido? Perché?
2. La regista riconduce alcuni problemi odierni del Sud al Risorgimento. E se l'unità d'Italia l'avessero fatta i Borboni, cioè la famiglia regnante nel meridione nel XIX secolo, come sarebbe diverso oggi il Mezzogiorno secondo te?

MA ORA IL REGISTA SEI TU... E VUOI CAMBIARE TUTTO!

Nel film il maestro ha diversi contatti con la madre di Raffaele, e la soccorre quando questa si sente male. Fra i due c'è un rapporto di stima e rispetto, e li lega anche la preoccupazione per la cattiva strada intrapresa da Raffaele.

Ma ora il regista sei tu... e vuoi cambiare tutto!

Nella storia che tu riscriverai Marco Tullio Sperelli si innamora perdutamente della madre di Raffaele, che lo ricambia, e... cosa succederà?

Se ti sembra opportuno, dopo aver raccontato questa nuova versione della vicenda cambia anche il titolo del film, e spiega i motivi della tua nuova scelta.

RIFLETTIAMO UN PO'

1. La direttrice spiega al maestro Sperelli: «Questa è una trincea, è una guerra. Qua le *creature* tengono le palle quadrate sotto, e anche i maestri le devono tenere. Lo volete sapere? Lo schiaffo è la meglio cosa che avete fatto da quando siete venuto qua. *Mo'* sì che la classe vi apprezzerà!». Che tipo di realtà e di mentalità emergono da queste parole della direttrice? Che ne pensi di una situazione in cui un insegnante viene rispettato di più, sia dai colleghi che dagli allievi, solo dopo aver alzato le mani su un bambino? Secondo te sono giuste le punizioni corporali? Perché?

---

[5] Ivi, p. 231.

2. Malato in ospedale: «Qua la notte fottono e se ne fottono!». A parte la volgarità dell'espressione, le immagini, le vicende del film, e questo commento così lapidario sulle persone che lavorano in ospedale, cosa ti suggeriscono? Di che qualità è l'assistenza medica fornita agli abitanti di Corzano? Ma è così per tutti? Il racconto di Tommasina ti suggerisce qualcosa?

3. Don Gabrielluccio: «La vita è come la scaletta del pollaio: corta e piena di merda». Sorvolando anche in questo caso sulla volgarità dell'espressione, sei d'accordo con l'affermazione di don Gabrielluccio? Perché? Secondo te perché una persona può pensare una cosa del genere? Ricordati chi è don Gabrielluccio: è il sacerdote che siede spesso sul terrazzo accanto a quello del maestro, ma volge le spalle alla bellissima veduta del golfo perché lui il mare l'ha già visto!

QUATTRO CHIACCHIERE CON…

Il custode della scuola sembra una persona molto meschina, che però gode di un potere notevole all'interno della scuola: vende le merendine e la carta igienica agli scolari, nonché il gesso agli insegnanti. Controlla addirittura la campanella e quindi l'orario scolastico, e sembra che tutti, maestri inclusi, abbiano soggezione di lui.

Supponi di poter parlare con Mimì, ponigli delle domande che mettano in discussione questi suoi atteggiamenti, e immagina le risposte che ti darebbe per giustificarsi. Trascrivi questo colloquio e discutine con i compagni.

NON VORRESTI SAPERNE DI PIÙ?

1. In *Io speriamo che me la cavo* ci sono molti riferimenti alle differenze tra il Nord e il Sud d'Italia. Quali aree geografiche sono comprese nel Sud? Quali sono le differenze tra il Settentrione e il Meridione? Sono differenze solo geografiche o anche sociologiche? Nel tuo paese, ci sono zone con differenze simili?

2. Raffaele fa il messaggero per la camorra. Che cos'è la camorra? Dove è diffusa? Quali sono le sue origini?

3. Nicola, il bambino sovrappeso, espone un imponente menù al maestro, con cui condivide la passione per il cibo: pasta e fagioli, brodo di polpo, polpetti con le olive, zuppa di carne cotta, ragù, vermicelli aglio e olio, carne di porco, soffritto, piselli, uova, polpette, salsicce, pizze, pizzette, cachi, pere, ciliege, datteri, meloni, babà, scuscie al cioccolato e alla crema, pastiera, millefoglie, zeppole di San Giuseppe, cannoloni alla siciliana, sfogliatelle, struffoli e roccocò. Hai mai assaggiato qualcuna di queste pietanze? Sai distinguerle in primi piatti, secondi, contorni, frutta e dolce? Quali di queste sono tipiche della Campania?

4. L'immaginario paese di Corzano (Marcello d'Orta, l'autore di *Io speriamo che me la cavo*, insegna ad Arzano) non dista molto da Napoli. Quali sono le attrazioni principali di Napoli? Ci sei mai stato? Se sì, cosa hai visto e cosa hai fatto? Se no, ti piacerebbe andarci? E cosa vorresti fare o vedere in particolare?

5. Nella Costituzione della Repubblica Italiana si sancisce il diritto all'istruzione. Sai dire in quale articolo? E nel tuo paese? Esiste questo diritto? Quali leggi lo sanciscono? Di quali altri diritto godono, o dovrebbero godere, i bambini nel tuo paese? Cos'è la Convenzione Internazionale dei Diritti del Fanciullo? Leggila, scegline un articolo e commentalo con i tuoi compagni.

6. Conosci l'ordinamento scolastico italiano? Prova a costruire una 'carriera scolastica' di un/a ragazzo/a italiano/a, dal momento del suo accesso alla scuola materna fino alla fine del dottorato, presentando anche le diverse alternative che il/la giovane ha scartato quando ha deciso di scegliere un corso di studi piuttosto che un altro. I cicli di studio italiani sono gli stessi del tuo paese? Se sono diversi, quale dei due sistemi ti piace di più? Perché?

7. Molti scolari di Sperelli lavorano nonostante siano minorenni. Quali sono le leggi che proibiscono il lavoro minorile? Ci sono delle industrie particolari che tendono a sfruttare i bambini? Quanto è grave questo problema? Quali sono le leggi che governano il lavoro dei giovani nel tuo paese? Pensi che siano adeguate?

8. Dopo *Le avventure di Pinocchio* di Carlo Collodi, *Cuore* di Edmondo De Amicis è il più celebre libro per ragazzi scritto in Italia. Leggi questo romanzo e confronta gli scolari e la scuola del libro a quelli del film. Esponi ai tuoi compagni la trama del libro e la tua interpretazione della morale.

VI PRESENTO *IO SPERIAMO CHE ME LA CAVO*

Scrivi una composizione, di almeno 5000 caratteri (spazi esclusi), in cui presenti *Io speriamo che me la cavo*: la trama, i personaggi, le tematiche affrontate, le soluzioni di regia e quant'altro ti sembra importante. Aggiungi anche una tua valutazione critica ed un commento personale.

L'ANGOLO DELLA... POESIA?

In questo caso in effetti non si tratta di poesia!

Gianfranco Zavalloni propone nel suo 'Manifesto dei diritti naturali di bimbi e bimbe' un ampio elenco di diritti dei bambini che vanno oltre a quelli meramente legali, così poco rispettati nel film. Zavalloni, nato nel 1957, vive in provincia di Forlì-Cesena, dove è dirigente scolastico; per 16 anni ha fatto il maestro di scuola materna. È uno scout, e nel tempo libero fa burattini per una compagnia teatrale. Leggiamo insieme il suo 'Manifesto'.

Manifesto dei diritti naturali di bimbi e bimbe

1

Il diritto all'ozio

a vivere momenti di tempo non programmato dagli adulti

2

Il diritto a sporcarsi

a giocare con la sabbia, la terra, l'erba,
le foglie, l'acqua, i sassi, i rametti

3

Il diritto agli odori

a percepire il gusto degli odori
riconoscere i profumi offerti dalla natura

4

Il diritto al dialogo

ad ascoltatore e poter prendere la parola
interloquire e dialogare

5

Il diritto all'uso delle mani

a piantare chiodi, segare e raspare legni, scartavetrare, incollare,
plasmare la creta, legare corde, accendere un fuoco

6

Il diritto ad un buon inizio

a mangiare cibi sani fin dalla nascita,
bere acqua pulita e respirare aria pura

7

Il diritto alla strada

a giocare in piazza liberamente,
a camminare per le strade

8

Il diritto al selvaggio

a costruire un rifugio-gioco nei boschetti,
ad avere canneti in cui nascondersi,
alberi su cui arrampicarsi

9
Il diritto al silenzio

ad ascoltare il soffio del vento
il canto degli uccelli
il gorgogliare dell'acqua

10
Il diritto alle sfumature

a vedere il sorgere del sole e il suo tramonto,
ad ammirare, nella notte, la luna e le stelle

La negazione dei diritti che vediamo in *Io speriamo che me la cavo* è tipica di ambienti disagiati dal punto di vista sociale, economico, culturale. Puoi trovare esempi nel film in cui alcuni di questi diritti elencati da Zavalloni non vengono rispettati? Quali fattori possono opporsi all'esercizio di tali diritti?

Zavalloni afferma: "Mi piace una scuola che sia creativa, aperta all'ecologia, alle lingue locali, alla multiculturalità...". Riconosci in questa frase elementi presenti nel 'Manifesto'? Quali?

Sulla sua pagina web (http://www.scuolacreativa.it/), Zavalloni lancia un appello: "Stiamo cercando di tradurre nel maggior numero possibile di lingue (soprattutto locali, ma anche regionali e nazionali) il Manifesto dei diritti naturali di bimbe e bimbi. Se puoi darci una mano, te ne saremo grati!!!". Prova anche tu a tradurre il 'Manifesto'.

CAPITOLO 6
FIORILE

FIORILE, Italia/Francia/Germania, 1992		
Regia	Paolo Taviani e Vittorio Taviani	
Sceneggiatura	Sandra Petraglia, Paolo Taviani e Vittorio Taviani	
Interpreti	Claudio Bigagli	*Corrado / Alessandro*
	Galateo Ranzi	*Elisabetta / Elisa*
	Michael Vartan	*Jean / Massimo*
	Luigi Capolicchio	*Luigi Benedetti*
	Constanze Englebrecht	*Juliette*
	Athina Cenci	*Gina*
	Giovanni Guidelli	*Elio*
	Norma Martelli	*Livia*
	Pier Paolo Capponi	*Duilio*
	Chiara Caselli	*Chiara*
	Renato Carpentieri	*Massimo* (vecchio)
	Elisa Giami	*Simona*
	Ciro Esposito	*Emilio*
Durata	123'	

I REGISTI: PAOLO TAVIANI E VITTORIO TAVIANI

I fratelli Taviani, Vittorio (1929) e Paolo (1931), nascono a San Miniato in provincia di Pisa. Fortemente influenzati dall'estetica neorealista, da giovani organizzano cicli di film e spettacoli teatrali e realizzano una serie di documentari culturali e sociali. Nel 1954 girano il loro primo documentario, *San Miniato, luglio '44* con la collaborazione di Cesare Zavattini. I loro primi film drammatici, *Un uomo da bruciare* (1962) e *I fuorilegge del matrimonio* (1964), rientrano nell'ambito del cinema politico e sociale, le cui tematiche permeano anche i loro film successivi (*San Michele aveva un gallo*, 1971; *Allonsanfan,* 1974). Con *Padre padrone* (1977), tratto dall'omonimo romanzo di Gavino Ledda, vincono la Palma d'oro al Festival di Cannes. In forma favolistica realizzano *La notte di San Lorenzo* (1982) ambientato in Toscana alla vigilia della Liberazione. Il suggestivo film ad episodi *Kaos* (1984) è un adattamento di alcune novelle di Luigi Pirandello – che i Taviani rivisiteranno in *Tu ridi* (1998). Nel 1987 dedicano un omaggio al cinema con *Good Morning Babilonia*, rievocando la Hollywood del primo Novecento. Negli ultimi anni si sono dedicati a realizzazioni televisive.

FRA I LORO FILM PIÙ IMPORTANTI:

Tu ridi (1998)	*La notte di San Lorenzo* (1982)
Le affinità elettive (1996)	*Il prato* (1980)
Fiorile (1992)	*Padre padrone* (1977)
Good Morning Babilonia (1988)	*Allonsanfan* (1974)
Kaos (1984)	*San Michele aveva un gallo* (1971)

TRAMA DEL FILM

La famiglia Benedetti va a trovare il nonno in Toscana, e durante il viaggio il padre racconta ai due figli di un'antica leggenda legata ad una storia di amore, denaro e morte al tempo delle campagne napoleoniche: un giovane soldato francese, Jean, a cui è affidato l'oro del reggimento, per amore di Elisabetta – il suo Fiorile – si distrae e viene derubato proprio dal fratello di lei. A causa del furto Jean viene fucilato, ma lascia Elisabetta con un figlio. La 'maledizione dell'oro' torna a colpire in maniera tragica i discendenti di Jean e Fiorile: Elisa e i suoi fratelli all'inizio del Novecento, e poi Massimo e la sua ragazza durante la Resistenza. In un'atmosfera fiabesca i bambini si immergono nella storia della famiglia, i 'maledetti' Benedetti, che si trasmettono di generazione in generazione un'ingombrante eredità.

PRIMA DI VEDERE IL FILM...

PREPARIAMOCI ALLA PROIEZIONE...

🏳 **Fiorile**: è il nome giacobino per il mese di aprile, *Floréal*. Era l'ottavo mese del Calendario della Repubblica Francese, il mese della primavera che simboleggiava anche gli ideali rivoluzionari. I giacobini erano i membri dell'omonima società attiva a Parigi durante la Rivoluzione Francese (1789). Si chiamavano così perché si riunivano nel convento dei domenicani, detti *Jacobins*. Il programma rivoluzionario dei giacobini si affermò dall'agosto del 1792 quando diedero inizio al Terrore contro i nemici della Rivoluzione. Nel 1794 i principali leader giacobini furono condannati a morte. Per antonomasia tutti i sostenitori di idee rivoluzionarie dalla fine del Settecento furono chiamati giacobini.

🏳 **La Rivoluzione Francese e l'età napoleonica in Italia**: nel marzo 1796 Napoleone Bonaparte (1769-1821) cominciò la campagna d'Italia sconfiggendo gli austriaci ed i piemontesi e invadendo la Romagna e la Toscana. Creò così la Repubblica Cispadana che successivamente (1797) fu unita alla Lombardia per formare la Repubblica Cisalpina. Il 17 ottobre 1797 conclude la pace di Campoformio cedendo Venezia agli austriaci. Negli anni successivi i francesi occuparono anche lo stato papale ed il regno borbonico. La storia di Fiorile e di Jean è ambientata in questo fervido clima di rivoluzione del triennio 1796-1799. Naturalmente molti nobili italiani, come quelli che vediamo in *Fiorile*, si opposero ai francesi e li attaccarono lungo la loro marcia di conquista.

🏳 **La situazione politica in Italia nel primo Novecento**: nel 1898, il governo varò delle misure estremamente repressive contro le proteste popolari, che però culminarono nel 1900 nell'assassinio del re Umberto I per mano di un anarchico. Da questa grave crisi emerse la figura di Giovanni Giolitti (1842-1928) che dominò la scena politica italiana fino al 1914. Cercò di imprimere una svolta in senso liberale allo stato, praticando una politica più pragmatica che idealistica. Alessandro Benedetti si candida alle elezioni all'inizio dell'età giolittiana (1901-1914).

🏳 **La Resistenza in Toscana**: si svolse tra la fine del 1943 e il settembre del 1944. Fu un movimento clandestino di liberazione dalle forze nazifasciste che occupavano la regione. Di grande importanza strategica erano le staffette (come il personaggio di Chiara nel film), che di nascosto recapitavano armi e messaggi ai partigiani, esponendosi a grossi rischi.

...E AL LINGUAGGIO DEL FILM

All'origine della lingua italiana attuale vi fu il dialetto toscano, che ora si differenzia dall'italiano standard per alcune particolarità lessicali e di pronuncia. Dal punto di vista linguistico la Toscana si divide in quattro subregioni: la zona occidentale (il livornese, il pisano, il lucchese), la zona orientale (da Arezzo a Chiusi ad ovest del Tevere), la zona meridionale (a sud del monte Amiata) e la zona centrale (l'area fiorentina-senese).

I caratteri fondamentali delle parlate toscane sono:

1. uniche in Italia, ignorano la metafonia di qualsiasi tipo, cioè non esistono nei dialetti toscani rapporti come *capello – capilli* che sono caratteristici sia dei dialetti settentrionali che di quelli meridionali.

2. le consonanti occlusive sorde in posizione intervocalica tendono a scomparire o ad essere aspirate. Per esempio: amico → *amikho* e la rapa → *la rapha*.

3. il nesso –*rv*- è reso con –*rb*-. Per esempio: nervo → *nerbo*.

Breve glossario di espressioni particolari usate nel film.

➢ **Codino**: retrogrado, reazionario.

➢ **Maledizione**: magia o rito che provoca un danno a qualcuno.

➢ **Nini**: nella parlata toscana, è un appellativo generico usato per rivolgersi a qualcuno o attirarne l'attenzione. Rimane invariato di genere e numero.

➢ **Non fare né caldo né freddo**: lasciare indifferenti.

➢ **Ricotta**: latticino morbido che di solito si consuma entro poco tempo dalla produzione. Può essere ottenuto da latte vaccino, caprino o pecorino.

DOPO AVER VISTO IL FILM...

I PERSONAGGI

Abbina appropriatamente i personaggi della colonna sinistra con i loro nomi della colonna destra.

1.	Padre di Elisabetta	a.	Alessandro
2.	Figlio di Duilio	b.	Elio
3.	Tenente francese	c.	Massimo
4.	Fratello maggiore di Elisa	d.	Renzo
5.	Sorella di Renzo	e.	Emilio
6.	Figlio del dr. Benedetti	f.	Elisa
7.	Amante di Elisa	g.	Jean
8.	Nipote di Elisa	h.	Duilio
9.	Madre del dr. Benedetti	i.	Gino Gabrielli
10.	Soldato fascista	j.	Simona
11.	Sorella di Emilio	k.	Chiara
12.	Fratello di Alessandro	l.	Corrado

I PERSONAGGI: DESCRIVILI TU

1. Fai una descrizione dettagliata di Elio e del suo modo di vestire.
2. Descrivi la personalità di Elisa, specificando quali episodi mettono in rilievo i diversi tratti del suo carattere.
3. Analizza il personaggio di Jean: che ruolo ha nella storia?

LESSICO: I SINONIMI

Abbina ogni parola della colonna sinistra con il suo sinonimo della colonna destra.

1. cencio		a.	palline
2. spregio		b.	autobus
3. stupire		c.	riparo
4. impertinente		d.	risistemare
5. biglie		e.	pistola
6. deficiente		f.	straccio
7. ventura		g.	fantoccio
8. rifugio		h.	insolente
9. spione		i.	idiozia
10. rivoltella		j.	seppellito
11. corriera		k.	disprezzo
12. sciocchezza		l.	scemo
13. sepolto		m.	incantare
14. ristrutturare		n.	destino
15. pupazzo		o.	spia

LA STORIA

1. Come mai i francesi non fucilano Jean immediatamente, appena si accorgono che l'oro è stato rubato? Perché Duilio vorrebbe uccidere lui stesso Jean, e poi cambia idea?
2. A quale scopo Alessandro offre una cena medicea in villa? Perché si brinda 'a Roma'?
3. Per dove parte la famiglia di Elio? E perché lui deve per forza unirsi a loro? Chi paga il viaggio?
4. A quale scopo Elisa e i suoi fratelli fanno la gita a Volterra?
5. Quali obiezioni e insinuazioni fa un membro della commissione quando Massimo discute la sua tesi di laurea?
6. Che cosa riceve dalla sua ragazza Massimo nel giorno della tesi? E a cosa dovrà servirgli? Andrà tutto come previsto?

7. Come fa il soldato fascista a capire quale dei condannati alla fucilazione è Massimo Benedetti? E perché lo salva?

8. Cosa fa Massimo alla fine della guerra?

9. Perché Massimo ha mandato il figlio a studiare in Francia? E perché non vuole che i nipoti restino nella casa di famiglia?

10. Perché Simona ed Emilio non vogliono mangiare i funghi preparati dal nonno? E perché squarciano il manichino con la divisa di Jean?

DIAMO UN'OCCHIATA AL FILM

1. Cosa sta succedendo in questa scena? Dove si svolge? Quando?

2. Guarda la foto all'inizio del capitolo: chi sono i due personaggi? Cosa succede? Che importanza ha questa scena nella trama del film? Perché?

L'ARTICOLO GIUSTO

Il toscano, impropriamente, spesso mette l'articolo determinativo anche davanti ai nomi propri di persona: 'la Francesca', 'la Giovanna'... E tu, sei sicuro di usare l'articolo giusto al posto giusto? Leggi le frasi seguenti e correggine gli errori: qualche volta ci sono articoli sbagliati, o che non dovrebbero nemmeno esserci; oppure mancano dove servono... Fai attenzione anche alle preposizioni articolate!

1. Il zio di Marco è molto simpatico.
2. Il mio padre domenica mi ha portato a teatro, e giovedì andremo a circo!
3. Se verrai ti riserveremo l'accoglienza fantastica!
4. Non credo che la tua scelta sia una migliore.
5. Tevere è il fiume che attraversa parte del Lazio, bagna la Roma e poi si getta nel mar Tirreno.
6. Il tuo fratello mi sembra più assennato del mio.
7. Tutte volte che torno alla casa i miei sono molto contenti.
8. Il sport che preferisco è il nuoto.
9. Un violoncellista più bravo che ho sentito è quello che ha suonato al concerto di un anno scorso.
10. Hai la fame? Vuoi mangiare un po' di pane con marmellata o preferisci del formaggio?

SINGOLARE E/O PLURALE

Nel passaggio dal singolare al plurale, esistono in italiano tantissimi casi particolari: sostantivi la cui forma plurale è irregolare rispetto a quella singolare; oppure singolari che non hanno la forma plurale, e viceversa; vi sono pure parole il cui singolare e plurale sono identici...

Quella che segue è una lista di sostantivi che tu dovrai volgere al plurale se sono singolari o al singolare se sono al plurale. Ricordati che in qualche caso rimarranno invariati, oppure non esiste una delle due forme.

il cinema	il miele	le armi	l'asciugamano	i pantaloni
le ferie	la radio	lo zio	le specie	l'uovo
lo stomaco	le nozze	la roba	la foto	l'orecchio
l'oblò	il catalogo	i prìncipi	i saliscendi	il francobollo
il mago	il benessere	il sordomuto	i brindisi	il latte
le mutande	l'archeologo	i portaombrelli	il mercurio	il dito
i terremoti	i prìncipi	la pazienza	l'arcobaleno	gli occhiali
la ciliegia	il pepe	le dimissioni	il capoufficio	il bue
le rocce	la gru	il sangue	il dio	lo scintillio
le casseforti	il ginocchio	i dentisti	il paio	le superfici

FUORI DALL'INQUADRATURA

➢   I Taviani raccontano così l'ispirazione iniziale del film: «Noi sin da bambini sentivamo raccontare da nostra madre che l'aveva sentita dalla sua mamma una storia avvenuta vicino a San Miniato, in un borgo contadino. Alla fine del Settecento erano passati i soldati dell'armata di Napoleone, e si erano fermati in questo borgo. I contadini, un po' diffidenti come sempre, si erano interessati e incuriositi sino a fraternizzare con questi giovani. Uno dei soldati, il tenente Jean, aveva la responsabilità della cassa del reggimento. La cassa sparì... La storia da bambini ci aveva affascinato per due motivi: la cassa d'oro che ricorda un racconto di Stevenson tanto è magica, e il grosso sconquasso che porta in questa comunità contadina: la cassa era arrivata con i francesi che erano la voce di un mondo nuovo. La realtà è sempre così contraddittoria e ambigua. Da grandi la storia ci interessava anche per questo. Quando stavamo pensando a un film, c'era un odore brutto di soldi che stava rendendo stagnante il nostro paese, e così c'è venuta in mente questa storia per raccontare però quello che sentivamo al presente. Siamo saliti in automobile e nel film c'è un'automobile che viene dalla Francia. Ci sono dei bambini che dalla Francia arrivano per la prima volta in Toscana e sentono il loro cognome storpiato e chiedono il perché. Il film è una corsa sull'automobile attraverso la Toscana e attraverso il tempo di queste persone che cercano di scoprire perché tutti li chiamano maledetti»[1]. Il "brutto odore di soldi" cui i Taviani accennano è probabilmente quello di tangentopoli, un grosso scandalo di corruzione che scosse la politica italiana proprio intorno al '92.

➢   Ciro Esposito (Emilio) è lo stesso attore che interpreta Raffaele in *Io speriamo che me la cavo*. Ha partecipato a *Fiorile* subito dopo il film della Wertmüller.

➢   Il paesaggio toscano che si vede mentre la famiglia Benedetti è in viaggio sono i dintorni di Pontassieve, in provincia di Firenze.

➢   La villa di Elisa Benedetti è La Petraia, una residenza medicea presso Firenze.

➢   La piazza in cui Jean passa la notte nella speranza che qualcuno restituisca l'oro rubato è Villa Saletta, che dal XV secolo faceva parte dei possessi della nobile famiglia fiorentina dei Riccardi, cugini dei Medici. Si trova nel comune di Palaia nella provincia di Pisa.

---

1   Raffaella Setti, *Cinema a due voci. Il parlato nei film di Paolo e Vittorio Taviani*, Franco Cesati Editore, Firenze 2001, p. 56.

DI A DA IN CON SU PER TRA FRA!

Di a da in con su per tra fra sono le preposizioni semplici della lingua italiana, e qualche volta non è facile decidere quale sia quella giusta da usare. Nelle frasi che seguono scrivi negli spazi vuoti, se necessaria, la preposizione semplice più opportuna. Ma attenzione: in qualche caso non è necessaria nessuna preposizione.

1. Dovrai cercare _____ impegnarti _____ questa dieta: _____ una settimana sei ingrassato _____ due chili, e ti ci vorrà chissà quanto tempo _____ perderli!

2. L'aereo atterrerà _____ Firenze _____ due ore, prima che la coincidenza decolli _____ Milano.

3. Scusa, ero _____ camera _____ letto e non ti ho sentito _____ bussare, ma non preoccuparti, non mi hai svegliato, _____ poco mi sarei alzato comunque _____ andare _____ fare una passeggiata _____ centro _____ Mario.

4. È una donna _____ circa vent'anni, _____ gli occhi e i capelli scuri, piccola _____ statura e indossa una camicia _____ seta.

5. Oggi non posso _____ aiutarti _____ fare i compiti, ma domani ti risentirò la lezione _____ storia _____ Napoleone.

6. Pensano _____ essere i più furbi _____ tutti, ma _____ realtà non sanno _____ distinguere nemmeno una mela _____ una pera!

7. Detto _____ me e lei: le posso vendere queste magliette _____ 4 euro l'una, ma l'avverto che una _____ cinque è difettosa.

8. Mentre tu sei _____ tua madre, io passerò _____ Giovanni _____ salutarlo: non lo vedo _____ quasi due mesi, e _____ tutto questo tempo non gli ho mai nemmeno telefonato!

9. Continuava _____ grandinare e la mamma era preoccupata _____ Marco che era uscito _____ bicicletta.

10. Quando arrivi _____ via Rossi devi girare _____ sinistra, passare _____ piazza Verdi e poi proseguire _____ diritto fino _____ largo Bianchi.

SI VA, SI FA, SI DICE...

In italiano la particella 'si' viene usata in alcune forme impersonali (*In quel ristorante si mangia bene*), passive (*Si dedicherà la giornata di domani ad una visita della città*), riflessive (*Maria si sveglia sempre tardi*), reciproche (*Carlo e Giovanna si frequentano da 3 anni*). Nella parlata toscana spesso si abusa della particella 'si', perché essa viene molto usata anche in una forma apparentemente impersonale, ma che in realtà corrisponde alla prima persona plurale 'noi': *Ragazzi, si va al cinema stasera?* (Più propriamente: *Ragazzi, andiamo al cinema stasera?*).

Nei tre brani che seguono, cerca di distinguere i diversi 'si' che incontri, e poi tu stesso inventa tre esempi per ogni tipo di 'si'.

1. *Si* dice che sua moglie *si* fosse arrabbiata perché lui pensava solo al lavoro e *si* dimenticava anche il compleanno dei bambini; alla fine *si* sono separati, e di lei ora *si* sa solo che *si* è trasferita a Livorno con i figli.

2. L'estate scorsa io, Mauro e Franco *si* andò al mare; tutte le mattine *si* perdeva un sacco di tempo a discutere se *si* dovesse andare sulla spiaggia oppure in barca; Mauro e Franco non *si* trovavano mai d'accordo sulla scelta, e alla fine *si* faceva così tardi che era già ora di pranzo. E poi *si* dice che le vacanze con gli amici sono l'ideale per divertir*si*!

3. Come *si* sta bene qui! Però purtroppo *si* è fatto tardi, ora dobbiamo andare. La prossima volta venite voi a trovarci in campagna: lì *si* respira aria buona, dalle finestre *si* vedono le montagne e il mare, le persone *si* conoscono tutte e sono molto amichevoli, la zona è così tranquilla che non *si* sente volare una mosca... ve l'assicuro, è proprio il posto giusto per rilassar*si*.

SPIEGA CON PAROLE TUE!

Sono qui riportate alcune citazioni dai dialoghi del film. Spiega cosa significano in relazione ai personaggi che le pronunciano e a quello che accade nel film.

1. Duilio a Jean: «Abbi pazienza, figliolo, non pensare che siamo cattivi se vedi che si chiude le porte e le finestre. Non è per spregio a te. Ma così chi si sarà ravveduto e riporterà l'oro e il mulo, non lo riconoscerà nessuno».

2. Moglie di Duilio al marito: «Tu sei un uomo buono Duilio. Ma tu puoi essere anche stupido. Se ammazzi quel francese, per tua figlia è la vergogna e per te la prigione. E per la tua famiglia una rovina. Invece... Se è giusto che quel francese muoia, ci penseranno quegli altri a farlo morire».

3. Dottor Benedetti: «La ricchezza è una fame che non si sfama».

PICCOLE NOTE CULTURALI ED ALTRE CURIOSITÀ

➢ **«Come faremo senza di te in questo borgo selvaggio!»**: è la battuta di un invitato alla festa di Alessandro. L'espressione 'borgo selvaggio' è una citazione letteraria dal canto XXII, "Le Ricordanze" (1829) di Giacomo Leopardi (1798-1837) in cui il poeta conia l'espressione "natio borgo selvaggio".

➢ **«Ci dormì il sacro ospite, il padre Dante quando lo *scaccionno* da Firenze»**: Duilio Benedetti, cercando di salvare la vita di Jean facendo appello all'onestà della sua gente, ricorda con queste parole che il grande poeta Dante Alighieri (Firenze 1265 – Ravenna 1321), padre della lingua italiana, fu ospite del loro paese nei suoi anni di esilio (troverai altri dettagli sulla vita di Dante in *Piccole note culturali ed altre curiosità* nel capitolo 7 dedicato a *Il postino*).

➢ **La storia di Elisa**: presenta forti riscontri con la novella di Lisabetta da Messina raccontata da Giovanni Boccaccio (Certaldo, Firenze 1313-1375) nel suo *Decamerone* (1353). È la quinta novella della quarta giornata, quella dedicata agli amori tragici.

➢ **Codici medicei**: antichi testi scritti a mano in forma di libro quadrato, da distinguersi dai manoscritti a forma di rotolo, appartenenti ad una collezione dei Medici. Nel 1524 il papa Clemente VII commissionò a Michelangelo Buonarroti la biblioteca Laurenziana per custodirvi i preziosi volumi.

➢ **"Freme l'aria per dove tu vai, spunta un fiore ove passa il tuo piè"**: Renzo, durante la gita a Volterra, canta *Malìa*, musica di Francesco Paolo Tosti (1846-1916) e testo di Rocco Emanuele Pagliara (1856-1914).

➢ **Parlamento del Regno**: riferito al Parlamento del Regno d'Italia (1861-1946), guidato dalla dinastia dei Savoia.

➢ **Volterra**: cittadina toscana di origine etrusca, si trova nella provincia di Pisa.

➢ **Tesi di laurea**: nelle università italiane, dopo aver superato tutti gli **esami** del loro **piano di studi** per la laurea magistrale (ex laurea specialistica) gli studenti devono presentare ad una **commissione** uno studio originale molto approfondito che costituisce la loro **tesi di laurea**. Nella **sessione di laurea** a cui viene convocato **il laureando**, cioè lo studente che intende laurearsi, deve sostenere il suo lavoro di ricerca davanti alle eventuali domande o obiezioni che possono essere fatte dalla commissione. Questa è composta da 11 professori, uno dei quali è il **relatore della tesi**, cioè il docente che ha seguito e guidato lo studente durante il lavoro di preparazione della tesi, e che di solito, in sede di **discussione**, sostiene la tesi del laureando. In alcuni casi è in commissione anche un **controrelatore**, il cui compito è quello di mettere in evidenza i punti deboli della tesi sostenuta e sollecitare le risposte dello studente. Al termine della discussione la commissione si riunisce e assegna un punteggio al laureando, basandosi sia sul lavoro di tesi che sul suo **curriculum** universitario. Il punteggio massimo è **110/110**, e quando si ritiene che i risultati siano stati particolarmente eccellenti si assegna il **110 e lode**. Il Presidente della commissione dichiara quindi lo studente **laureato** e **dottore** della disciplina in cui ha sostenuto la tesi. Le sessioni di laurea sono aperte al pubblico. La laurea magistrale, per il cui conseguimento sono necessari almeno due anni di università, è quella che segue la laurea triennale, cui si accede alla fine della scuola superiore.

Questa distinzione in due titoli di laurea è in vigore da pochi anni, e prima vi era un unico titolo di laurea dopo il quale si potevano proseguire gli studi con un dottorato o la scuola di specializzazione.

LEGGIAMO IL COPIONE

In *Fiorile* ci sono due lettere cronologicamente distanti, che però sono correlate dal fatto che i loro autori sono prossimi ad una morte che li separerà dalla donna amata. La prima è la lettera che Jean scrive a Elisabetta-Fiorile la notte che precede la sua esecuzione.

«Cara Elisabetta, approfitto di questa luce del tramonto per scrivere a te. Forse più tardi, nel buio della notte, può accadere che io gridi e che pianga; spero di no, ma non riesco a capire la morte. Io ti ho appena conosciuta e ti ho amata subito. Accade talvolta, e a noi è accaduto. Avrei voluto parlarti del mio improvviso amore per la libertà, che mi ha portato fin qui, nella tua Toscana, avrei voluto dirti della mia voglia di agire nel mondo nuovo, dove tutto cambia. Si sciolgono le leggi che sembrano eterne, si tolgono possessi dei vari padroni, si legano amici a nuovi amici, amori a nuovi amori, come il nostro. Oggi è il settimo giorno del mese di fiorile. Così la mia Rivoluzione ha chiamato il mese di primavera. Ti stringo a me, mia Elisabetta... mia Fiorile».

La seconda lettera è quella che Massimo scrive a Chiara prima della fucilazione dalla quale, però, si salverà.

«Chiara, amore mio, mia Fiorile, non so più nulla di te da molti giorni, non so neanche se sei viva o morta. Io sono vivo, ancora per poco forse, e scrivo a te come tanti anni fa Jean scriveva alla sua Fiorile. Se dovessero decidere per la fucilazione, io morirò per le stesse idee per le quali lui scese qui da noi, dalla sua Provenza. Sto pensando a te, eppure non mi viene fatto di pensare al tuo coraggio, penso con tenerezza alla paura che avevi delle bombe, alla mia paura adesso, mentre qualcuno si prepara forse a farmi morire. Anche Jean aveva paura, anche allora quello che accadde fu ingiusto, il suo sacrificio, il dolore di Fiorile, e l'oro, l'oro maledetto per cui tu tante volte mi hai preso in giro. Lascio queste poche righe sul mio corpo, se questo dovesse essere l'ultimo luogo della mia vita. Le donne e i vecchi che stanno aspettando qui vicino avranno pietà, una donna me lo ha promesso. Avranno pietà anche di me che non conoscono, che non ero uno di loro, ma che ora sono uno di loro».

Queste sono due lettere di condannati a morte: qual è il tono prevalente di ciascuna? Da quali dettagli testuali emerge con più forza? Che desideri esprimono i giovani condannati? Che tipo di riflessioni ti suscitano la loro situazione e le lettere che scrivono?

Elio recita, in occasione della cena medicea nella villa dei Benedetti, una poesia da lui composta:

«Quella di voi che è di verde vestita
la passerina tolga di gabbietta
e la lasci cantar liberamente
spingendo bene in fuori la cancelletta.
Poi le faccia conoscer l'uccellino

che saltella sperduto sulla neve
e lo scaldi di suo teneramente
forte menandolo verso la sorgente»

Elio viene definito 'impertinente' da una delle invitate, sei d'accordo con questa affermazione? Leggi bene la poesia: capisci i suoi doppi sensi? A cosa si riferisce Elio?

LA PAROLA AI REGISTI, PAOLO E VITTORIO TAVIANI

«Anche in *Fiorile* l'arrivo dei francesi in Toscana, raccontato realisticamente dal padre, è rappresentato attraverso gli occhi della bambina. Quando il padre racconta la grande festa da ballo data dalla famiglia diventata ricchissima, noi adottiamo il punto di vista del bambino che dice: "Ah, era una grande festa da ballo, ballavano con la musica, c'era una grande orchestra". Per un bambino di oggi l'orchestra cos'è? È la discoteca, è il rock, non certo il valzer. Allora il bambino dice: "Ah! Era musica rock!", e il padre risponde: "Non è proprio così". Questo scambio di battute ci ha permesso di entrare con una musica non realistica in un ambiente realistico; la musica rock deforma questa realtà e al tempo stesso la esalta»[2].

1. Quali dettagli e/o episodi di *Fiorile* ti sembrano più influenzati dall'immaginazione dei bambini secondo il cui punto di vista viene narrata la storia?
2. A tuo parere in che modo la discrepanza tra immagini e musica cui fanno riferimento i registi 'deforma' ed 'esalta' la realtà?

«Politica è conoscenza del reale. Il cinema, per noi, ha la stessa funzione. Chiedere al cinema di diventare soltanto il portavoce di istanze immediate di determinati gruppi politici, significa ridurre le sue possibilità d'intervento; impoverire la ricerca che il cineasta deve condurre con i propri mezzi (con la propria responsabilità, con il proprio rischio) attento a farla reagire con quella degli altri; e con la coscienza della limitatezza del proprio contributo. Non abbiamo mai creduto all'arte come chiave "passe-partout"»[3].

1. Sei d'accordo con i registi sulla funzione del cinema? Perché?
2. Secondo te si potrebbe considerare *Fiorile* un film politico? Perché?

«E *Fiorile* contiene, dall'inizio alla fine, in una storia che attraversa due secoli, un unico sentimento: il rapporto tra la ricchezza, la potenza, i fatti luttuosi che spesso l'accompagnano. È una storia che ci appartiene da sempre, e se diventa, adesso, una nuova tappa del nostro lavoro, forse è anche perché sentiamo la voglia di raccontare questo nostro paese, e il suo aspetto notturno, oscuro, 'maledetto': le tangenti, la corruzione... l'oro, insomma... e però ci piacerebbe che il senso del film si annullasse in una fabula: un film non si fa, non si deve fare, a nostro parere, per dimostrare qualcosa. Un film è solo, e sempre, raccontare una storia»[4].

---

2 "paole e vittorio taviani, testimonianze raccolte tra il 1987 e il 1993" a cura di Elena Pinori e Marcello Cella in www.alleo.it/PEOPLE/preview/taviani.htm.

3 "Paolo e Vittorio Taviani. *Oltre l'utopia*" in Francesco Bolzoni e Mario Foglietti, *Le stagioni del cinema. Trenta registi si raccontano*, Rubbettino Editore, Catanzaro 2000, p. 262.

4 "Intervista a Paolo e Vittorio Taviani" a cura di Anna Maria Mori, *la Repubblica*, 30 maggio 1992.

1. Sei d'accordo con i registi che «un film non si fa, non si deve fare […] per dimostrare qualcosa. Un film è solo, e sempre, raccontare una storia»? Perché?

2. In *Fiorile* non c'è solo un "aspetto notturno, oscuro, 'maledetto'" dell'Italia, ma anche il lato solare, luminoso e felice del paese. Sai individuare nel film alcuni particolari ed episodi di questa Italia?

MA ORA IL REGISTA SEI TU... E VUOI CAMBIARE TUTTO!

Fiorile è disperata perché l'uomo che ama sta per essere fucilato e lei non può fare niente per salvarlo. Le pesa anche il pensiero di essere responsabile per averlo distratto dal suo dovere ed è consapevole che quell'attimo fuggente di felicità gli costerà la vita.

Ma ora il regista sei tu... e vuoi cambiare tutto!

Riscrivi la storia: Fiorile scopre che è stato proprio suo fratello a derubare Jean dell'oro del reggimento e decide di consegnarlo alle autorità militari francesi. Come reagirà la sua famiglia a questo tradimento? Che ne sarà di Jean? E la maledizione?

Se ti sembra opportuno, dopo aver raccontato questa nuova versione della vicenda cambia anche il titolo del film, e spiega i motivi della tua nuova scelta.

RIFLETTIAMO UN PO'

1. Il dottor Benedetti racconta ai figli la leggenda dell'oro, e dice di Jean: «Sì, era bello. E aveva la testa piena di sogni, di grandi idee, i sogni della Rivoluzione Francese e della sua giovane età: l'amore, l'amicizia, la giustizia. Lui pensava al mondo futuro, e non sapeva che il suo futuro sarebbe stato brevissimo». I sogni di Jean erano probabilmente gli stessi di molti giovani soldati in tutte le guerre. Secondo te cosa induce un giovane ad arruolarsi e a partire per la guerra? Sono solo gli ideali politici e sociali o anche altro? Ti piacerebbe intraprendere la carriera militare? Perché?

2. Corrado promette ad Elisabetta, per distoglierla dalla sua disperazione alla morte di Jean: «Te lo giuro, ti farò felice», ma Elisabetta replica: «No, giurami che non avrai pace finché non si sarà trovato chi l'ha fatto morire». La risposta di Elisabetta è una richiesta di vendetta, fatta proprio, senza saperlo, ad uno dei responsabili della morte di Jean. Che ne pensi tu della vendetta? Può rendere più sopportabile un torto subito o un dolore? Perché?

3. La madre di Elio dice al figlio che le chiede di aiutarlo per non farlo partire: «A me chi m'aiuta, eh? Guardami. Tu mi sei figliolo, ma sei anche uomo. Guardami. Guardami come mi guarderà tuo padre quando ci vedrà arrivare laggiù. Dieci anni sono tanti. Allora io ero giovane». Il fenomeno dell'emigrazione si compone anche di storie di famiglie separate. Conosci qualcuna di queste storie, accaduta nella tua famiglia o sentita raccontare da altri? Quali difficoltà incontra un emigrante? E quali la sua famiglia?

4. Duilio Benedetti ricorda ai compaesani che «certe macchie non si lavano nemmeno con cento acque», intendendo con questo che chi non restituirà l'oro ai francesi sporcherà indelebilmente la propria coscienza con la morte di un innocente. Ritieni anche tu che alcune colpe non si possano cancellare? Se tu fossi stato al posto del ladro, avresti preferito vivere con il senso di colpa per la morte di Jean o la pubblica vergogna del furto? Perché?

5. Emilio nello studio del nonno trova *Timone di Atene* (*Timon of Athens*, ca. 1604, una tragedia di William Shakespeare), in cui sono sottolineati in rosso due brani: «Giallo, luccicante prezioso oro? [...] Questo schiavo giallo cucirà e romperà ogni fede, benedirà il maledetto e farà adorare la livida lebbra, collocherà in alto il ladro e gli dirà titoli, genuflessioni ed encomio sul banco dei senatori; è lui che decide l'esausta vedova a sposarsi ancora». Quella offerta da Timone nel suo monologo è un'immagine terribile dell'oro: secondo te cosa dà allo 'schiavo giallo' tutto questo potere? Siamo sicuri che il vero schiavo sia l'oro? Perché Massimo ha sottolineato questa pagina? Conosci qualche esempio della storia contemporanea in cui la brama di ricchezza ha condotto ad azioni sciagurate?

QUATTRO CHIACCHIERE CON...

La vita di Massimo è stata densa di avvenimenti, gioie, dolori e misteri. Immagina di fare una chiacchierata con lui davanti a un bel piatto di funghi alla griglia...

Trascrivi le domande che vorresti porre e le risposte che ti aspetteresti di ricevere, e poi discutine con i tuoi compagni.

NON VORRESTI SAPERNE DI PIÙ?

1. In questo film abbiamo visto due casi di condanne a morte e di esecuzioni che si svolgono in Toscana, ma proprio la Toscana ha un primato al riguardo: quale? Fai una breve ricerca sulla pena capitale, in Italia e nel tuo paese.

2. Il libro *Lettere di condannati a morte della Resistenza italiana: 8 settembre 1943 – 25 aprile 1945*[5] è una testimonianza del sacrificio di molti giovani per la liberazione dell'Italia, e anche l'espressione dei loro sentimenti alla vigilia delle esecuzioni. Dal volume scegli 5 lettere che ti colpiscono particolarmente, presentale ai tuoi compagni e commentale insieme a loro.

3. L'arrivo di Jean e dei francesi in Toscana fa parte della campagna napoleonica in Italia. Qual era la situazione politica in Italia in quegli anni? Che effetti hanno avuto la rivoluzione francese e la creazione dell'Impero Napoleonico sulla penisola?

4. Alessandro si candida alle elezioni nel primo Novecento. Descrivi le condizioni politiche ed economiche dell'Italia durante l'età giolittiana. Chi sono i personaggi storici che dominano questo periodo?

---

5 A cura di Piero Malvezzi e Giovanni Pirelli, Einaudi, Torino 2002.

5. Massimo e Chiara partecipano alla Resistenza. Come si svolse la liberazione della Toscana dalle forze nazifasciste? Tracciane la cronologia indicando gli episodi più significativi.

6. Leggi la novella di Lisabetta da Messina nel *Decamerone* di Giovanni Boccaccio e confrontala con la storia di Elisa ed Elio. Raccontala ai tuoi compagni sottolineando le similarità e le differenze con l'episodio di *Fiorile*.

7. Leggi la poesia riportata sotto di Lorenzo de' Medici e fai una breve ricerca sulla vita di questo personaggio affascinante. Scegli un'altra sua poesia che trovi interessante e commentala.

8. Negli ultimi cinquant'anni i fratelli Taviani hanno realizzato una ventina di film. Guarda un'altra delle loro opere cinematografiche e presentala a lezione mostrandone alcune scene chiave.

VI PRESENTO *FIORILE*

Scrivi una composizione, di almeno 5000 caratteri (spazi esclusi), in cui presenti *Fiorile*: la trama, i personaggi, le tematiche affrontate, le soluzioni di regia e quant'altro ti sembra importante. Aggiungi anche una tua valutazione critica ed un commento personale.

L'ANGOLO DELLA POESIA

Nell'episodio centrale di *Fiorile*, Elio, figlio di contadini, ed Elisa Benedetti, appartenente all'alta borghesia, sono innamorati. Elio recita per l'amata un componimento che ricalca stile e forma dei 'canti carnascialeschi' di Lorenzo de' Medici, detto per antonomasia il Magnifico. Queste 'frottole' venivano cantate da comitive mascherate a Firenze durante il carnevale e il Calendimaggio, che andava dal 1° maggio al 24 giugno, cioè il giorno di San Giovanni Battista (il santo patrono della città). Lorenzo de' Medici (Firenze, 1449-1492), abile politico e mediatore, governò Firenze dal 1469 sino alla sua morte. Fu membro dell'Accademia Platonica e un fine letterato. La "Canzone di Bacco", chiamata anche "Trionfo di Bacco e Arianna", riflette il clima culturale del tardo Quattrocento fiorentino: l'aspirazione ai beni terreni, l'ideale della bellezza e della giovinezza ma anche il motivo del *carpe diem*, la coscienza che il tempo trascorre in modo inesorabile e che la felicità è fuggevole. Leggiamo la poesia insieme.

Canzone di Bacco

Quant'è bella giovinezza,
che si fugge tuttavia!
Chi vuol esser lieto, sia:
di doman non c'è certezza.

Quest'è Bacco ed Arianna,
belli, e l'un de l'altro ardenti:
perché 'l tempo fugge e inganna,
sempre insieme stan contenti.

5

Queste ninfe ed altre genti
sono allegre tuttavia.   10
Chi vuol esser lieto, sia:
di doman non c'è certezza.

  Questi lieti satiretti,
delle ninfe innamorati,
per caverne e per boschetti   15
han lor posto cento agguati;
or da Bacco riscaldati,
ballon, salton tuttavia.
Chi vuol esser lieto, sia:
di doman non c'è certezza.   20

  Queste ninfe anche hanno caro
da lor essere ingannate:
non può fare a Amor riparo,
se non gente rozze e ingrate:
ora insieme mescolate   25
suonon, canton tuttavia.
Chi vuol esser lieto, sia:
di doman non c'è certezza.

  Questa soma, che vien drieto
sopra l'asino, è Sileno: 30
così vecchio è ebbro e lieto,
già di carne e d'anni pieno;
se non può star ritto, almeno
ride e gode tuttavia.
Chi vuol esser lieto, sia: 35
di doman non c'è certezza.

  Mida vien drieto a costoro:
ciò che tocca, oro diventa.
E che giova aver tesoro,
s'altro poi non si contenta?   40
Che dolcezza vuoi che senta
chi ha sete tuttavia?
Chi vuol esser lieto, sia:
di doman non c'è certezza.

  Ciascun apra ben gli orecchi,   45
di doman nessun si paschi;
oggi siàn, giovani e vecchi,
lieti ognun, femmine e maschi;
ogni tristo pensier caschi:
facciam festa tuttavia.   50
Chi vuol esser lieto, sia:
di doman non c'è certezza.

  Donne e giovinetti amanti,

viva Bacco e viva Amore!

Ciascun suoni, balli e canti!   55

Arda di dolcezza il core!

Non fatica, non dolore!

Ciò c'ha a esser, convien sia.

Chi vuol esser lieto, sia:

di doman non c'è certezza.   60

Come descriveresti il tono della ballata? Scrivi una parafrasi della canzone. Ci sono riferimenti a vari personaggi della mitologia, sai identificarli? Che cosa viene esortato a fare il pubblico nel brindisi finale della canzone (vv. 53-60)? Condividi l'atteggiamento della poesia? Perché? Che tipo di morale e visione della vita esprime?

CAPITOLO 7

IL POSTINO

IL POSTINO, Italia/Belgio/Francia, 1994		
Regia	Michael Radford in collaborazione con Massimo Troisi	
Sceneggiatura	Anna Pavignano, Michael Radford, Furio Scarpelli, Giacomo Scarpelli, Massimo Troisi. Liberamente tratto dal romanzo *Ardiente paciencia* di Antonio Skármeta.	
Interpreti	Massimo Troisi	*Mario Ruoppolo*
	Philippe Noiret	*Pablo Neruda*
	Maria Grazia Cucinotta	*Beatrice Russo*
	Renato Scarpa	*Giorgio*
	Linda Moretti	*Donna Rosa*
	Mariano Rigillo	*Di Cosimo*
	Anna Bonaiuto	*Matilde Urrutia*
Durata	116'	

IL REGISTA: MICHAEL RADFORD

Di origini scozzesi e austriache, Michael Radford nasce a Nuova Delhi, India, nel 1946. Frequenta la Oxford University e quindi la National Film School per poi lavorare per la BBC con documentari e inchieste in vari paesi, fra i quali anche l'Italia. Nel 1983 realizza il suo primo lungometraggio, *Another Time, Another Place* che racconta l'amara storia di alcuni prigionieri italiani obbligati a lavorare in Scozia nel 1944. L'anno successivo firma *1984*, tratto dall'omonimo romanzo di George Orwell. Con *White Mischief* (1987), Radford rivisita il periodo bellico, ma ambienta la storia a Nairobi fra i coloni inglesi, ricchi e corrotti. Dopo il successo internazionale de *Il postino*, candidato per cinque Oscar nel 1995, il regista gira *B. Monkey* (1998) che ha come protagonista una rapinatrice italiana di gioiellerie nella Londra odierna. Nel 2000, con *Dancing at the Blue Iguana*, sposta la sua attenzione sugli strip club della periferia di Los Angeles.

FRA I SUOI FILM PIÙ IMPORTANTI:

The Merchant of Venice (2004)	*Il postino* (1994)
The Letters (2002)	*White Mischief* (1987)
Dancing at the Blue Iguana (2000)	*1984* (1984)
B. Monkey (1998)	*Another Time, Another Place* (1983)

IL REGISTA: MASSIMO TROISI

Massimo Troisi (San Giorgio a Cremano, Napoli 1953 – Ostia, Roma 1994), fin da studente si interessa al teatro e nel 1972 fonda con alcuni amici il Centro Teatro Spazio, dedicato alla tradizione teatrale napoletana. Nel 1976 fonda con Lello Arena e Enzo De Caro il fortunato gruppo La Smorfia. Il successo arriva prima alla radio e quindi in televisione. Nel 1981 esordisce dietro e davanti alla macchina da presa con *Ricomincio da tre*, che incontra il favore sia della critica che del pubblico. Scritto, diretto e interpretato con Roberto Benigni, *Non ci resta che piangere* racconta di due amici che si ritrovano nel 1492 dopo un violento acquazzone e cercano invano di sfruttare l'occasione per impedire a Cristoforo Colombo di scoprire l'America. Come attore lavora in tre film di Ettore Scola: *Splendor* (1989), *Che ora è* (1989) e *Il viaggio del Capitan Fracassa* (1990). Torna alla regia con *Pensavo che fosse amore invece era un calesse* (di cui è anche protagonista), una storia romantica tra il padrone di un ristorante e una bella libraia. Nel 1993 contatta Michael Radford per girare un film tratto dal romanzo dello scrittore cileno Antonio Skármeta, *Il postino di Neruda*. Muore nel sonno a causa di una cardiopatia 24 ore dopo aver terminato le riprese de *Il postino*.

FRA I SUOI FILM PIÙ IMPORTANTI:

Il postino (1994)	*Non ci resta che piangere* (1985)
Pensavo che fosse amore invece era un calesse (1992)	*Scusate il ritardo* (1982)
Le vie del Signore sono infinite (1987)	*Ricomincio da tre* (1981)

TRAMA DEL FILM

Mario Ruoppolo vive in una piccola isola di pescatori in cui nel 1952 arriva il poeta cileno Pablo Neruda. Mario viene assunto come postino ausiliario per recapitare la posta al famoso poeta e tra i due nasce un rapporto di amicizia e di confidenza che muterà profondamente l'esistenza del giovane. Mario rimane affascinato dalla poesia ed è proprio grazie alla scoperta del potere delle parole che acquisisce la capacità di esprimere i suoi sentimenti e pensieri. Cerca subito di utilizzare le sue intuizioni per conquistare il cuore della bella Beatrice di cui si è innamorato perdutamente. Scopre però che la poesia non è solo espressione di passione sentimentale ma anche di un messaggio politico che può svegliare la coscienza del popolo per combattere contro le ingiustizie del mondo. Quando Neruda torna in patria, il postino conserverà in sé l'eredità spirituale e l'insegnamento del poeta che sapeva farsi amare sia dalle donne che dal popolo.

Il postino fu candidato per miglior film, miglior regia, miglior attore, miglior sceneggiatura non originale e vinse l'Oscar per la migliore colonna sonora agli Academy awards del 1995.

PRIMA DI VEDERE IL FILM...

PREPARIAMOCI ALLA PROIEZIONE...

- **Pablo Neruda**: poeta cileno (Parral 1904 – Santiago 1973), premio Nobel per la letteratura nel 1971 e premio Lenin per la pace nel 1971. Il nome Pablo Neruda è lo pseudonimo di Ricardo Neftalí Reyes Basoalto. La sua produzione poetica toccò decadentismo, espressionismo e surrealismo per arrivare ad uno stile più essenziale e realista. Figlio di un ferroviere, prestò servizio diplomatico in Estremo Oriente e poi fu in Spagna durante la Guerra Civile; al suo ritorno in Cile si iscrisse al Partito Comunista e fu eletto senatore, ma nel 1948 dovette andare in esilio a causa del processo politico intentatogli dal presidente del consiglio Gabriel Gonzalez Videla. Tornato in Cile, sostenne Salvador Allende e con il governo socialista visse per lungo tempo in Francia come ambasciatore del Cile. Tornato di nuovo in patria nel 1972, morì pochi giorni dopo il colpo di stato di Pinochet che instaurò la dittatura militare. Della sua produzione letteraria ricordiamo: *Crepuscolario* (1923), *Venti poesie d'amore e una canzone disperata* (1924), *Residenza sulla terra* (1933), *Canto generale* (1950), *I versi del capitano* (1952), *Le uve e il vento* (1954), *Odi elementari* (1954).

- **Problema dell'acqua**: il problema dell'acqua di cui si parla nel film affligge molte delle isole italiane più piccole. Spesso esse non hanno riserve idriche di alcun tipo nel sottosuolo, per cui l'approvvigionamento d'acqua è affidato soprattutto alla pioggia che però, soprattutto al sud e particolarmente d'estate, è molto scarsa se non assente del tutto. Si provvede quindi 'dal continente', inviando le bettoline, cioè delle grosse chiatte cariche d'acqua. Inutile dire che i disagi sopportati dalla popolazione sono notevoli, visto che spesso i paesi rimangono comunque senz'acqua anche per molte ore, e che in caso di maltempo le bettoline non possono raggiungere le isole.

...E AL LINGUAGGIO DEL FILM

➢ **L'accento di Giorgio, il telegrafista**: Giorgio ha un accento milanese, che segnala anche linguisticamente una certa differenza fra lui e il resto della popolazione dell'isola, che ha una parlata spiccatamente meridionale e influenze dialettali ben più forti, oltre ad essere spesso analfabeta. L'uomo ha un incarico 'ufficiale', ha una certa cultura (conosce Neruda, le sue poesie, le sue vicissitudini) ed ha anche convinzioni politiche ben definite. In questo caso lo si può considerare come un emblema dell'uomo di città (e Milano è fra le più grandi d'Italia) in contrapposizione con la gente dei piccoli abitati isolati, dove poco arrivava dei fermenti culturali e politici del periodo. La diffusione della televisione sopperirà moltissimo all'isolamento di alcune comunità, portando la politica, la cultura, l'attualità, l'italiano standard e anche l'alfabetizzazione nelle case degli italiani.

➢ L'accento prevalente dei dialoghi del film è quello napoletano; puoi trovare indicazioni su questo dialetto a *...e al linguaggio del film* nel capitolo 5 dedicato a *Io speriamo che me la cavo*.

DOPO AVER VISTO IL FILM...

I PERSONAGGI

Scegli per ogni affermazione riguardante i personaggi del film il finale appropriato.

1. Il padre di Mario...

    a. fa il pescatore.
    b. fa il marinaio.
    c. è disoccupato.

2. Pablo Neruda...

    a. è in esilio.
    b. è scappato dal Cile.
    c. è in vacanza.

3. Il dottor Di Cosimo...

    a. è un medico.
    b. è un ingegnere idraulico.
    c. è un politico.

4. Donna Rosa...

    a. è la zia di Beatrice.
    b. è la madre di Beatrice.
    c. è la tutrice di Beatrice.

5. Giorgio ha molta simpatia per Pablo Neruda perché...

    a. è un buon cliente per l'ufficio postale.

    b. è comunista.

    c. è un poeta come lui.

I PERSONAGGI: DESCRIVILI TU

1. Fai una descrizione dettagliata di Beatrice e del suo modo di vestire.

2. Descrivi la personalità di Mario, specificando quali episodi mettono in rilievo i diversi tratti del suo carattere.

3. Analizza il personaggio di Neruda: che ruolo ha nella storia?

LESSICO: I SINONIMI

Abbina ogni parola della colonna sinistra con il suo sinonimo della colonna destra.

1.	facinoroso	a.	fucilata
2.	schiamazzo	b.	disturbare
3.	soggezione	c.	inusuale
4.	infastidire	d.	eccelso
5.	atipico	e.	strepito
6.	schioppettata	f.	preparato
7.	furore	g.	rivelare
8.	sublime	h.	rivoltoso
9.	svelare	i.	timoroso rispetto
10.	predisposto	j.	ira

LA STORIA

1. Cosa fa il dottor Di Cosimo riguardo al problema dell'acqua?

2. Come viene accolto Pablo Neruda in Italia e sull'isola? Perché gli viene riservata una tale accoglienza?

3. Come mai con l'arrivo di Neruda anche Mario riesce a trovare un impiego? E in cosa consiste esattamente il suo lavoro?

4. Perché Mario è deluso dalla dedica che Pablo Neruda gli scrive sul libro?

5. Perché Mario vorrebbe diventare poeta?

6. Come funziona l'approvvigionamento d'acqua sull'isola?

7. Perché donna Rosa sottopone Beatrice ad un interrogatorio sui suoi rapporti con Mario? Cosa teme?

8. Come mai Pablo e Matilde riescono alla fine a tornare in Cile? Cosa è cambiato?

9. Come mai i rapporti fra Mario e il dottor Di Cosimo non sono buoni? Verso la fine del film, cosa rimprovera Mario al dottor Di Cosimo?

10. Perché Pablo Neruda e Mario non si rivedono quando Neruda torna all'isola?

DIAMO UN'OCCHIATA AL FILM

1. Che cosa sta succedendo in questa scena? Quando e dove si svolge? Che importanza ha, nella trama del film, l'avvenimento che essa rappresenta?

2. Quella che vedi all'inizio del capitolo è la locandina con cui *Il postino* fu pubblicizzato in Italia al momento della sua uscita nelle sale cinematografiche. Secondo te perché fu usata proprio questa immagine per promuovere il film? Tu avresti fatto una scelta diversa? Perché?

MODI DI DIRE

Scegli dalle liste che seguono ogni citazione del film l'espressione che secondo te ha un significato simile. Aiutati anche con la frase fornita ad esempio.

1. Mamma a bambino: «Ha ricominciato a fare il diavolo a quattro!».

   «Quando gli ho detto che non intendevo accontentarlo ha fatto il diavolo a quattro, e alla fine ho dovuto cedere perché non riuscivo a farlo calmare».

   "Fare il diavolo a quattro"

   a. Comportarsi in modo particolarmente crudele.
   b. Giocare a nascondino.
   c. Comportarsi in modo molto indisciplinato.

2. Cinegiornale: «Non sono né ubriaconi in vena di schiamazzi...».

   «Oggi mi sentivo in vena di ridere e ho fatto uno scherzo divertentissimo a Giovanna».

   "Essere in vena di..."

       a. Avere voglia di (fare) qualcosa.
       b. Non voler (fare) qualcosa.
       c. Apprezzare particolarmente qualcosa.

3. Cinegiornale (segue): «... né le solite teste calde che oggigiorno protestano ormai per sport».

   «L'università è una cosa seria: se la devi fare così per sport, allora tanto vale che tu smetta e ti dedichi a qualcos'altro!».

   "Fare qualcosa per sport"

       a. Dedicarsi ad uno sport.
       b. Fare qualcosa con poca voglia.
       c. Fare qualcosa senza una reale motivazione.

4. Cinegiornale: «Con l'arrivo del treno è svelato l'arcano».

   «Ora ti svelerò l'arcano: per dare questo sapore speciale al sugo devi aggiungere anche un po' di scalogno».

   "Svelare l'arcano"

       a. Scoprire la carta.
       b. Rivelare un mistero, un segreto.
       c. Smascherare una bugia.

5. Cinegiornale: «Le donne vanno pazze per le sue poesie».

   «Vado matto per il tiramisù, potrei mangiarne a quintali!».

   "Andare matto/pazzo per..."

       a. Provare una forte avversione per qualcosa.
       b. Avere una forte passione per qualcosa.
       c. Soffrire di una malattia mentale.

6. Neruda: «Sono riusciti a pubblicarlo clandestinamente in Cile e [...] sta andando a ruba».

   «L'ultimo CD di Zucchero sta andando a ruba: in due settimane ho venduto tutte le scorte che avevo in magazzino!».

   "Andare a ruba"

       a. Avere molto successo di vendite.
       b. Essere soggetto a continui furti.
       c. Rubare.

7. Di Cosimo: «Ho sentito che ti è venuto il pallino della poesia».

«Da quando ha il pallino per i motori non parla d'altro, si è abbonato alla stampa specializzata e va ad assistere a tutti i rally e alle corse di Formula 1».

"Avere il pallino per..."

    a. Avere un interesse quasi eccessivo per qualcosa.
    b. Dedicare tutta la propria vita a qualcosa.
    c. Coltivare un hobby.

DARE DEL TU, DEL LEI, DEL VOI

Di solito in italiano ci si dà del tu quando si è in confidenza con qualcuno, e ci si dà del lei quando i rapporti sono più formali. Come avrai notato, nel film spesso si danno del voi, che era molto comune in passato ed è ancora molto usato al sud e talvolta in campagna. Ricomponi le frasi sottostanti: se sono scritte col tu, riscrivile con il lei e il voi; se sono formulate con il voi, cambiale in lei e tu, e così via.

Esempio: «Mi scusi, sa dirmi dov'è la stazione?» *con il tu diventa:*
                «Scusa, sai dirmi dov'è la stazione?» *e poi, dando del voi:*
                «Scusate, sapete dirmi dov'è la stazione?».

1. Non sapevo che tua madre lavorasse nel vostro negozio insieme ai tuoi zii.

2. Non dirmi altro, ho già capito: siete stati fermati dalla polizia e tu non avevi la patente!

3. Se siete interessata all'archeologia quando verrete in Sicilia vorrete sicuramente visitare la Valle dei Templi.

4. Venga pure all'ora che le è più comoda, io sono libero tutto il pomeriggio e potremo discutere con calma la questione.

5. Le signore si accomodino pure al palco loro riservato; lei, giovanotto, ha una poltrona di platea e deve andare al corridoio centrale.

6. Credimi, se avessi saputo che era tuo fratello non gli avrei chiesto la carta d'identità.

7. Se foste venuta prima avreste incontrato anche i vostri colleghi che erano venuti a riferire le vostre stesse preoccupazioni.

8. Mi dispiace doverle far notare che ha riposto il volume nello scaffale sbagliato.

9. Se vuoi possiamo fare un po' di strada insieme, e quando arriviamo al prossimo bivio ti spiego da che parte devi andare per arrivare al tuo albergo.

10. Tu e tuo marito avreste potuto alloggiare nella stanza per gli ospiti, avresti anche avuto a disposizione la scrivania per il tuo computer.

FUORI DALL'INQUADRATURA

➢ Massimo Troisi già soffriva durante le riprese del film a causa del suo cuore malato, e in molte delle scene in cui il volto dell'attore non è ben visibile in realtà di tratta della sua controfigura. La necessità di risparmiare a Troisi fatiche eccessive spiega l'alta frequenza di riprese da dietro o da lontano, in cui l'attore è sostituito da una controfigura, soprattutto quando il postino percorre l'isola in bicicletta. In particolare, sono memorabili le sequenze in cui Mario registra i suoni dell'isola per l'uso metonimico della mano dell'attore.

➢ Massimo Troisi lesse *Il postino di Neruda* nel 1992 e si entusiasmò per i personaggi. Non se la sentì di affrontare un nuovo progetto da solo e vi coinvolse Michael Radford che aveva conosciuto nel 1983, quando Radford gli aveva proposto il film *Another Time, Another Place* ma Troisi aveva declinato l'invito. Pentitosi della decisione, Troisi si scusò con Radford e i due diventarono amici. Quando Troisi gli propose *Il postino* fu Radford a tentennare, ma Troisi lo convinse dicendogli, mentendo, che aveva proposto la regia anche a Giuseppe Tornatore. Il regista avrebbe scoperto l'inganno solo più tardi. In realtà Antonio Skármeta aveva già, nel 1983, tratto un film dal suo romanzo (*Ardiente paciencia*), ma Troisi non era a conoscenza della cosa.

➢ Nonostante il suo precario stato di salute, durante le riprese Troisi improvvisò e inventò. In una celebre sequenza, quando Neruda dice che non può scrivere una poesia per Beatrice senza averla vista, Mario tira fuori di tasca la pallina del calcetto balilla che Beatrice si è messa in bocca, chiedendogli se può servirgli, giacché è stata a contatto diretto con lei. Il gesto non era in realtà previsto dal copione, Noiret venne preso alla sprovvista ed ebbe una reazione del tutto spontanea.

➢ Le riprese, fatte a Procida e Salina, iniziarono il 14 marzo 1994, durarono undici settimane, con una sola interruzione a Pasqua, e si conclusero il 3 giugno 1994.

➢ Michael Radford era contrario alla scelta di Maria Grazia Cucinotta (è il suo esordio cinematografico) per il ruolo di Beatrice perché non aveva esperienza cinematografica, ma Troisi sosteneva che non fosse importante perché serviva una donna che incarnasse una presenza fortemente femminile. L'attrice stessa racconta: «[Una volta] ho dovuto fare cinquanta ciak per salire una scala perché a Michael Radford non piaceva mai come lo facevo»[1].

➢ La differenza più significativa tra il libro di Skármeta e il film, a parte l'ambientazione, è la conclusione. Nel racconto scritto è Neruda che muore a Santiago nel 1973, subito dopo il golpe che porta all'assassinio di Allende e alla dittatura fascista in Cile. Nel film è il postino a morire. La conclusione diametralmente opposta al testo letterario di Skármeta e la cospicua presenza della controfigura (anche in situazioni che non richiedevano sforzi fisici da parte di Troisi come nelle riprese delle mani, e non della persona, nella registrazione delle voci dell'isola) suscitarono qualche perplessità dando voce all'ipotesi che Troisi fosse morto prima di aver finito le riprese. Queste insinuazioni sulle incongruenze possono essere interessanti, ma in fin dei conti ogni film è fatto da una serie di scelte di montaggio e gli spettatori possono solo valutare il prodotto che esce in sala. La regia "in collaborazione con

---

1 "Intervista a Maria Grazia Cuccinotta", www.mollica.rai.it/celluloide/mariti/cucinotta_mariti2.htm.

Massimo Troisi" che si legge nei titoli di testa sembrerebbe un omaggio postumo, dato che non appare nelle edizioni straniere del film.

➤   Il disco che Neruda e la moglie ascoltano nel film è *Madre selva* dell'argentino Carlos Gardel, ed è la musica che ispirò tutta la colonna sonora del film.

TROVIAMO LE METAFORE...

La metafora è una figura retorica, cioè una forma particolarmente espressiva del discorso, molto comune. A tutti noi, come a Mario, capita di 'parlare per metafore' anche nel quotidiano, senza rendercene conto, e questo accade quando sostituiamo una parola con l'altra grazie ad una similitudine che però non viene espressa.

Ad esempio: "Questo libro è un mattone" significa "Questo libro è pesante come un mattone", cioè è molto noioso. Ad un certo punto della lettura, potremmo anche arrivare a dire: "Non ne posso più di questo mattone!".

Qui di seguito sono elencate alcune espressioni molto comuni in italiano che contengono delle metafore: cerca di capire quale similitudine possa essere alla loro origine.

1. Quella donna è una vipera, dalla sua bocca escono solo malignità.
2. Mio figlio è una peste, non fa altro che combinare marachelle!
3. Questo ufficio è un porto di mare, c'è un continuo via vai di gente e non si riesce più a lavorare.
4. Quella bicicletta è un gioiello, ha una linea bellissima e una meccanica perfetta.
5. Il tuo aiuto è proprio una manna per me in questo momento, c'è così tanto da fare che temevo di non farcela.
6. Questo risotto è colla, sei sicuro di aver rispettato i tempi di cottura consigliati?
7. Sarò una tomba, ti assicuro che non dirò niente a nessuno.
8. Sono uno straccio, da due settimane non riesco a dormire e mi sta anche venendo l'influenza!
9. Questa sciarpa è un pugno in un occhio, l'arancione è troppo sgargiante per abbinarsi all'azzurro pallido del vestito!
10. La torta era buonissima ma era un mattone, non credo che riuscirò mai a digerirla!

...E PARLIAMO PER METAFORE

Ora inventa tu stesso delle metafore per descrivere una tua amica, un tuo amico, un oggetto che ami, un paesaggio, un'automobile e un dipinto. Per ogni descrizione devi usare almeno tre metafore.

Ad esempio, parliamo del mare:

«Il mare calmo al mattino è una distesa d'olio che si estende a perdita d'occhio. Quando è in tempesta, montagne d'acqua si abbattono sugli scogli con un fragore assordante. Ma io lo preferisco quando è solo leggermente mosso, e io posso <u>cavalcare</u> con la mia barca le sue <u>dune</u> che si formano e si dissolvono incessantemente».

SPIEGA CON PAROLE TUE!

Spiega con parole tue e commenta le seguenti citazioni in relazione al personaggio che le pronuncia e alle vicende narrate nel film.

1. Neruda: «Molto meglio dire male qualcosa di cui si è convinti che essere poeta e dire bene quello che vogliono farci dire gli altri».
2. Neruda: «Anche l'idea più sublime se la senti troppe volte diventa una stupidaggine».
3. Donna Rosa: «Uccello che ha mangiato vola via».

PICCOLE NOTE CULTURALI ED ALTRE CURIOSITÀ

➤ **Cinegiornale (La Settimana Incom)**: prima che la televisione arrivasse in tutte le case, gli italiani si tenevano informati leggendo i giornali o ascoltando la radio. Non avevano quindi la possibilità di vedere scene in movimento relative alle notizie, e a questo provvedeva il cinegiornale, un breve inserto informativo che veniva proiettato nei cinema prima dell'inizio di un film.

➤ **Dante e Beatrice**: Dante Alighieri (Firenze 1265 – Ravenna 1321), poeta, prosatore, teorico letterario e pensatore politico, fine erudito, uno dei padri della lingua italiana e della sua letteratura. Fra le sue opere maggiori si ricordano: la *Vita nova* (1292-93), il *De vulgari eloquentia* (in latino, 1303-1305, incompiuto), il *Convivio* (1304-1307 ca., incompiuto), la *Monarchia* (in latino, 1310-1313). Il suo capolavoro è la *Divina Commedia*, ampio poema allegorico iniziato intorno al 1307 e terminato poco prima della morte. La sua attività politica lo portò a ricoprire cariche importanti per la città di Firenze, ma anche ad una condanna a morte e confisca dei beni quando andò al potere la fazione opposta alla sua. Dante, che al momento del processo non si trovava in città, non vi fece mai più ritorno. Beatrice, identificata dagli storici in Beatrice o Bice Portinari, era una nobildonna fiorentina che morì appena ventenne. Il poeta la vide tre sole volte e mai ebbe occasione di parlarle. Ciononostante cantò il suo amore per lei, e la presentò nelle sue opere come simbolo di grazia divina, sia nella *Vita nova* che nella *Divina Commedia*.

➤ **François Villon**: poeta francese (1431 – dopo il 1463) che visse una vita da vagabondo e ladro. I suoi versi sulla morte e la povertà rappresentano una tappa fondamentale nello sviluppo della lirica moderna francese. Delle sue opere ricordiamo *Il testamento* (1462) e le splendide ballate "Ballata degli impiccati" e "Ballata delle dame del tempo che fu".

➤ **Gabriele D'Annunzio**: giornalista, poeta, romanziere (Pescara 1863 – Gardone Riviera 1938) molto attivo anche politicamente a sostegno di una linea ultranazionalista della politica italiana. Dopo la prima guerra mondiale, nel settembre 1919, guidò una spedizione a Fiume occupando la città e dichiarandola una repubblica indipendente. L'occupazione durò fino al gennaio del 1921. Considerate le sue inclinazioni politiche, non sorprende che sia il poeta preferito di Di Cosimo e che Neruda non lo citi. D'Annunzio è considerato uno dei massimi esponenti del decadentismo italiano. Il suo romanzo più conosciuto è *Il piacere*, che, come le sue poesie, mostra facilità di linguaggio e predilezione per le immagini sensuali.

LEGGIAMO IL COPIONE

Leggiamo insieme questo breve estratto di un dialogo fra Giorgio e Mario.

Giorgio:	-Sei analfabeta?
Mario:	-No, so leggere e scrivere. Senza correre, però...
Giorgio:	-Siediti, dai... Allora, si tratta di portare lettere e telegrammi giù a Cala di Sotto.
Mario:	-Ah, benissimo, io abito proprio là.
Giorgio:	-Il destinatario è uno solo.
Mario:	-Una sola persona?
Giorgio:	-Be', a Cala di Sotto sono tutti analfabeti, lo sai benissimo, no?
Mario:	-Io non sono analfabeta, ma comunque, va be'...
Giorgio:	-Va bene. Allora, è tutta posta per il signor Pablo Neruda.
Mario:	-Pablo Ne... Pablo Neruda, il poeta amato dalle donne?
Giorgio:	-Pablo Neruda, il poeta amato dal popolo!
Mario:	-Dal popolo... ma anche dalle donne... l'ho sentito alla Settimana Incom.
Giorgio:	-Sì, va bene, ma soprattutto dal popolo. Lui è un comunista, va bene?

Qual è il livello di alfabetizzazione di Mario? Perché Mario parla di Neruda come del 'poeta amato dalle donne' mentre Giorgio lo definisce 'il poeta amato dal popolo'? Da cosa deriva questa differenza di considerazione?

Mario racconta a Neruda del suo incontro con Beatrice.

Mario:	-Don Pablo, mi sono innamorato.
Neruda:	-*Bueno*, non è molto grave, c'è rimedio.
Mario:	-No! No, che rimedio, don Pablo, ma... non voglio rimedio, io voglio stare ammalato. Mi sono innamorato, innamorato proprio, innamorato.
Neruda:	-Sì, ma di chi ti sei innamorato?
Mario:	-Si chiama Beatrice.
[...]	
Mario:	-Sono proprio innamorato.
Neruda:	-Questo me l'hai già detto, però... Però io che cosa ci posso fare?
Mario:	-Non so don Pablo. Se... se... se mi può aiutare.
Neruda:	-Ma io sono vecchio.
Mario:	-Non lo so perché... perché io me la son vista lì davanti così, no? A guardare non mi usciva neanche una parola.
Neruda:	-Ma come, non le hai parlato?
Mario:	-Come quasi niente. Cioè... la guardavo e m'innamoravo.

Neruda:	-Così, tutto d'un colpo?
Mario:	-No, cioè, no, l'ho guardata prima... dieci minuti.
[...]	
Neruda:	-Non le hai detto una parola?
Mario:	-Niente di niente no. Ho detto cinque parole.
Neruda:	-E quali?
Mario:	-Ho detto «Come ti chiami».
Neruda:	-E lei?
Mario:	-E lei: «Beatrice Russo».
Neruda:	-Be', «come ti chiami» fanno tre parole. E le altre due?
Mario:	-«Beatrice Russo» ho ripetuto io. Don Pablo, se... Cioè, io non voglio disturbarla, lo so, ma me la può scrivere una poesia per Beatrice?

Come ti sembra il racconto di Mario? Su cosa si basa il suo innamoramento? Ti sembra il racconto di un uomo che abbia esperienza di queste cose? Perché Mario non vuole rimedio e vuole 'stare ammalato'? Perché chiede una poesia a Neruda?

Leggiamo ora la reazione di donna Rosa alle attenzioni di cui è oggetto la nipote in questo dialogo con Beatrice

Donna Rosa:	-Figlia mia, basta! Quando un uomo comincia a toccarti con le parole, arriva lontano con le mani!
Beatrice:	-Non c'è niente di male nelle parole.
Donna Rosa:	-Le parole sono la peggior cosa che possa esistere! Preferisco mille volte che un ubriacone al bar ti tocca il culo con le mani anziché che ti dicono che «il tuo sorriso vola come una farfalla»!
Beatrice:	-Si «espande» come una farfalla!
Donna Rosa:	-Eh, vola, si espande, è la stessa. Ma ti sei vista così come ti vedo io? Basterebbe sfiorarti con un'unghia per farti cadere!
Beatrice:	-Ti sbagli, lui è una persona seria.
Donna Rosa:	-Quando si tratta di andare a letto, non c'è differenza fra un poeta, un prete, o addirittura un comunista!

Di cosa si preoccupa donna Rosa? Qual è la differenza fra come lei vede la nipote e come la vedono gli altri? Qual è il pericolo insito nelle parole? Perché Beatrice non capisce? Dalle parole di donna Rosa emerge un certo tipo di mentalità e di moralità, in cui anche Beatrice dovrebbe essere cresciuta: perché allora lei e Beatrice non sono d'accordo? Cosa intende dire donna Rosa con «Quando un uomo comincia a toccarti con le parole, arriva lontano con le mani!»?

Il sacerdote che deve celebrare il matrimonio di Mario e Beatrice esprime forti riserve sulla scelta di Neruda come testimone dello sposo.

| Prete: | -Ragazzi, trovate una brava persona che non è comunista. Se Neruda non crede in Dio, perché Dio dovrebbe credere in Neruda? Che testimonianza sarebbe? |
| Mario: | -Dio non ha mai detto che un comunista non può essere testimone... Allora... allora io non mi sposo. |

Beatrice:	-Tu ti sposi più per avere Neruda come testimone che me come moglie.
Mario:	-O Signore, ma amore mio... è che Neruda è cattolico... è cattolico, lo so io.
Prete:	-In Russia i comunisti si mangiano i bambini. Come fa a essere cattolico?
Beatrice:	-A me don Pablo non sembra il tipo.
Prete:	-Intanto Neruda ha una bella moglie, una certa età e non ha figli. Come ve lo spiegate?
Mario:	-Ah, perché secondo voi, don Pablo si è mangiato i figli?
Prete:	-E chi lo sa?

Quali sono le motivazioni che il prete adduce per convincere i giovani a scegliere un altro testimone? Quali di queste sono motivazioni valide e quali invece sono dettate da pregiudizi? Le battute finali si basano su un malinteso molto divertente: il prete come se lo spiega il fatto che Neruda e Matilde non hanno figli, e qual è dunque la sua obiezione?

LA PAROLA AI REGISTI, MICHAEL RADFORD E MASSIMO TROISI

«Il punto centrale su cui si sofferma il libro [di Skármeta] è il bisogno del giovane per un'altra persona e poi la nascita del bisogno di questa persona per il giovane e tutto questo è intrecciato con la storia cilena. La cosa più bella di questo rapporto è la scoperta della poesia da parte del giovane ed è su questo che noi abbiamo basato la nostra versione [...]. E ad un certo momento abbiamo deciso di raccontare questo meccanismo, questa forte amicizia che per Neruda è un momento della sua vita mentre per l'altro è *tutta* la sua vita»[2].

1. In quali passaggi del film emergono i bisogni di cui parla Radford, quello del postino e quello di Neruda?
2. Secondo te come mai per Neruda il rapporto con Mario è solo "un momento della vita", mentre per Mario è "tutta la vita"? Cosa sta alla base di questa differenza?

«Ricordo che da piccolo mi era stato inculcato da mio padre questo rispetto dell'autorità, del potere, per cui io ero un ragazzo che aveva paura dell'elemento scolastico, ma proprio come fatto di potere; cioè a scuola c'era il maestro o l'insegnante che era più intelligente e sapeva di più di te e ti faceva le domande e tu dovevi avere la risposta pronta [...]. È sempre stato qualcosa che io ho vissuto come un qualcosa che mi ridimensionava come persona, di fronte a chi sapeva io ero meno, e quindi se non sapevi era meglio stare zitto, non esprimere le proprie idee. [... La politica] mi ha aiutato in questo senso, mi sono accorto che io potevo esprimere le mie opinioni, le mie idee, con le mie parole, o addirittura non solo scriverle ma coltivarle, analizzarle. Ho capito cioè che le mie idee anche se non avevo i termini, o i presupposti culturali di libri, etc. per esprimermi erano comunque nobili, perché erano *mie* e già per questo valeva quindi la pena di elaborarle, di esprimerle, di spiegarle anche con rabbia»[3].

---

2 "Michael Radford: Troisi, il cinema e l'Italia di oggi", *Cineforum* 337, settembre 1994, p. 47.

1. Troisi esprime qui l'idea che l'intelligenza, la cultura e la capacità di esprimere le proprie idee attribuiscano potere e autorità a chi le possiede. Riconosci anche in Mario la stessa soggezione di cui ha sofferto Troisi da ragazzo, e una simile scoperta della nobiltà delle proprie idee? Come si è articolato questo percorso per Mario?

2. Ti vengono in mente alcune scene nel film in cui Mario prende coscienza delle sue idee? Quali? E in quali occasioni Neruda lo sostiene e incoraggia in questo processo?

MA ORA IL REGISTA SEI TU... E VUOI CAMBIARE TUTTO!

La presenza e l'amicizia di Neruda aiutano Mario a scoprire la forza della poesia e l'importanza dell'impegno politico. L'incontro con il poeta cileno determina un nuovo corso nella vita del postino a partire dalla conquista amorosa della sua Beatrice e poi dalla contestazione finale contro Di Cosimo.

Ma ora il regista sei tu... e vuoi cambiare tutto!

Riscrivi la storia da quando don Pablo accompagna Mario in paese per conoscere la donna che ha messo l'amico in tanta soggezione, ma con una Beatrice Russo che ha occhi solo per «il poeta delle donne».

Se ti sembra opportuno, dopo aver raccontato questa nuova versione della vicenda cambia anche il titolo del film, e spiega i motivi della tua nuova scelta.

RIFLETTIAMO UN PO'

1. Neruda: «Quando la spieghi la poesia diventa banale. Meglio di ogni spiegazione, è l'esperienza diretta delle emozioni che può svelare la poesia a un animo predisposto a comprenderla». Secondo te Neruda ha ragione? Perché quando leggiamo una poesia le spiegazioni ci sembrano così importanti per capirla? C'è una poesia che hai letto che ti abbia trasmesso delle emozioni? Quale? Che tipo di emozioni hai provato leggendola?

2. Mario: «La poesia non è di chi la scrive, è di chi gli serve». Cosa intende dire Mario? Ti senti d'accordo con lui in questa affermazione? Quale dovrebbe essere secondo te l'uso della poesia? A chi appartiene essa dal momento in cui diventa pubblica?

3. Dichiarazione di Neruda ad un giornale: «La nostalgia è un sentimento che posso riservare solo alla mia patria». Capisci perché Neruda parli così? Ti è mai capitato di trovarti lontano dal tuo paese per lungo tempo e provare per esso una speciale nostalgia? Perché il legame che ci unisce alla nostra patria è così forte e importante da essere diverso dagli altri? Secondo te ci si può 'sentire a casa' anche altrove? A te è mai successo? Se ti venisse proposto il lavoro dei tuoi sogni ma all'estero, e questo trasferimento comportasse per te l'impossibilità di tornare al tuo paese, accetteresti? Perché?

---

3 *Massimo Troisi. Il comico dei sentimenti*, a cura di Federico Chiacchiari e Demetrio Salvi, Sorbini Editore, Roma 1991, pp. 150-151.

4. Mario domanda a Neruda: «Come si diventa poeta?» e don Pablo gli risponde di provare a «camminare lentamente lungo la riva sino alla baia guardando attorno a te». Perché Neruda dà questo consiglio a Mario? Cosa si può insegnare della poesia, e cosa non è possibile insegnare? Come risponderesti tu alla domanda di Mario?

5. Mario al dottor Di Cosimo: «I problemi dell'impresa io non li capisco, però mica sono scemo. Qua lo sapevamo tutti quanti che appena venivate eletto i lavori venivano interrotti». Il rimprovero di Mario è motivato appunto dalle promesse elettorali del dottor Di Cosimo, che sono diventate vane non appena ottenuti i voti. Che ne pensi dei politici che si comportano così? Cosa può fare il cittadino per evitare di essere ingannato, e per impedire a queste persone disoneste di approfittare delle necessità e dei problemi della comunità chiamata al voto? Ti è mai capitato di subire simili delusioni?

6. Mario registra le voci dell'isola per don Pablo: «Numero uno: onde alla Cala di Sotto. Numero due: onde grandi. Numero tre: vento della scogliera. Numero quattro: vento dei cespugli. Numero cinque: reti tristi di mio padre. Numero sei: campane dell'Addolorata, con prete. Bello però, non me n'ero mai accorto che era così bello. Numero sette: cielo stellato dell'isola. Numero otto [*registra il rumore del suo bambino nella pancia della moglie, nda*]: cuore di Pablito». Secondo te perché Mario sceglie proprio questi rumori? Cosa vuol trasmettere all'amico? Quali sono le voci che registreresti tu per un amico lontano?

QUATTRO CHIACCHIERE CON...

Dalla sua partenza dall'isola, Pablo Neruda nel film non dice più una parola. Anche quando ritorna e conosce Pablito, tace e osserva.

Immagina di poterlo intervistare: cosa vorrebbe dire all'amico scomparso? Come spiegherebbe il suo lungo silenzio nei confronti di Mario? Cosa potrebbe aver conservato in sé, dell'incontro con il postino, il poeta? Trascrivi le domande che vorresti porre e le risposte che ti aspetteresti di ricevere, e poi discutine con i tuoi compagni.

NON VORRESTI SAPERNE DI PIÙ?

1. Ne *Il postino* Pablo Neruda viene chiamato sia "il poeta amato dal popolo" che "il poeta amato dalle donne". Fai una piccola ricerca sulla vita di questa figura affascinante, scegli fra le sue opere una poesia 'per il popolo' ed una 'per le donne', cerca anche di tradurle in italiano, presentale ai tuoi compagni e parlatene insieme.

2. Scegli una poesia del tuo poeta preferito, traducila in italiano e presentala ai tuoi compagni.

3. Anche Dante Alighieri, come Pablo Neruda fu mandato in esilio per ragioni politiche. Fai una ricerca sull'impegno politico di Dante e sulle motivazioni del suo esilio.

4. La vita degli isolani, almeno come viene rappresentata nel film, sembra piuttosto dura. Quali sono le isole dell'Arcipelago Campano? Quante persone vi abitano?

Quali sono le attività economiche cui si dedicano? Vi sono delle attrazioni turistiche particolari?

5. Il padre di Mario fa il pescatore. Sul mar Mediterraneo si affacciano molti paesi europei ed africani: quali sono? Spesso in passato si sono verificati episodi anche gravi (assalti e sequestri di pescherecci, ad esempio) legati alla territorialità delle acque. Fai una piccola ricerca sulle leggi che regolano la pesca nel mar Mediterraneo e su queste vicende controverse.

6. Negli ultimi anni nel Mediterraneo sta insorgendo un problema ecologico, oltre che politico: il fatto che alcune acque non rientrino nel territorio di nessun paese fa sì che operino in questo mare anche pescherecci di paesi esterni ad esso, compromettendo così le riserve ittiche e talvolta utilizzando tecniche di pesca che danneggiano i fondali. Fai una breve ricerca su questo problema: ci sono state della proposte per risolvere la questione?

7. Guarda un altro film di Massimo Troisi. Scegli delle scene significative da mostrare a lezione e spiega la trama e le tematiche del film ai tuoi compagni.

8. Leggi la poesia riportata sotto. Approfondisci la biografia di Dante Alighieri, trova un'altra sua lirica che ti piace e commentala.

VI PRESENTO *IL POSTINO*

Scrivi una composizione, di almeno 5000 caratteri (spazi esclusi), in cui presenti *Il postino*: la trama, i personaggi, le tematiche affrontate, le soluzioni di regia e quant'altro ti sembra importante. Aggiungi anche una tua valutazione critica ed un commento personale.

L'ANGOLO DELLA POESIA

Ne *Il postino* Neruda fa presente a Mario che la donna da lui amata, Beatrice, ha lo stesso nome della donna che ispirò Dante Alighieri. Leggiamo insieme un sonetto di Dante tratto dalla *Vita nova* (cap. XXVI), nella quale il poeta descrive la bellezza e la nobiltà della sua Beatrice in chiave stilnovista.

Tanto gentile e tanto onesta pare

Tanto gentile e tanto onesta pare
la donna mia, quand'ella altrui saluta,
ch'ogne lingua deven tremando muta,
e li occhi no l'ardiscon di guardare.
Ella si va, sentendosi laudare,
benignamente d'umiltà vestuta;
e par che sia una cosa venuta
da cielo in terra a miracol mostrare.
Mòstrasi sì piacente a chi la mira,
che dà per li occhi una dolcezza al core,

che 'ntender no la può chi no la prova:
e par che de la sua labbia si mova
un spirito soave pien d'amore,
che va dicendo a l'anima: Sospira!

Scrivi una parafrasi della poesia. Quale rapporto si stabilisce tra la donna e l'amore? Che effetto fa la donna su quelli che la vedono? Secondo te quello che scrive Dante sull'amore è vero anche oggi, oppure esprime una sensibilità tipica solo dei suoi tempi? Perché?

CAPITOLO 8
LA VITA È BELLA

LA VITA È BELLA, Italia, 1997

Regia	Roberto Benigni	
Sceneggiatura	Vincenzo Cerami e Roberto Benigni	
Interpreti	Roberto Benigni	*Guido Orefice*
	Nicoletta Braschi	*Dora*
	Giorgio Cantarini	*Giosuè Orefice*
	Giustino Durano	*Eliseo Orefice*
	Sergio Bini (Bustric)	*Ferruccio Papini*
	Amerigo Fontani	*Rodolfo*
	Pietro De Silva	*Bartolomeo*
	Francesco Guzzo	*Vittorino*
	Marisa Paredes	*Madre di Dora*
	Horst Buchholz	*Dottor Lessing*
Durata	110'	

IL REGISTA: ROBERTO BENIGNI

Roberto Benigni nasce nel 1952 a Manciano Misericordia (Arezzo), ma la famiglia si trasferisce presto a Vergaio nel pratese. Nel 1977 esordisce come attore cinematografico in *Berlinguer ti voglio bene*. La grande popolarità arriva l'anno successivo con il programma televisivo *L'altra domenica*. Esordisce alla regia nel 1983 con il film a episodi *Tu mi turbi* che segna anche l'esordio come attrice della sua futura moglie Nicoletta Braschi. Quando gira *Non ci resta che piangere* (1984), interpretato in coppia con Massimo Troisi, è già uno dei volti più popolari dello spettacolo in Italia. Comincia la fruttuosa collaborazione con lo sceneggiatore Vincenzo Cerami nel 1988 quando torna alla regia con *Il piccolo diavolo*, campione d'incassi della stagione. L'anno dopo partecipa all'ultimo film di Federico Fellini, *La voce della Luna*. Nel 1991 esce sugli schermi *Johnny Stecchino*, che registra un record di incassi che supererà poi Benigni stesso con *Il mostro* (1994). Dopo lo strepitoso successo internazionale de *La vita è bella* (1997), Benigni continua nel duplice ruolo di attore e regista con *Pinocchio* (2002).

FRA I SUOI FILM PIÙ IMPORTANTI:

Pinocchio (2002)	*Il piccolo diavolo* (1988)
La vita è bella (1997)	*Non ci resta che piangere* (1984)
Il mostro (1995)	*Tu mi turbi* (1983)
Johnny Stecchino (1991)	

TRAMA DEL FILM

Nel 1938 Guido Orefice, un giovane ebreo pieno di allegria e vivacità si innamora follemente di una maestra elementare, Dora, che però è promessa a Rodolfo, un prepotente burocrate. Guido riesce a mandare a monte il fidanzamento e Dora si arrende al suo amore. Passano gli anni e i due hanno un figlio, Giosuè. Guido apre una libreria, ma è un periodo molto difficile, per la partecipazione dell'Italia alla guerra e per la persecuzione antisemita imposta sul paese dalle leggi razziali del '38. La felicità della famiglia viene rotta il giorno del quinto compleanno di Giosuè quando vengono tutti deportati in un lager nazista in cui, separato da Dora, Guido fa di tutto per proteggere suo figlio dall'orrore che li aspetta. Sostenendo un'ingegnosa messinscena, fa credere al piccolo Giosuè che stanno partecipando ad un gioco con in palio un meraviglioso premio...

La vita è bella si aggiudicò 4 Nastri d'argento, 9 David di Donatello e il Gran Premio della Giuria al Festival di Cannes nel 1998, e l'anno successivo tre premi Oscar (miglior film straniero, migliore colonna sonora e miglior protagonista maschile).

PRIMA DI VEDERE IL FILM...

PREPARIAMOCI ALLA PROIEZIONE...

- **Il Manifesto della razza**: ovvero *Manifesto degli scienziati razzisti*. Venne pubblicato sul *Giornale d'Italia* il 14 luglio 1938 e fu sottoscritto da 180 scienziati e 140 politici, intellettuali e giornalisti. Consiste in dieci proposizioni:

  1. Le razze umane esistono.
  2. Esistono grandi razze e piccole razze.
  3. Il concetto di razza è concetto puramente biologico.
  4. La popolazione dell'Italia attuale è ariana.
  5. La composizione razziale dell'Italia è immutata da un millennio.
  6. Esiste ormai una pura razza italiana.
  7. È tempo che gli italiani si proclamino francamente razzisti.
  8. È necessario fare una netta distinzione tra Mediterranei, Orientali e Africani.
  9. Gli ebrei non appartengono alla razza italiana.
  10. Nessun ibridismo deve contaminare la pura razza italiana.

  Le affermazioni nel documento nascono da una concezione poligenetica sulla base della quale ha avuto origine la convinzione che tra le razze vi siano differenze immutabili e che esista una gerarchia tra queste razze. Fu questo il fondamento delle teorie razziste e dell'antisemitismo in Italia: il *Manifesto* incoraggiò, e spesso impose, un comportamento discriminatorio e intollerante verso gli ebrei. Il PNF (Partito Nazionale Fascista) se ne assunse la paternità, ma secondo i diari di due gerarchi fascisti (Giuseppe Bottai e Galeazzo Ciano) esso fu redatto quasi completamente da Mussolini (il quale però era stato per lungo tempo l'amante di Margherita Sarfatti Grassini, una giornalista ebrea che lui aveva conosciuto nel 1911 e che quando cominciarono le persecuzioni fu costretta a fuggire in Argentina).

- **La deportazione degli ebrei italiani**: si calcola che su 43.000 italiani internati nei campi di concentramento, di cui quasi 7.000 ebrei, ne sopravvissero 28.000 (di cui 830 ebrei). L'internamento e le deportazioni degli ebrei italiani, che all'epoca erano circa 45.000, cominciarono dopo l'armistizio dell'8 settembre 1943 nel centro-nord della penisola, cioè nei territori occupati dalle forze tedesche. Nel biennio 1943-1945 furono uccisi circa 7.680 ebrei italiani. In Italia oggi vivono più di 30.000 ebrei.

- **L'armistizio dell'8 settembre 1943**: segnò la resa dell'Italia alle forze alleate. In seguito all'arresto di Benito Mussolini il 25 luglio 1943, il re Vittorio Emanuele III (v. *Piccole note culturali ed altre curiosità*) affidò al maresciallo Pietro Badoglio il governo provvisorio del paese. Nel periodo tra la caduta del fascismo e l'armistizio l'Italia rimase in guerra. In seguito all'annuncio dell'armistizio, i tedeschi occuparono la penisola e iniziarono ad applicare contro gli ebrei le stesse norme che avevano imposto negli altri territori occupati.

☞ **La torta etiope**: è un riferimento all'impero italiano cui l'Etiopia fu annessa in seguito alla guerra d'Etiopia del 1935. Mussolini proclamò l'impero nel 1936, e in quello stesso anno il re Vittorio Emanuele III assunse il titolo d'imperatore d'Etiopia. Queste imprese coloniali non recarono al paese le ricchezze sperate.

...E AL LINGUAGGIO DEL FILM

Piccolo glossario di espressioni particolari usate nel film.

➢ **Bidet (o bidè)**: piccola vasca bassa situata in bagno e utilizzata per il lavaggio dei piedi e delle parti intime. Si trova in tutte le case italiane.

➢ **Casino**: casa di prostituzione.

➢ **Cingolo**: fascia costituita da segmenti collegati l'uno all'altro e avvolta intorno alle ruote (solitamente di mezzi pesanti, quali carri armati, trattori...) che aumenta l'aderenza del veicolo al terreno.

➢ **Colonnato**: fila di colonne collegate fra loro alla sommità da arcate.

➢ **Dorso**: schiena, ma anche, in generale, parte convessa di una parte del corpo (ad esempio, il dorso del piede).

➢ **Eminenza**: titolo riservato ai cardinali.

➢ **Forno a legna**: forno la cui fiamma è alimentata da ceppi di legno; **forno a uomo**: macabro gioco di parole che ridicolizza i forni usati dai nazisti nei campi di concentramento per bruciare le persone ivi recluse.

➢ **Incudine**: blocco d'acciaio usato nelle fucine sopra a cui il metallo viene percosso per lavorarlo.

➢ **Iter (di legge)**: serie delle procedure formali che si eseguono in ottemperanza a quanto prescritto dalla legge per portare a compimento un procedimento.

➢ **Fine del topo** ("qui si fa la fine del topo"): fare la fine del topo significa trovarsi in una situazione senza uscita che conduce alla morte.

➢ **Marpione**: furbacchione.

➢ **Municipio**: amministrazione comunale e sede della stessa.

➢ **Passaggio a livello**: punto d'incrocio fra una strada ed i binari della ferrovia allo stesso livello.

➢ **Piegatura**: piega, o punto in cui qualcosa è piegato o si piega.

➢ **Prefetto**: funzionario provinciale che rappresenta localmente il governo.

➢ **Scrigno**: piccolo portagioielli.

➢ **Scudiero**: servitore che portava lo scudo al cavaliere.

➢ **Smitragliare**: sparare raffiche di mitragliatrice.

➢ **Tappezziere**: artigiano che monta le tende, fodera le poltrone, imbottisce divani, e così via.

➢ **Velocipede**: biciclo con una grande ruota anteriore, e che fu il progenitore dell'attuale bicicletta. Qui viene scherzosamente usato come sinonimo della stessa.

➢ **Visigoti**: popolazione germanica che invase la penisola italiana fra il IV e il V secolo d.C..

DOPO AVER VISTO IL FILM...

I PERSONAGGI

Abbina appropriatamente i personaggi della colonna sinistra con i loro nomi della colonna destra.

1.	Capo-sezione	a.	Guicciardini
2.	Tappezziere	b.	Lessing
3.	Cameriere	c.	Ferruccio
4.	Maestra elementare	d.	Rodolfo
5.	Editrice	e.	Eliseo
6.	Poeta	f.	Dora
7.	Medico	g.	Guido
8.	Zio di Guido	h.	Oreste

I PERSONAGGI: DESCRIVILI TU

1. Fai una descrizione dettagliata di Guido e del suo modo di vestire.
2. Descrivi la personalità di Eliseo, specificando quali episodi mettono in rilievo i diversi tratti del suo carattere.
3. Analizza il personaggio di Lessing: che ruolo ha nella storia?

LESSICO: I SINONIMI

Abbina ogni parola della colonna sinistra con il suo sinonimo della colonna destra.

1.	inceppare	a.	intrufolarsi
2.	comando	b.	ordine
3.	classifica	c.	lagnanza
4.	soprassedere	d.	bloccare
5.	farabutto	e.	sorvolare
6.	cianfrusaglie	f.	paccottiglia
7.	reclamo	g.	mascalzone
8.	ebbrezza	h.	ubriachezza
9.	imbucarsi	i.	schiaffi
10.	sberle	j.	graduatoria

LESSICO: UNA PAROLA, DUE SIGNIFICATI

Abbina appropriatamente ogni parola della colonna sinistra con i suoi due significati della colonna destra.

1.	circolare	a.	fanatico
		b.	altitudine
2.	fissato	c.	morire
		d.	insipido
3.	pratica	e.	prenotato
		f.	avviso
4.	schiantare	g.	fascicolo
		h.	manomettere (un motore)
5.	quota	i.	circoscrizione
		j.	fare il make-up
6.	circondario	k.	parte, percentuale
		l.	rotondo
7.	sciocco	m.	comoda
		n.	dintorni
8.	truccare	o.	stupido
		p.	spaccare

LA STORIA

1. Perché Guido chiama Dora 'Principessa' la prima volta che la incontra?
2. Perché Guido si reca in municipio? Cosa vuole fare?
3. A quale scopo l'Ispettore scolastico è venuto da Roma? E chi si sostituisce a lui?
4. Perché Dora non vuole andare alla festa etiope? E che scusa inventa per poter rimanere a casa?
5. Cosa succede al cavallo dello zio di Guido? Perché?
6. Perché Dora vuole salire sul treno dei deportati?
7. Cosa fa credere Guido a Giosuè del campo di concentramento?
8. Cosa sono le 'docce' del campo di concentramento?
9. Di chi è la voce che narra la storia?
10. Perché in fondo Giosuè grida 'Abbiamo vinto'?

DIAMO UN'OCCHIATA AL FILM

1. Che cosa viene rappresentato in questa inquadratura? Dalle la giusta collocazione nella trama del film. Ti ricordi che tipo di conversazione si sta svolgendo fra i protagonisti della scena?

2. L'immagine all'inizio del capitolo è ben diversa da quella che vedi qui: a cosa si riferisce? Cosa vi sta succedendo? Vi vedi dei segnali di qualcosa di drammatico che si prepara?

SE CI VEDANO ORA, È FINITA!

Eh sì, il verbo di questa frase è proprio sbagliato, dovrebbe essere 'vedono'. Questo è solo uno degli errori comuni alla parlata toscana, e soprattutto fiorentina. Nelle frasi che seguono troverai un repertorio completo degli errori più comuni che molti italiani fanno quando parlano informalmente, e tipici del linguaggio un po' familiare, toscano ma non solo. Individuali e correggili, e ricordati che quando ti capiterà di sentirli non devi proprio imitarli!

1. A me mi è piaciuto molto il film che abbiamo visto.
2. Non volevo arrivare in ritardo, ma però mi avevi detto che l'appuntamento era a mezzogiorno!
3. Ho telefonato alla mamma e gli ho comunicato la bella notizia.
4. Il maestro mi ha imparato a sciare.
5. A pranzo abbiamo mangiato un'insalata di polipi e patate.
6. Stamani mattina mi sono svegliato presto e prima di andare a lavorare ho fatto ginnastica.

7. Questo libro mi è costato 20 euri.

8. Visto che hai il raffreddore, con questo freddo preferisco che tu non esci: vado io a fare la spesa.

9. Sul tuo tavolo c'è troppi fogli, come fai a trovare i documenti che ti servono?

10. Anche la Francesca è molto scontenta del suo lavoro.

QUANTE RIPETIZIONI!

In italiano ripetere più volte la stessa parola all'interno di una frase è considerato un errore di stile. Ad esempio, «Ho scelto il quaderno rosso perché quello verde non mi piaceva» è assolutamente preferibile a «Ho scelto il *quaderno* rosso perché il *quaderno* verde non mi piaceva». Quando la struttura della frase è tale per cui non è possibile operare una sostituzione grazie ad un pronome, si cerca un sinonimo. Ad esempio, diremo «Siamo schiavi delle nostre automobili, ormai la gente usa la macchina anche per spostamenti brevissimi!» invece di «Siamo schiavi delle nostre *automobili*, ormai la gente usa l'*automobile* anche per spostamenti brevissimi!».

In alcuni casi però la ripetizione non è un'ineleganza, ma ha una sua funzione precisa, e proprio ne *La vita è bella* troviamo alcuni esempi:

1. «Una bella passeggiata in due, e quello che *succede, succede*!»

2. «Comincia il gioco. Chi *c'è, c'è*. Chi *non c'è, non c'è*.»

Qui la ripetizione apparentemente ci dice qualcosa di scontato: quello che *succede* ovviamente *succede*, ed anche chi *c'è* è chiaro che *c'è* come pure chi *non c'è* evidentemente *non c'è*!

In realtà in '1' 'quello che *succede, succede*' significa 'e ci adegueremo a quello che succederà senza preoccuparcene ora'. È una forma simile a 'quel che *sarà, sarà*' e anche a 'come *va, va*', in cui però la sfumatura fatalista è leggermente più pronunciata. Ad esempio: «Ho cercato di fare del mio meglio per prepararmi all'esame di domani; a questo punto, come *va, va*». Un'altra espressione correlata alle precedenti è 'quel che *è fatto è fatto*' (cioè non c'è più rimedio, non si torna indietro su ciò che si è già compiuto), come pure 'quel che *è detto è detto*' (non si possono cancellare le parole già dette; oppure: la parola data va mantenuta). 'Chi *c'è, c'è*. Chi *non c'è, non c'è*' significa che siamo a un punto di svolta ('comincia il gioco', appunto), e quindi chi è già presente potrà partecipare e chi invece è assente è ormai destinato a rimanere escluso.

3. «Lecca-lecca».

4. «È tutto un fuggi fuggi»

In questi due casi si può affermare che la ripetizione è solo apparente: lecca-lecca è il nome di una grande caramella, di solito posta alla sommità di un bastoncino, che i bambini mangiano lentamente senza masticarla ma appunto consumandola a forza di leccarla. 'Fuggi fuggi' indica uno scappare più scomposto, concitato e generale della parola 'fuga'.

5. «Arrabbiati neri neri»

Quello di '5' è un uso abbastanza comune della ripetizione che ha una funzione rafforzativa dell'aggettivo. 'Neri neri' equivale al superlativo assoluto 'nerissimi'; altri esempi possono essere facilmente formati con moltissimi aggettivi: «Ho sentito un rumore forte forte, come un'esplosione». Non c'è una regola generale sulla ripetizione degli aggettivi, ma bisogna tenere presente che in alcuni casi essa può 'suonare male' o innaturale, quindi è meglio usarla con cautela!

Vediamo altri casi di ripetizione che incontriamo in italiano:

6. "*Via via* che arrivano i libri, sistemali sugli scaffali per favore"
7. "Dopo l'intervento dovrai riprendere a camminare *piano piano* per evitare di sforzare la gamba"
8. "Si avviarono *passo passo* verso il cancello del parco"
9. "Preferisco sbrigare le faccende *giorno giorno* piuttosto che ritrovarmi nel fine settimana a dover fare le grandi pulizie!"

In '6', '7', '8' e '9' la ripetizione ha un senso frequentativo cioè esprime, riguardo all'azione o all'avvenimento cui si riferisce, le caratteristiche di iterazione e gradualità; si tratta cioè di azioni o eventi che si compongono di effettive ripetizioni. 'Via via' di '6', spesso sostituibile con 'man mano' 'a mano a mano' o espressioni simili, significa che i libri non arrivano tutti in una volta – nel qual caso la frase avrebbe potuto cominciare con "Appena arrivano i libri..." – ma attraverso consegne successive. Anche 'giorno giorno' di '9', che significa 'giorno per giorno', indica la ripetizione dell'azione, cioè le faccende di casa vengono fatte un poco per volta, *via via* che se ne presenta la necessità. Il 'piano piano' di '7', simile a 'a poco a poco', conferisce al 'riprendere a camminare' il carattere di gradualità e rende l'idea di tentativi ripetuti e graduali per riacquisire l'uso dell'arto dopo un'operazione chirurgica. In '8', 'passo passo', aggiunge all'avviarsi la caratterizzazione della modalità dell'azione, come a dire 'passo dopo passo', 'un passo dopo l'altro', cioè appunto l'iterazione dell'azione fino al suo compimento.

Nelle frasi che seguono, scegli per riempire gli spazi vuoti una delle espressioni che hai appena studiato.

1. _____ la fiamma candela cominciò a tremolare e poi si spense del tutto.
2. Vi avverto che la palestra apre alle 15.00: a quell'ora _____ e chi non è ancora arrivato salta l'allenamento.
3. Tu cerca di fare del tuo meglio, e poi... come _____, in qualche modo te la caverai!
4. Ti conviene prendere nota delle spese _____ che fai gli acquisti, altrimenti poi ti sarà difficile ricordare le cifre esatte.
5. Hai visto? Ti sembrava che la meta fosse tanto lontana, e invece, _____, ci sei arrivata!

Nelle prossime cinque frasi opera le sostituzioni più opportune per far sparire le brutte ripetizioni evidenziate in corsivo.

1. La mia *sorellina* è molto *dispettosa*; anche la tua *sorellina* è *dispettosa*?
2. Ultimamente al *lavoro* mi sto *stancando* davvero molto. Sai, il mio *lavoro* richiede molta concentrazione, e quando arrivo a sera sono proprio *stanchissimo*.
3. Sono stato ad un'asta di *quadri* e ho acquistato un *quadro* da regalare a mio padre.
4. Il giardino era pieno di *fiori*: alcuni *fiori erano* rosa ed altri *fiori erano* gialli.
5. Per conservare questo acido è necessario *utilizzare* un *contenitore* di vetro. In alternativa è possibile *utilizzare* un *contenitore* di plastica, ma solo per un periodo non superiore a 3 giorni.

NUMERI E QUANTITÀ

Nella lingua parlata si usano spesso, a scopo enfatico, delle esagerazioni di quantità. Nel film se ne incontrano molte:

«C'è un monte di gente laggiù» = ci sono moltissime persone laggiù

'Un monte' è sempre sostituibile in questo senso con 'un mucchio'.

«Mi gira la testa, a mille!» = mi gira tantissimo la testa

'A mille' sta qui a significare un'esagerata velocità (del giramento di testa, in questo caso). La forma 'a + numero' indica sempre una velocità.

«Me l'hai chiesto mille volte!» «Te l'ho detto mille volte» = me l'hai chiesto (te l'ho detto) moltissime volte.

'Mille' è qui sostituibile con un qualsiasi numero alto o anche con altre espressioni di grossa quantità: 'un mucchio di volte', 'un monte di volte'.

«Ci è costato un occhio della testa» = ci è costato tantissimo

"L'occhio della testa" rende l'idea di un prezzo davvero alto da pagare.

«È pieno così, è zeppo di bambini» = Ci sono moltissimi bambini

'Zeppo' dà l'idea che i bambini siano così tanti da stare stretti. Sostituibile con 'fitto', 'pieno zeppo' ed altre espressioni.

Componi delle frasi con :

a duemila, un monte di libri, un mucchio di soldi, un occhio della testa, fitto di gente, pieno zeppo di errori, un milione di volte.

FUORI DALL'INQUADRATURA

➤   Lunedì 22 ottobre 2001, *La vita è bella* in prima visione tv su Raiuno ha battuto ogni record di ascolto per un film da quando esiste l'Auditel, il sistema di misurazione degli ascolti televisivi sulle reti nazionali italiane. Ha realizzato infatti 16.080.000 spettatori, con il 53,67% di share con punte di 18.000.000 di spettatori e 63% di share.

➤   Benigni afferma di aver assistito a circa duemila provini prima di scegliere Giorgio Cantarini. Appena l'ha visto ha capito di aver trovato il suo Giosuè.

➤   La prima parte de *La vita è bella* è stata girata ad Arezzo.

➤   Per quanto possa sembrare inverosimile, esistono dei casi documentati anche ad Auschwitz in cui i detenuti riuscirono a nascondere i loro bambini e proteggerli dalla 'selezione' che li destinava alla morte. Anche la decisione di Dora di salire sul treno ha dei riscontri storici: alcune famiglie furono deportate al completo, benché qualche membro non fosse ebreo, perché non volevano essere divise.

GLI INDOVINELLI DEL FILM...

«Biancaneve in mezzo ai nani. Risolvi questo enigma cervellone, nel tempo che ti dà la soluzione».

«Più è grande e meno si vede».

«Se fai il mio nome non ci sono più. Chi sono?».

Ti ricordi le risposte di questi indovinelli? Le sai anche spiegare?

... E ALTRI INDOVINELLI!

Attenzione, anche qui le parole possono avere molti significati...

1. Lo si incontra di porta in porta e tutti lo trattano con i piedi.
2. Non è un libro, ma possiede l'indice.
3. Anche se si cerca d'ammazzarlo o d'ingannarlo, passa sempre indisturbato.
4. Non mangia mai, ma ha tanti denti.

SPIEGA CON PAROLE TUE!

Sono qui riportate alcune citazioni dai dialoghi del film. Spiega cosa significano in relazione ai personaggi che le pronunciano e a quello che accade nel film.

1. Guido domanda al tappezziere: «Oreste, lei come la pensa politicamente?», e Oreste, invece di rispondere, si rivolge ai figli dicendo: «Benito, Adolfo, state buoni!».

2. Lo zio di Guido dopo l'aggressione subita in casa: «Il silenzio è il grido più forte».

3. Guido a Giosuè che ha sentito parlare degli orrori del campo e ne è terrorizzato: «Giosuè ci sei cascato un'altra volta. Ma dai, ci sei cascato. Ma a te le fanno proprio bere tutte».

PICCOLE NOTE CULTURALI ED ALTRE CURIOSITÀ

➤ **"Non amo che le rose che non colsi"**: dice la signora Guicciardini citando una poesia di Guido Gozzano (Torino, 1883-1916), 'La cocotte'. V. *L'angolo della poesia*.

➤ **Francesco Petrarca**: Arezzo 1304 – Arquà, Padova 1374. Considerato il primo letterato che visse della propria opera, Petrarca è uno dei massimi e dei primi esponenti della poesia italiana. Oltre al suo *Canzoniere*, una raccolta di 366 componimenti poetici in volgare, è autore di numerose opere in latino. La sua influenza sulla poesia, non solo italiana, fu molto forte fino all'Ottocento, ma non cessò nemmeno in seguito.

➤ **Giuseppe Garibaldi**: Nizza 1807 – Caprera 1882. Figura dominante del Risorgimento Italiano, è ricordato in particolare per l'impresa dei Mille (le 'Giubbe Rosse') quando appunto sbarcò a Marsala con mille uomini, sconfisse le forze borboniche e conquistò l'intero Regno delle Due Sicilie che poi consegnò a Vittorio Emanuele II.

➤ **Arthur Schopenauer**: 1788-1860. Importante filosofo tedesco che rompe con il sistema hegeliano e mette in rilievo l'irrazionalità della realtà. Schopenhauer concepisce la realtà sia come il complesso dei fenomeni (cioè la semplice apparenza delle cose), sia come dimensione sostanziale delle cose medesime (cioè l'essenza profonda delle cose). Nel primo senso il mondo è rappresentazione; nel secondo senso esso è volontà. La sua opera principale, *Die Welt als Wille und Vorstellung* (*Il mondo come volontà e rappresentazione*), risale al 1819.

➤ **Jacques Offenbach**: 1819-1880. Compositore tedesco naturalizzato francese, era di origine ebrea ma assunse il nome della città natale di suo padre. Fra le sue operette ricordiamo *Orphée aux enfers* (1858) e *La belle Hélène* (1864). Si cimentò anche in un'opera seria, *Les contes d'Hoffman*, ma morì prima di poterla ultimare. È proprio questa che Dora e Guido vanno a vedere a teatro (rispettivamente, con Rodolfo e Ferruccio); da essa è anche tratta la canzone che Guido trasmette nel lager dall'altoparlante: "Barcarolle".

➤ **Il ghetto**: era il quartiere in cui venivano segregati gli ebrei; generalmente era cinto da un muro e soggetto a coprifuoco. In Europa i primi ghetti comparvero nel XIV secolo, e nel corso dei secc. XVI e XVII ne sorsero molti in tutta la penisola, dove la segregazione degli ebrei veniva osservata con estremo rigore. Solo a Pisa e a Livorno, i due porti liberi protetti dai granduchi di Toscana, il ghetto non fu mai istituito. Per estensione sono a volte chiamati ghetti i quartieri abitati da gruppi etnici in condizione di emarginazione. Il termine appare per la prima volta a Venezia dove dal 1516 gli ebrei erano per legge confinati nel quartiere del *geto novo*.

➢ **Vittorio Emanuele III**: Napoli 1869 – Alessandria d'Egitto 1947, re d'Italia e d'Albania e imperatore d'Etiopia, salito al trono nel 1900 dopo l'assassinio del padre Umberto I. Invece di opporsi al fascismo, affidò il governo a Benito Mussolini nel 1922. Ordinò l'arresto di Mussolini il 25 luglio 1943 e, all'indomani dell'annuncio dell'armistizio (8 settembre 1943), si rifugiò con il governo provvisorio a Brindisi sotto la protezione alleata. Abdicò a favore del figlio nell'imminenza del referendum istituzionale che si tenne il 6 giugno 1946.

➢ **Il saluto romano**: era stato adottato dal fascismo. Quando i freni della Balilla non funzionano e l'auto rischia di investire qualcuno, Guido si mette ad urlare con il braccio alto e teso e la folla interpreta questo gesto come saluto fascista, scambiando Guido per il Re di cui aspettano il passaggio. In un manuale di galateo dell'epoca si specifica: «Il saluto romano – doveroso per i fascisti – è il saluto più igienico che sia mai esistito. Va eseguito con rapidità ed energia. È ridicolo farlo seguire da una stretta di mano»[2].

➢ **Il "Giorno della Memoria"**: è stato istituito con la legge 20 luglio 2000, n. 211. Nel primo articolo di essa si legge: «La Repubblica italiana riconosce il giorno 27 gennaio, data dell'abbattimento dei cancelli di Auschwitz, "Giorno della Memoria", al fine di ricordare la Shoah (sterminio del popolo ebraico), le leggi razziali, la persecuzione italiana dei cittadini ebrei, gli italiani che hanno subìto la deportazione, la prigionia, la morte, nonché coloro che, anche in campi e schieramenti diversi, si sono opposti al progetto di sterminio, ed a rischio della propria vita hanno salvato altre vite e protetto i perseguitati»[3].

LEGGIAMO IL COPIONE

Guido sale letteralmente in cattedra travestito da ispettore scolastico con tanto di fascia tricolore (passata fra le gambe invece che sul fianco!), per rivedere la sua principessa. Gli alunni sono seduti ai banchi disposti a forma di "M" ad ascoltarlo.

Direttrice: -Il signor ispettore, come sapete, è venuto da Roma per parlarci del Manifesto della razza firmato dai più illuminati scienziati italiani. Egli – e noi ne siamo onorati – ci dimostrerà che la nostra razza è una razza superiore, la migliore di tutte! Seduti bambini... Prego ispettore.

Guido: -La nostra razza... vero?

Direttrice: -È superiore!

Guido: -Certo... Grazie... La nostra razza è superiore. Appunto, sono venuto da Roma testé, ora, per venire a dirvi, acciocché voi sappiate bambini che la nostra razza è superiore. Sono stato appunto scelto io dagli scienziati razzisti italiani acciocché dimostrarvi quanto la nostra razza sia superiore. Perché bambini, hanno scelto me? Ma dico... c'è bisogno di dirlo? Dove lo trovate uno più bello di me? Dove lo trovate uno più bello

---

2 Alma Ruffo Lanceri e Riccardo Galluppi, *Le moderne usanze*, S.A. Cooperativa Edit. Libraria, Napoli 1934.

3 "Legge 20 luglio 2000, n. 211" in *Gazzetta Ufficiale* n. 177 del 31 luglio 2000.

di me? Giustamente s'è fatto il silenzio: voi avete davanti un'originale razza superiore, ariana, purissima. Bambini, partiamo da una cosa che uno magari dice che vuoi che sia, no, l'orecchio: guardate qua, guardate la perfezione di questo orecchio! Padiglione auricolare sinistro con campanula pendente finale. Guardate che roba. Cartilagine mobile, pieghevole. Trovatemi due orecchie più belle di queste e io me ne vado, per carità... però me le dovete far vedere. In Francia se le sognano due orecchie così! Guardate qua, guardate qua, guardate che gamba superiore ariana, originale, pura, un gioiello di gamba, guardate che piegatura, guardate che stantuffata di razza. Guardate che roba questa gamba. Questa si chiama piegatura di gamba ariana con movimento circolare del piede italico. Caviglia etrusca su stinco romano! Guardate che resistenza! Ce l'invidia tutto il mondo bambini! E voi da grandi avrete una gamba così. Ma che dico una, due! Tutt'e due le avrete. Se si rompe questa c'abbiamo quell'altra. Si rompe questa ci abbiamo quell'altra. Si rompono tutt'e, va be' quello è un caso di sfortuna, che c'entra. Bambini, le razze esistono, eccome!

Con i suoi toni da imbonitore, Guido mette in evidenza l'assurdità delle proposizioni del *Manifesto della razza*; sai individuare delle corrispondenze fra alcuni passaggi del suo discorso e le proposizioni del *Manifesto*? La direttrice afferma che il *Manifesto* fu firmato "dai più illuminati scienziati italiani": cosa c'è di 'illuminato' e di 'scientifico' nel documento?

Il caporale delle SS spiega in tedesco[4] le regole del lager, e Guido "traduce".

Caporale:	*-Fare tutti attenzione! Parlo una volta sola!*
Guido:	-Comincia il gioco: chi c'è c'è, chi non c'è non c'è!
Caporale:	*-Siete stati portati in questo campo per una sola ragione.*
Guido:	-Si vince a mille punti, il primo classificato vince un carro armato vero.
Caporale:	*-Dovete lavorare.*
Guido:	-Beato lui.
Caporale:	*-Il sabotaggio sul lavoro sarà punito con la morte, qui davanti sul cortile mediante la fucilazione alla schiena.*
Guido:	-Ogni giorno vi daremo la classifica generale da quell'altoparlante là! All'ultimo classificato verrà attaccato un cartello con su scritto 'asino'... qui, sulla schiena!
Caporale:	*-Avete il privilegio di lavorare per la grande Germania, per la costruzione di un grande impero!*
Guido:	-Noi facciamo la parte di quelli cattivi cattivi che urlano. Chi ha paura perde punti!
Caporale:	*-Tre sono le regole importanti. Uno: non tentare di scappare dal campo. Due: obbedire a tutti gli ordini senza domande. Tre: i tentativi di rivolta organizzata sono puniti con l'impiccagione. Chiaro?*

---

4 La traduzione dal tedesco è tratta da: Roberto Benigni e Vincenzo Cerami, *La vita è bella*, Einaudi, Torino 1998.

Guido:	-In tre casi si perdono tutti i punti. Li perdono, uno: quelli che si mettono a piangere; due: quelli che vogliono vedere la mamma; tre: quelli che hanno fame e vogliono la merendina. Scordatevela!
Caporale:	*-Dovete essere felici di lavorare qua... se seguite le regole non vi accadrà niente di male.*
Guido:	-È molto facile perdere punti per la fame. Io stesso ieri ho perso 40 punti perché volevo a tutti i costi un panino con la marmellata.
Caporale:	*-Obbedite!*
Guido:	-D'albicocche!
Caporale:	*-Un'altra cosa!*
Guido:	-Lui di fragole!
Caporale:	*-Quando sentite il fischietto... Tutti fuori dalla camerata, immediatamente!*
Guido:	-Non chiedete i lecca lecca perché non ve li danno, ce li mangiamo tutti noi!
Caporale:	*-Tutti in fila per due!*
Guido:	-Io ieri ne ho mangiati venti!
Caporale:	*-In silenzio!*
Guido:	-Un mal di pancia...
Caporale:	*-Tutte le mattine...*
Guido:	-Però eran buoni.
Caporale:	*-...c'è l'appello!*
Guido:	-Lascia fare!
Caporale:	*-Questo è quello che dovevo dirvi... Le zone di lavoro sono di là... comunque com'è fatto il campo lo imparerete presto.*
Guido:	-Scusate se vado in fretta, ma oggi sto giocando a nascondino... ora vado se no mi fanno tana!

La fantasiosa traduzione ha lo scopo di rassicurare Giosuè, dargli delle regole di condotta e rendergli più credibile l'idea del gioco. Sai isolare i diversi elementi del discorso di Guido a seconda delle funzioni appena individuate? Via via che la situazione al campo si fa più difficile Guido impone a Giosuè ulteriori limitazioni per proteggerlo: ti ricordi quali, e perché si rendono necessarie? Il Caporale dice ai deportati che lavorare per la 'grande Germania' è un privilegio, e che dovrebbero essere 'felici' di farlo... cosa ti sembra più contrastante con la situazione: il discorso del tedesco o la traduzione che ne fa Guido?

LA PAROLA AL REGISTA, ROBERTO BENIGNI

«E perché, direte voi, far ridere di una cosa tanto tragica, del massimo orrore del secolo? Ma perché questa è una storia *sdrammatica*, un film *sdrammatico*. Perché la vita è bella, e anche nell'orrore c'è il germe della speranza, c'è qualcosa che resiste a tutto, a ogni distruzione. Mi viene in mente Trockij, e tutto quello che ha subito: chiuso in un bunker a Città del Messico aspettava i sicari di Stalin, eppure, guardando la moglie nel giardino, scriveva che, malgrado tutto, la vita è bella, degna di essere vissuta»[5].

1. E perché, secondo te, 'far ridere di una cosa tanto tragica'?
2. Cosa pensi che intenda Benigni per «sdrammatico»?
3. Secondo te, all'interno del film che cosa è questo «qualcosa che resiste a tutto, a ogni distruzione»?

«Non bisogna cercare [realismo, *nda*] in *La vita è bella*. Ci interessava di più raccontare l'emozione che vive una famiglia divisa traumaticamente in due piuttosto che i dettagli della follia del nazismo. E poi chi l'ha detto che sono orrori solo del nazismo? Bisogna vedere che volto prende oggi quello che una volta si chiamava nazismo. Il problema anzi è che questi orrori possono ripetersi sempre. [...] Chi ci assicura che non potrebbero ripetersi di nuovo, e persino da noi, se non stiamo attenti, se non ci rendiamo immuni da questa follia, anche ridendone, di un riso liberatorio? Le cose che si fanno troppo sacre diventano pericolose, meglio riderne prima»[6].

1. Secondo te, il film sarebbe stato più interessante se fosse stato più realistico? Perché?
2. Quando Benigni parla del 'volto che prende oggi quello che una volta si chiamava nazismo', a tuo parere a cosa potrebbe riferirsi?
3. Sei d'accordo con l'ultima affermazione del regista: «Le cose che si fanno troppo sacre diventano pericolose, meglio riderne prima»? Perché? Secondo te è vero che il riso qualche volta può immunizzare da follie quali quella del nazismo? Come?

Parlando del titolo, Benigni dice: «Ma, 'la vita è bella' perché è una frase così fragile. Per questo mi piaceva. Era la fragilità di questa frase e la semplicità che abbiamo perso. Un po' come diceva Zavattini: "Un paese dove 'buongiorno' vuol dire veramente 'buon giorno'". E 'la vita è bella' allora era una frase fatta. Ma è come se io dico a una donna: "I tuoi occhi sono come le stelle"... ora sì [che è una frase fatta, *nda*], ma il primo che l'ha detto era il più grande poeta di tutti i tempi, ecco. Come ritornare alle origini di questa straordinaria semplicità. Niente di più semplice e di più incisivo chiarisce il film che è proprio il dovere e il diritto di poter dire che la vita è bella fino all'ultimo passo della nostra esistenza»[7].

1. Benigni definisce 'la vita è bella' una "frase fragile" all'inizio, e poi una "frase fatta". Sapresti spiegare queste due definizioni? Sei d'accordo con esse?

---

5 Ivi, p. vi.

6 Ivi, p. vii.

7 "Intervista a Roberto Benigni" in *La vita è bella*, regia di Roberto Benigni, 1997, DVD, Cecchi Gori Home Video, 2000.

2. Ti vengono in mente altre frasi fatte, cioè frasi che a forza di usarle hanno perso la loro forza emotiva o evocativa?

3. Secondo te perché poter dire fino all'ultimo 'la vita è bella' è insieme dovere e diritto delle persone?

Alcune voci hanno sollevato il dubbio che Benigni, non essendo ebreo, non poteva capire l'olocausto. A queste critiche il regista rispose: «L'olocausto appartiene a tutti... è una storia che appartiene a tutti noi»[8].

1. Sei d'accordo con questa affermazione o pensi che certe storie sono comprensibili solo da quelli che le hanno in qualche modo vissute?

2. Ai tempi dell'Olocausto vi furono vittime, carnefici, indifferenti ed eroi della solidarietà umana. Secondo te qualcuna di queste figure fu meno protagonista delle altre nell'eccidio? Perché?

MA ORA IL REGISTA SEI TU... E VUOI CAMBIARE TUTTO!

Nel campo di concentramento, quando Guido fa il cameriere per gli ufficiali tedeschi, il capitano Lessing gli sussurra che deve dirgli qualcosa di molto importante. Naturalmente, Guido pensa che si tratti di un piano di fuga e rimane incredulo quando si rende conto che Lessing gli sta proponendo un indovinello.

Ma ora il regista sei tu... e vuoi cambiare tutto!

Riscrivi la storia: il dottor Lessing offre il suo aiuto a Guido. Cosa decideranno di fare? Come andrà a finire?

Se ti sembra opportuno, dopo aver raccontato questa nuova versione della vicenda cambia anche il titolo del film, e spiega i motivi della tua nuova scelta.

RIFLETTIAMO UN PO'

1. Lo zio, mentre insegna il mestiere di cameriere a Guido e gli spiega come inchinarsi, gli dice: «Guarda i girasoli, si inchinano al sole. Ma se ne vedi qualcuno che è inchinato un po' troppo, vuol dire che è morto. Tu stai servendo, però non sei un servo. Servire è l'arte suprema, Dio è il primo servitore. Dio serve gli uomini, ma non è servo degli uomini». Perché lo zio spiega tutto questo a Guido? Cosa significa il paragone con i girasoli? E quello con Dio? Secondo te in cosa si distingue il 'servire' dall''essere servo'?

2. La voce narrante introduce così il film: «Questa è una storia semplice, eppure non è facile raccontarla. Come in una favola c'è dolore, e come una favola è piena di meraviglie e felicità» e nel finale conclude: «Questa è la mia storia. Questo è il sacrificio che mio padre ha fatto. Questo è stato il suo regalo per me». Ci sono degli elementi o episodi nel film tipici della favola? Quali? Per amore del figlio, Guido affronta la

---

8 Ibid.

morte scherzando e con il sorriso sulle labbra, ma durante le persecuzioni naziste qualcuno pagò con la vita il fatto di aver nascosto ai persecutori delle persone che nemmeno conosceva. Conosci qualcuna di queste storie? Cosa può indurre una persona a rischiare la propria vita per salvare quella di un altro? Episodi di questo genere sono successi solo durante la guerra, o possiamo incontrarli anche nella vita di tutti i giorni?

3. Ferruccio spiega a Guido come è riuscito ad addormentarsi così di colpo: «Io sono ciò che voglio! Schopenhauer dice che con la volontà si può fare tutto». Oltre ai tentativi quasi magici di Guido di mettere in pratica questa nozione schopenhaueriana, ci sono momenti meno evidenti nel film in cui la forza della volontà prevale? Quali? Secondo te è vero che 'con la volontà si può fare tutto'? Puoi fare qualche esempio?

4. Quando Dora scopre che suo marito e suo figlio saranno deportati, ordina all'ufficiale tedesco: «Mi faccia salire su quel treno». È un gesto di straordinario coraggio, ma la sua solidarietà non può influire sui destini dei suoi amati. Come interpreti l'azione di Dora? Pensi che sapesse ciò che l'aspettava? Ti sei mai trovato in una situazione simile, in cui l'affetto o il senso di solidarietà ti hanno posto in una posizione difficile o dolorosa? E tu cosa hai fatto?

QUATTRO CHIACCHIERE CON...

Il dottor Lessing è la personificazione della follia del momento storico. La sua mania per gli indovinelli è inquietante e irrazionale, ed è invasiva a tal punto da impedirgli di vedere l'orrore che lo circonda.

Immagina di poterlo intervistare. Cosa direbbe di sé? Come fa un medico a finire in un campo di concentramento a condannare le persone a morte invece che a curarle? Trascrivi le domande che vorresti porgli e le risposte che ti aspetteresti di ricevere, e poi discutine con i tuoi compagni.

NON VORRESTI SAPERNE DI PIÙ?

1. Giorgio Bassani ha descritto la vita di una famiglia ebrea a Ferrara sotto le leggi razziali nel suo celebre romanzo *Il giardino dei Finzi-Contini*. Dal libro Vittorio De Sica trasse l'omonimo film: guardalo e commentalo. Che impressione ti dà di quel periodo? Ci sono elementi che ti sorprendono? Confrontalo con *La vita è bella*.

2. Un sopravvissuto di Auschwitz, Primo Levi, ci ha raccontato le sue esperienze in *Se questo è un uomo*. Leggilo e confronta la sua descrizione del lager con quello che hai visto ne *La vita è bella*.

3. Nel film vengono nominati dei giochi molto comuni in Italia: tombola, nascondino, campana, uomo-bandiera, girotondo, briscola, corsa coi sacchi, il gioco del silenzio. Fai una breve ricerca su questi giochi, quali sono le loro regole, dove si possono giocare, che tipo di oggetti servono, per quali età sono più adatti. Esistono tutti anche dove vivi tu? Con le stesse regole? Se ce n'è uno che non esiste nel tuo paese, spiegane il funzionamento anche ai tuoi compagni.

4. Ci sono vari riferimenti ne *La vita è bella* alle leggi razziali antisemite promulgate in Italia nel 1938. Che cosa furono? Che effetti sortirono? Ci furono proteste contro queste leggi?

5. All'inizio del film, Guido non riesce a capire l'antisemitismo promosso dal governo e infatti, prima del '38, molti ebrei erano iscritti al PNF (Partito Nazionale Fascista). Quanti ebrei riuscirono a fuggire dall'Italia prima che cominciassero le deportazioni? Dove andarono? Dopo la guerra sono tornati?

6. I campi di concentramento nazisti furono uno strumento di morte che torturò e uccise milioni di innocenti. Il film ci dà un'impressione assai approssimativa della realtà dei lager. Quali erano i campi più infami? Dove si trovavano? Come erano organizzati? Cosa ne è oggi di questi luoghi?

7. Anche in Italia c'erano dei campi di concentramento (per esempio, quello di Carpi-Fòssoli). Quando furono creati? Dove si trovavano? Come erano organizzati? Cosa ne è oggi di questi luoghi?

8. Guarda un altro film di Benigni e confrontalo con *La vita è bella*. Ci sono degli elementi comuni alle due opere? Individua qualche scena significativa da far vedere ai tuoi compagni, spiega loro la trama e presenta le tematiche del film.

VI PRESENTO *LA VITA È BELLA*

Scrivi una composizione, di almeno 5000 caratteri (spazi esclusi), in cui presenti *La vita è bella*: la trama, i personaggi, le tematiche affrontate, le soluzioni di regia e quant'altro ti sembra importante. Aggiungi anche una tua valutazione critica ed un commento personale.

L'ANGOLO DELLA POESIA

'Non amo che le rose che non colsi', dice la signora Guicciardini citando una poesia di Guido Gozzano (Torino, 1883-1916). Assieme ad alcuni altri poeti del primo '900, Gozzano fu chiamato "crepuscolare", perché il tono malinconico e i soggetti della sua poesia, presi dal quotidiano, si contrapponevano alle forme auliche ed eroiche dei dannunziani e anche alla retorica patriottica di Carducci. Con un linguaggio poetico dimesso e familiare discorre sui sentimenti e gesti semplici. Introduce un linguaggio nuovo nella tradizione lirica italiana accogliendo parole ed espressioni semplici. Delle sue opere ricordiamo *La via del rifugio* (1907) e *I colloqui* (1911). Leggiamo l'intera poesia:

Cocotte

I
Ho rivisto il giardino, il giardinetto
contiguo, le palme del viale,
la cancellata rozza dalla quale
mi protese la mano ed il confetto...

II

«Piccolino, che fai solo soletto?»   5
«Sto giocando al Diluvio Universale.»

Accennai gli stromenti, le bizzarre
cose che modellavo nella sabbia,
ed ella si chinò come chi abbia
fretta d'un bacio e fretta di ritrarre   10
la bocca, e mi baciò di tra le sbarre
come si bacia un uccellino in gabbia.

Sempre ch'io viva rivedrò l'incanto
di quel suo volto tra le sbarre quadre!
La nuca mi serrò con mani ladre;   15
ed io stupivo di vedermi accanto
al viso, quella bocca tanto, tanto
diversa dalla bocca di mia Madre!

«Piccolino, ti piaccio che mi guardi?
Sei qui pei bagni? Ed affittate là?»   20
«Sì... vedi la mia Mamma e il mio Papà?»
Subito mi lasciò, con negli sguardi
un vano sogno (ricordai più tardi)
un vano sogno di maternità...

«Una cocotte! ...»   25
«Che vuol dire, mammina?»
«Vuol dire una cattiva signorina:
non bisogna parlare alla vicina!»
Co-co-tte... La strana voce parigina
dava alla mia fantasia bambina   30
un senso buffo d'ovo e di gallina...

Pensavo deità favoleggiate:
i naviganti e l'Isole Felici...
Co-co-tte... le fate intese a malefici
con cibi e con bevande affatturate...   35
Fate saranno, chi sa quali fate,
e in chi sa quali tenebrosi offici !

III

Un giorno -giorni dopo -mi chiamò
tra le sbarre fiorite di verbene:
«O piccolino, non mi vuoi più bene...!»   40
«È vero che tu sei una cocotte?»
Perdutamente rise... E mi baciò
con le pupille di tristezza piene.

IV

Tra le gioie defunte e i disinganni,   45
dopo vent'anni, oggi si ravviva
il tuo sorriso... Dove sei cattiva
Signorina? Sei viva? Come inganni
(meglio per te non essere più viva!)
la discesa terribile degli anni?   50

Oimè! Da che non giova il tuo belletto
e il cosmetico già fa mala prova
l'ultimo amante disertò l'alcova...
Uno, sol uno: il piccolo folletto
che donasti d'un bacio e d'un confetto,   55
dopo vent'anni, oggi, ti ritrova

in sogno, e t'ama, in sogno, e dice: T'amo!
Da quel mattino dell'infanzia pura
forse ho amato te sola, o creatura!
Forse ho amato te sola! E ti richiamo!   60
Se leggi questi versi di richiamo
ritorna a chi t'aspetta, o creatura!

Vieni. Che importa se non sei più quella
che mi baciò quattrenne? Oggi t'agogno,
o vestita di tempo! Oggi ho bisogno   65
del tuo passato! Ti rifarò bella
come Carlotta, come Graziella,
come tutte le donne del mio sogno!

Il mio sogno è nutrito d'abbandono,
di rimpianto. Non amo che le rose   70
che non colsi. Non amo che le cose

che potevano essere e non sono
state... Vedo la casa, ecco le rose
del bel giardino di vent'anni or sono!

Oltre le sbarre il tuo giardino intatto   75
fra gli eucalipti liguri si spazia...
Vieni! T'accoglierà l'anima sazia.
Fa ch'io riveda il tuo volto disfatto;
ti bacierò; rifiorirà, nell'atto,
sulla tua bocca l'ultima tua grazia.   80

Vieni! Sarà come se a me, per mano,
tu riportassi me stesso d'allora.
Il bimbo parlerà con la Signora.
Risorgeremo dal tempo lontano.
Vieni! Sarà come se a te, per mano,   85
io riportassi te, giovine ancora.

Chi è una cocotte? Cosa significa per l'autore bambino, e poi per l'autore adulto, l'incontro con la cocotte? Cosa significa nel contesto della poesia la frase 'Non amo che le rose che non colsi'? Perché dopo vent'anni dall'incontro l'autore rivolgendosi idealmente alla cocotte le dice 'meglio per te non essere più viva'?

Capitolo 9

NIRVANA

NIRVANA, Italia/Inghilterra/Francia, 1997

Regia	Gabriele Salvatores	
Sceneggiatura	Pino Cacucci, Goria Corica, Gabriele Salvatores	
Interpreti	Christopher Lambert	*Jimi Dini*
	Diego Abatantuono	*Solo*
	Sergio Rubini	*Joystick*
	Stefania Rocca	*Naima*
	Amanda Sandrelli	*Maria*
	Emmanuelle Seigner	*Lisa*
	Claudio Bisio	*Corvo Rosso 610*
	Gigio Alberti	*Dottor Rauschenberg*
	Antonio Catania	*Venditore di paranoie*
	Silvio Orlando	*Portiere afgano*
	Paolo Rossi	*Il Joker*
Durata	111'	

IL REGISTA: GABRIELE SALVATORES

Gabriele Salvatores nasce a Napoli nel 1950. Da giovane si trasferisce a Milano dove si diploma all'Accademia d'arte drammatica del Piccolo Teatro. Nel 1972 è tra i fondatori del Teatro dell'Elfo. In seguito al successo della sua opera rock *Sogno di una notte d'estate* d'ispirazione scespiriana, Salvatores la trasforma nel suo primo lungometraggio che vince un premio alla Mostra del Cinema di Venezia nel 1983. Lavora anche in televisione e realizza video-clip per cantanti italiani prima di girare la commedia *Kamikazen – Ultima notte a Milano* (1987). Seguono *Marrakech Express* (1989), da cui inizia una lunga collaborazione con l'attore milanese Diego Abatantuono, e la commedia *Turné* (1990) in cui fonde i temi dei film precedenti: il viaggio e il teatro. L'anno successivo realizza *Mediterraneo*, la storia di otto soldati italiani a difesa di un'isola greca durante la seconda guerra mondiale, con cui si aggiudica l'Oscar come miglior film straniero nel 1992. Dopo *Puerto Escondido*, il maggiore successo della stagione cinematografica italiana 1992-1993, gira il dramma *Sud* (1993), sull'occupazione di un seggio elettorale da parte di alcuni disoccupati. Con *Nirvana* (1997) e *Denti* (2000) Salvatores passa al fantascientifico e al surreale, ma ritorna alle tematiche dei suoi primi film in *Amnesia* (2002) e in *Io non ho paura* (2003), tratto dall'omonimo romanzo di Niccolò Ammaniti.

FRA I SUOI FILM PIÙ IMPORTANTI:

Io non ho paura (2003)	*Puerto escondido* (1992)
Amnesia (2002)	*Mediterraneo* (1991)
Denti (2000)	*Turnè* (1990)
Nirvana (1997)	*Marrakech express* (1989)
Sud (1993)	*Kamikazen – ultima notte a Milano* (1987)

TRAMA DEL FILM

Ambientato nell'Agglomerato del Nord, una metropoli formata da un Centro ricco e protetto e da Periferie multi-etniche, poco prima del Natale 2005, *Nirvana* racconta le vicende di Jimi, un programmatore di videogiochi, disperato per la perdita di Lisa che lo ha lasciato, e di Solo, un personaggio del videogioco Nirvana che prende coscienza della propria esistenza e vuole che il suo creatore, Jimi, lo cancelli. Per soddisfare la richiesta di Solo bisogna distruggere il videogioco, ma la Okosama Starr, per la quale Jimi lavora, conserva una copia di Nirvana nella sua banca dati. Così Jimi, assistito da due hackers, Joystick e Naima, inizia un viaggio allucinante attraverso i pericolosi quartieri di Marrakech e Shanghai Town fino al ventre dell'Agglomerato, Bombay City, alla ricerca di Lisa e nel tentativo di cancellare Solo. Inseguiti dagli inviati della Okosama Starr, i tre compagni rischiano di essere eliminati in un gioco fin troppo reale.

PRIMA DI VEDERE IL FILM...

PREPARIAMOCI ALLA PROIEZIONE...

☞ *Nirvana* uscì in un periodo in cui in Italia ancora si parlava molto di realtà virtuale, video-giochi, reti, computer e cose del genere, ma la maggior parte delle persone non aveva una conoscenza diretta di queste cose. Il film quindi spazia liberamente in questa tematica, in un modo che può forse apparire ingenuo al giorno d'oggi, in cui queste tecnologie sono molto diffuse, ma che all'epoca suonò come un grido d'allarme focalizzato sull'eventualità che 'il virtuale' non fosse così tanto irreale, e sul rischio di farsi prendere la mano da questo tipo di strumenti. Rischio cui forse siamo sottoposti ancora, anche se in modo diverso...

☞ **Nirvana**: ha due significati. Significa sia la condizione spirituale – delle dottrine induista e buddista – di estinzione dei legami materiali, sia la condizione di totale immaterialità creata dalla realtà virtuale. Come precisa il regista: «Nella filosofia induista, quella che per noi è la realtà si chiama *Maya* ed è solo illusione e apparenza. Esattamente come quella che noi chiamiamo *realtà virtuale*. Per l'induismo e per il buddismo il ciclo continuo delle morti e delle incarnazioni può essere interrotto solo raggiungendo il Nirvana che è lo stato di pace, distacco e cancellazione del dolore. Esattamente come per il personaggio di un gioco elettronico, costretto a ripetere per l'eternità la stessa vita, 'reincarnandosi' in se stesso ogni volta che finisce in *game over*, a meno che qualcuno non lo liberi, cancellando il software nel quale dimora. Chi può dire, d'altra parte, cos'è la realtà? E siamo sicuri che ne esista una sola? E chi può affermare che quello in cui viviamo sia l'unico mondo esistente? E se fosse solo un riflesso di un altro mondo più reale? Quelli che chiamiamo *déja-vu* sono ricordi di vite precedenti o spiragli su vite parallele e contemporanee alla nostra?»[1].

...E AL LINGUAGGIO DEL FILM

Quando il film fu realizzato le nuove tecnologie informatiche non erano ancora così diffuse in Italia come lo sono ora, per cui una parte della terminologia fu inventata appositamente per i dialoghi del film. Con la diffusione del computer e di internet nel linguaggio comune si sono poi affermati altri termini. Troverai qui una breve lista delle espressioni presenti in *Nirvana*, e troverai scritto "non usato comunemente" accanto ai termini che attualmente non fanno parte del gergo informatico.

- ➤ **Far girare (un programma)**: far eseguire un programma.
- ➤ **Joystick**: manopola che si usa per i comandi di alcuni videogiochi.
- ➤ **Mandare in tilt**: provocare, ad un circuito elettrico o elettronico, un guasto che rende l'apparecchio inutilizzabile.
- ➤ **Planare** (non usato comunemente): navigare in rete.
- ➤ **Angelo** (non usato comunemente): hacker.
- ➤ **Volo** (non usato comunemente): navigazione in rete.

---

1 "Gabriele Salvatores. Regista", www.nirvana.it/salvatores.htm.

Quelle che seguono sono altre espressioni particolari usate nel film.

> **A braccetto**: sottobraccio, posizione in cui il braccio sinistro di una persona è incrociato con il braccio destro di un'altra.

> **Amministratore delegato**: in una società di capitale, membro del consiglio d'amministrazione che viene da questo delegato per svolgerne determinate funzioni.

> **Andare a puttane**: espressione volgare, letteralmente significa 'andare alla ricerca di prostitute', ma viene usata spesso, e anche qui, in senso figurato per 'andare a rotoli', cioè andar male.

> **Bollettino**: notiziario specializzato su un tema particolare.

> **Cacarsi sotto**: espressione volgare, 'aver paura'.

> **Cornea**: parte trasparente della membrana esterna dell'occhio.

> **Cuoio capelluto**: cute di rivestimento del cranio, da cui partono capelli.

> **Fondi neri**: denaro accantonato illecitamente senza risultare nei bilanci (in una società, in un'azienda) e che di solito viene utilizzato in modi e per scopi non legali.

> **Mercato nero**: compravendite clandestine.

> **Scopare**: termine volgare, 'avere rapporti sessuali'.

> **Soldi sporchi**: denaro di provenienza illecita.

> **Trielina**: nome commerciale di un composto dell'etilene usato come solvente.

DOPO AVER VISTO IL FILM...

I PERSONAGGI

Abbina appropriatamente i personaggi della colonna sinistra con i loro nomi della colonna destra.

1.	Creatore di videogiochi	a.	Joker
2.	Ex fidanzata di Jimi	b.	Solo
3.	Protagonista maschile del videogioco	c.	Lisa
4.	Tassista	d.	Rauschenberg
5.	Ex angelo di Jimi	e.	Naima
6.	Personaggio della pubblicità	f.	Jimi
7.	Protagonista femminile del videogioco	g.	Corvo Rosso
8.	Chirurgo	h.	Maria
9.	Hacker amica di Joystick	i.	Joystick

I PERSONAGGI: DESCRIVILI TU

1. Fai una descrizione dettagliata di Joystick e del suo modo di vestire.

2. Descrivi la personalità di Jimi, specificando quali episodi mettono in rilievo i diversi tratti del suo carattere.

3. Analizza il personaggio di Naima: che ruolo ha nella storia?

LESSICO: I SINONIMI

Abbina ogni parola della colonna sinistra con il suo sinonimo della colonna destra.

1.	catrame	a.	disorientare
2.	testardo	b.	trapianto
3.	filare	c.	pendere
4.	ciondolo	d.	inutilizzabile
5.	camuffarsi	e.	procedura
6.	contraffazione	f.	bitume
7.	inservibile	g.	annusare
8.	beccare	h.	acchiappare
9.	prassi	i.	baratro
10.	spiazzare	j.	travestirsi
11.	fiutare	k.	andarsene
12.	penzolare	l.	aggiogato
13.	precipizio	m.	falsificazione
14.	innesto	n.	ostinato
15.	imbrigliato	o.	pendente

LA STORIA

1. In che giorno comincia la storia narrata nel film? In quel momento, in quale situazione personale si trova Jimi, il protagonista?
2. Nell'Agglomerato del Nord che tipo di atteggiamento si nota nei confronti degli stupefacenti?
3. Chi è il Joker? In cosa consiste il suo 'bollettino dei naviganti'?
4. Cosa sta succedendo a Solo? E perché quando lui cerca di spiegarlo a Maria lei non vuole credergli?
5. Perché Solo arriva a comunicare con Jimi? Cosa desidera da lui?
6. In questo film, chi sono gli 'angeli'? Cosa fanno? In cosa consistono i loro 'voli'?
7. Perché Joystick non è più un angelo? Cosa teme?
8. Cos'è successo agli occhi di Joystick?
9. Come mai Naima, che ha appena conosciuto Jimi, ricorda tante cose di lui accadute in passato?
10. Come finisce la storia?

DIAMO UN'OCCHIATA AL FILM

1. Che cosa sta succedendo in questa scena? Che tipo di conversazione si svolge tra Solo e i suoi interlocutori in questa occasione? In che momento della storia si colloca questo episodio?

2. Guarda ora l'immagine all'inizio del capitolo: a cosa si riferisce? Chi ne sono i protagonisti, cosa stanno facendo e perché?

MASTERIZZA, FORMATTA E NAVIGA!

Con la diffusione dei computer e di internet in Italia, è entrata nel linguaggio comune anche la terminologia specifica per indicare le apparecchiature, le funzioni, le operazioni relative all'informatica. La maggior parte di questi termini è stata presa dall'italiano comune: ad esempio, l'operazione di copia di un documento si chiama 'copia'. Per altri termini invece ci si è ispirati all'inglese, visto che la tecnologia di cui stiamo parlando è arrivata in Italia prevalentemente dagli Stati Uniti. Per cui in alcuni casi sono stati mantenuti i termini originali, mentre in altri si sono creati dei neologismi, spesso ricalcati sull'inglese. Quello che segue è un glossario di alcuni dei termini più particolari; come lingua 'ponte' si è scelto di usare l'inglese perché proprio da esso sono stati derivati o tradotti, e perché è la lingua più comune nel settore.

Per alcuni termini c'è chi preferisce utilizzare l'italiano e chi invece mantiene il termine inglese. In quest'ultimo caso, è bene tenere presente che i sostantivi stranieri terminanti in consonante, in italiano vengono sempre considerati maschili, e che il loro plurale rimane invariato oppure, a scelta del parlante, viene formato secondo le regole della lingua di provenienza. Anche 'file' e 'mouse' sono maschili.

Glossario italiano-inglese

allegato	attachment	**masterizzare** *(CD, DVD)*	to burn
baco *(in un programma)*	bug	**masterizzatore**	CD/DVD writer
carattere	font	**navigare**	to navigate
caricare	to load	**pagina web**	webpage
cartella	folder	**periferica**	peripheral
cavallo di troia	trojan	**pirata informatico**	cracker[2]
cliccare	to click	**programma**	software
craccare	to crack	**rete**	web
dischetto	floppy disk	**riscrivibile**	rewritable
disco rigido	hard disk	**salvaschermo**	screensaver
doppio clic	double click	**scannerizzare**	to scan
far girare *(un programma)*	to run	**scansire**	to scan
formattare	to format	**scaricare**	to download
formattazione	format	**scheda madre**	motherboard
incollare	to paste	**sistema operativo**	operating system
ipertesto	hypertext	**sito internet**	website
lettore (CD, DVD)	(CD, DVD) player	**sito web**	website
linea sottorigo	underscore	**scrivania**	desktop

Termini rimasti invariati dall'inglese: antivirus, attachment, desktop, driver, e-learning, file, font, hacker, hard disk, hardware, internet, messenger, mouse, provider, screensaver, server, software, spam, virus, web

Esempio di indirizzo internet: **http://www.unifi.it** (si legge: acca ti ti pi due punti slash slash vuvuvu punto unifi punto it) [è il sito dell'Università degli Studi di Firenze].

Per l'**e-mail** si usa solitamente '**messaggio di posta elettronica**', o 'e-mail', o 'mail' (entrambi sono maschili o femminili, a seconda della scelta individuale del parlante).

Esempio di **indirizzo di posta elettronica: nome_cognome@provider.it** (si legge: nome linea sottorigo cognome chiocciola provider punto it).

Traduci dall'italiano nella tua lingua le frasi che seguono.

1. Prima di utilizzare il dischetto, ricordati di formattarlo; dopo copiaci i file che avevi salvato sulla scrivania.

---

2 O, impropriamente, 'hacker'.

2. Navigando in rete ho trovato un salvaschermo molto carino e l'ho scaricato sul mio computer, ma con il mio sistema operativo non riesco a farlo girare.

3. Ho scansito alcune foto che intendo caricare sulla mia pagina web personale.

4. Un collega mi ha inviato un messaggio di posta elettronica con un allegato infettato da un virus, ed ora il sistema non vede più le periferiche.

5. Per aprire il documento devi fare doppio clic sull'icona, poi ingrandisci il carattere e salva il file con un nome diverso in un'altra cartella.

MASCHILE O FEMMINILE? (singolare)

Abbiamo visto dal glossario della terminologia informatica che molti sostantivi inglesi, entrati nell'uso comune in italiano, generalmente vengono considerati maschili, come quasi tutti i nomi di origine straniera con consonante finale; oppure sono ancora variabili come genere, cioè qualcuno li usa al maschile e qualcuno al femminile (e-mail, mail). Anche in alcune parole italiane ci sono casi particolari per quel che riguarda il genere.

Qualche volta quello che sembra il maschile di un termine è in realtà una parola completamente diversa con un altro significato e viceversa. Riempi gli spazi vuoti nelle frasi con il termine giusto fra quelli proposti da parentesi. Dove necessario, inserisci anche l'articolo appropriato oppure volgi il termine al plurale. Componi poi tu stesso una frase utilizzando l'altro sostantivo.

Esempio: «_____ di questa tovaglia è artigianale» (pizzo – pizza) *diventa*:
«*Il pizzo* di questa tovaglia è artigianale». *Inoltre si ha*:
«La mia *pizza* preferita è quella con i funghi».

1. _____ del rosmarino cresce molto bene anche in vaso. (pianto – pianta)

2. L'aereo fa _____ a Roma prima di proseguire per Stoccolma. (scalo – scala)

3. Per attaccare i due pezzi di carta ho usato _____. (collo – colla)

4. In molte guerre europee _____ in Russia ha costituito la rovina degli eserciti. (il fronte – la fronte)

5. Non ho apprezzato molto _____ di questo film. (il fine – la fine)

6. Era molto rauco, e parlava con _____ di voce. (filo – fila)

7. Quel ragazzo ha un bel viso, ma _____ è un po' sfuggente. (mento – menta)

8. Mio figlio ha di nuovo dimenticato _____ a scuola! (cartello – cartella)

9. Mauro si è ustionato la mano giocando con _____ di Capodanno. (razzo – razza)

10. Ha ricevuto un forte colpo a _____ ed è svenuto, ma fortunatamente non era niente di grave. (tempio – tempia)

FUORI DALL'INQUADRATURA

➢   Al regista viene l'idea del film *Nirvana* mentre è a Benares, in India. Sulle scalinate che scendono al Gange, il fiume sacro per gli indù, osserva dei bambini che giocano con un computer accanto ad un'immagine di Shiva danzante all'interno del ciclo delle reincarnazioni.

➢   *Nirvana* è stato girato a Milano tra la primavera e l'estate del 1996 nell'area industriale dismessa dell'Alfa Romeo e nei sotterranei del macello comunale.

➢   Per la ricostruzione dell'agglomerato (che è un'ambientazione digitale) l'ispirazione è stata l'opera del pittore italiano Mario Sironi (1885-1961). Nella costruzione della scenografia, Giancarlo Basilisi si è ispirato a Hieronymus Bosch (ca. 1450-1516), a Maurits Cornelis Escher (1898-1972) e alla pop art.

➢   Il nome di Solo è identico quello del protagonista di *Guerre stellari* (*Star Wars*, 1977), interpretato da Harrison Ford, ma è anche un indizio del suo destino. Inoltre, come spiega Diego Abatantuono, si tratta di una presa in giro tra amici: «Gabriele ha voluto chiamare Solo questo personaggio dopo averlo scritto direttamente su di me e mi ha fatto uno scherzo un po' perfido perché la solitudine è la condizione che detesto di più, al punto che nella vita cerco di circondarmi di amici dalla mattina alla sera per evitare questa punizione»[3].

➢   A proposito del fatto che nevica sempre e che è sempre notte, Salvatores commenta: «Il film si svolge nei tre giorni che precedono il Natale. Anche in *Nirvana*, come nella tradizione natalizia, c'è un dio e c'è un uomo: c'è il creatore del videogioco e c'è il personaggio che lui ha creato. Ma mentre il Natale celebra qualcuno che nasce, in *Nirvana* si assiste alla storia di qualcuno che si estingue. La neve evoca il Natale, ma ha anche una funzione visiva: mi è servita per impastare il vero e il finto, come un filtro o una sfumatura. Quanto alla notte, [...] è il regno dell'incubo e del sogno, della solitudine e del cambiamento. Poi, sul piano pratico, la scelta notturna è dovuta alla medesima ragione per cui erano quasi tutti bui i *noir* degli anni Quaranta: si risparmia in scenografie, si deve costruire solo quello che si illumina, il resto è lasciato all'immaginazione dello spettatore»[4].

➢   *Nirvana* è costato 14 miliardi di lire (più di 7 milioni di euro): una somma molto alta per l'Italia, ma le spese sono state in effetti sostenute da tre case di produzione.

➢   Il principale riferimento fantascientifico per Salvatores fu Philip K. Dick (1928-1982), autore di numerosi racconti che hanno spesso avuto fortuna cinematografica. Tra i tanti citiamo "Il cacciatore di androidi" ("Do Androids Dream of Electric Sheep?", 1968) dal quale Ridley Scott ha tratto il film cult *Blade Runner* (1982).

➢   Il personaggio virtuale del videogioco, Solo, ha un accento milanese, mentre Joystick ha un accento meridionale molto particolare. Sergio Rubini spiega l'origine e il significato di questa neo-lingua: «È un'idea che ho avuto d'accordo con Salvatores che ha voluto anche che il mio personaggio fosse scovato nel quartiere di Marrakech – la zona dell'Agglomerato

---

3   "Diego Abatantuono è Solo", www.nirvana.it/abatantuono.htm.

4   *Nirvana. Sulle tracce del cinema di Gabriele Salvatores*, a cura di Gianni Canova, Zelig Editore, Milano 1996, p. 52.

che rappresenta un po' tutti i Sud del mondo – e che avesse un'origine proletaria perché gli hackers come lui, in un futuro non troppo lontano, appariranno molto meno sofisticati di quanto non sembri oggi, faranno parte della massa, saranno persone comuni che svolgeranno un mestiere molto diffuso, analogo più o meno a quello del meccanico...»[5].

DA UNA PAROLA ALL'ALTRA

Per ogni coppia di parole, in successivi passaggi trasforma la prima nella seconda, cambiando ogni volta solo una lettera. Attenzione: ogni parola che utilizzi nel gioco deve esistere nella lingua italiana.

Ad esempio, da 'riso' a 'nana':

riso > viso > vaso > naso > nano > nana.

carta > porgi	marito > fedina	festa > vanti
bacato > penare	monte > firma	nobile > muniti

TI SEI FATTO QUALCOSA CHE T'HA PRESO MALE!

Proprio questo dice Maria a Solo, incredula di fronte alla storia sconcertante che lui le racconta. Ma cosa vuol dire esattamente questa frase? E a quali altri modi di dire è curiosamente correlata?

Farsi qualcosa, oppure farsi di qualcosa: (gergale) fare uso di sostanze stupefacenti.

"Lui si fa di eroina"; "Quando ho voglia mi faccio l'eroina"

Farsi qualcosa: fare (provocare o procurare) qualcosa a se stessi.

"Mi sono fatto una pizza con le cipolle." (nel senso: mi sono preparato la pizza); "Ero ridotto così male che mi facevo pena"

Farsi qualcosa: acquistare qualcosa per se stessi, spesso nel senso di concedersi qualcosa di particolarmente gradevole, o un lusso.

"Lo sai? Mario e Giovanni si sono fatti il panfilo!"; "Da quando si è fatto la Ferrari non fa altro che vantarsene!"

Farsi qualcosa: mangiare, consumare.

"Mi sono fatto una pizza con le cipolle." (nel senso: ho mangiato la pizza); al ristorante: "Voi che ordinate? Io penso che mi farò una bella bistecca!"

Farsi animo (coraggio, forza): rendersi più forte e rincuorarsi di fronte a una difficoltà.

"Mi sono fatto forza e ho sopportato anche l'ennesima angheria"; "È ammirevole il modo in cui Giovanni si è fatto coraggio quando ha perso il lavoro"

---

5 "Sergio Rubini è Joystick", www.nirvana.it/rubini.htm.

Farsi i capelli (la barba, le unghie): tagliarsi o farsi tagliare i capelli (la barba, le unghie); spesso esteso anche, oltre al taglio, ad altre operazioni estetiche, anche operate da altri.

"Non si è nemmeno fatto la barba, guarda com'è trasandato!"; al ritorno da una seduta dal parrucchiere: "Guarda, mi sono fatta i capelli: permanente e colore! Che te ne pare?"

Farsi strada: aprirsi un passaggio (fra la gente, fra le auto, nella vegetazione…).

"Ci ho messo un'ora per farmi strada fra la folla e raggiungere l'università";

Fare strada: fare da guida a chi segue, o raggiungere una buona posizione sociale (o professionale, economica…).

"Fai strada tu per favore, io non conosco bene la zona"; "Però, tuo figlio ha fatto strada, alla sua età è già diventato primario!"

Prendere male: (gergale) provocare un effetto non desiderato e sgradevole, riferito principalmente a sostanze stupefacenti.

"Mi sono fatto un acido e m'ha preso male, non riuscivo proprio più a stare in piedi"

Prenderla male: preoccuparsi, adirarsi, risentirsi

"Lo so che per te questa bocciatura è una delusione, ma non prenderla così male, vedrai che ti rifarai al prossimo esame!"; "Quando gli ho detto che il suo progetto non mi piaceva non intendevo offenderlo, ma lui l'ha presa male e non mi parla più"

Prendersi male (ausiliare essere): (familiare) avere un malore; farsi prendere dallo sgomento.

"Quando ha saputo di aver vinto alla lotteria gli è preso male ed è svenuto"; "Non appena mi sono reso conto di quanto lavoro fosse ancora rimasto da fare mi è preso male!"

Prendere male (ausiliare avere): non fare presa in modo adeguato.

"Il cartone si è staccato dal supporto perché la colla aveva preso male"; "Il cemento ha preso male e non si è solidificato nei tempi previsti"

Quindi con la sua frase Maria insinua che Solo sia drogato e che lo stupefacente di cui ha fatto uso gli stia provocando uno strano effetto.

Nelle frasi che seguono, sai inserire negli spazi vuoti il modo di dire più appropriato?

1. «Cosa hai mangiato oggi?» «_____ due spaghetti e un'insalata mista».

2. Finalmente anch'io _____ la moto!

3. Temo che l'adesivo _____, mi sembra che il pomello si stia staccando.

4. Stamani non ho avuto tempo di _____ la barba, e in queste condizioni non posso presentarmi alla riunione!

5. Giovanni è caduto e _____ una brutta ferita al ginocchio sinistro.

6. C'è qualcosa di diverso in te... Sei stata dal parrucchiere? _____ i capelli?

7. Dopo aver mangiato i funghi _____ e sono dovuta correre all'ospedale.

8. Quel ragazzo è proprio in gamba, sono sicuro che _____ nella vita!

9. Nei momenti più difficili bisogna _____, stringere i denti e non scoraggiarsi.

10. Devo darti una notizia sgradevole, ma tu non _____ perché ho già in mente una soluzione.

SPIEGA CON PAROLE TUE!

Sono qui riportate alcune citazioni dai dialoghi del film. Spiega cosa significano in relazione ai personaggi che le pronunciano e a quello che accade nel film.

1. Joystick a Jimi: «È che il cuoio capelluto è in ribasso, se no mi sarei venduto pure quello. Per la cornea pagano bene».

2. Solo, ai suoi avversari del gioco: «Ho fatto di tutto per cercare di cambiare lo schema del gioco. Ma voi siete duri, troppo duri, come quello con i capelli viola. Non vi ferma nessuno, come degli schiacciasassi. Ma non avete mai dei dubbi, eh?».

3. CR 610 a Jimi al loro arrivo a Marrakech: «Se mai ci rivedremo, signore, mi deve dire chi glielo fa fare».

PICCOLE NOTE CULTURALI ED ALTRE CURIOSITÀ

➤ **Joker**: Paolo Rossi, che interpreta il Joker, è un autore/attore comico satirico molto famoso in Italia che effettivamente ha spesso portato sui palcoscenici teatrali sul grande schermo e in televisione divertenti personaggi che fanno uso di stupefacenti.

➤ **Corvo Rosso**: queste due parole richiamano immediatamente alla mente degli italiani il titolo del film *Corvo Rosso non avrai il mio scalpo*, interpretato da Robert Redford e diretto da Sydney Pollack nel 1972 (titolo originale: *Jeremiah Johnson*). Il nome Corvo Rosso quindi suona abbastanza comico per l'italiano medio, visto che il personaggio di *Nirvana* è calvo!

➤ **ACU**: è l'unità monetaria in uso nell'Agglomerato. Il termine è probabilmente un calco su ECU (European Currency Unit).

➤ **Chelsea Hotel**: albergo di Manhattan molto frequentato da scrittori, artisti e musicisti. Nel 1978, in una stanza dell'hotel, Sid Vicious (John Simon Ritchie, 1957-1979), bassista dei Sex Pistols, durante un litigio uccise la sua ragazza, Nancy Spungen, con una pugnalata. Lisa indossa una maglietta dei **Sex Pistols** (1976-1977), storico gruppo punk formato da Johnny "Rotten" Lydon, Glen Matlock (espulso poi a favore di Sid Vicious), Steve Jones e Paul Cook.

➤ Il personaggio di Solo echeggia un celebre testo teatrale di Luigi Pirandello (Caos, Agrigento 1867 – Roma 1936), il dramma *Sei personaggi in cerca d'autore* (1921).

➤ Il nome del protagonista, Jimi Dini, evoca sia l'attore James Dean (1931-1955) che il musicista Jimi Hendrix (1942-1970), entrambi prematuramente scomparsi.

LEGGIAMO IL COPIONE

All'inizio del film, Jimi per l'ennesima volta guarda la registrazione video in cui Lisa cerca di spiegargli perché lo vuole lasciare. La voce narrante di Jimi esprime poi il malessere a un anno dalla separazione.

Lisa:	-Che cosa ci faccio io qui? Questa è la domanda, Jimi. Perché sono qui e non altrove? Forse Lisa ha bisogno di Jimi, e Jimi di Lisa. Ma l'amore è ben altro che bisogno o dipendenza, l'amore è amore, e basta. Non devi aspettarti niente in cambio. Ma noi, noi ci amiamo ancora, Jimi. Che cosa ci fa qui Lisa?
Jimi:	-Era ormai un anno che Lisa se n'era andata, e io navigavo di nuovo in un mare scuro. Altre volte ne ero uscito, ma questa volta non avevo più stelle nell'anima. Non so se vi è mai capitato: ti svegli al mattino, e il tuo solo desiderio è quello di sprofondare di nuovo nel buio.

Dalle parole di Lisa, riesci ad intuire perché lei lasci Jimi? Cosa si capisce del loro rapporto? Secondo te, perché Lisa ha scelto un video per dire queste cose a Jimi?

Solo si trova, per la seconda volta, a vivere una scena del gioco di cui è protagonista. Componendo un numero di telefono, al Viditel gli compare Maria. Poco dopo, arriva anche il sicario virtuale.

Solo:	-Chi sei?
Maria:	-Chi sei tu! Sei tu che mi hai chiamato, no?
Solo:	-Io mi chiamo Solo. Avevo in tasca il tuo numero di tele... Ma noi ci siam già visti?
Maria:	-Fatti un po' vedere? Ah sì, tu devi essere l'italiano che era ieri al ristorante di Chung-Li. Te l'ho dato io il mio numero di telefono, non ricordi?
Solo:	-Tutto questo è già successo... C'è qualcosa di strano: ho la sensazione che da un momento all'altro salta fuori qualcuno. Ecco! Hai visto? Guardalo!
Sicario:	-Ti ho trovato, 'spaghetti'. Credo proprio che questo punto me lo aggiudico io.
Solo:	-No, aspetta... io so esattamente quello che tu stai per fare. Adesso tu mi punti un pistolone, schiacci il grilletto e mi spari. Lo so già.
Sicario:	-Bravo! Come hai fatto a indovinarlo?
Solo:	-Perché è già successo! Tu sei già salito dalle scale, lo stavo dicendo adesso a Maria. Mi hai già puntato il pistolone, mi hai già ammazzato. Son già morto!

Sicario: -Allora sai già come va a finire! Credo proprio che questo punto me lo aggiudico io.

Cosa sta succedendo? Perché Solo si immagina quello che sta per accadere? Perché il Sicario lo chiama 'spaghetti'? Perché il Sicario ripete due volte "Credo proprio che questo punto me lo aggiudico io"?

LA PAROLA AL REGISTA, GABRIELE SALVATORES

«Il personaggio che fa Diego Abatantuono [Solo, *nda*] scambia per reale la situazione in cui vive e si accorge solo a un certo punto che in realtà sta vivendo dentro un videogioco, cioè in una realtà assolutamente falsa. Questo credo che sia una cosa di cui ognuno di noi dovrebbe forse un po' accorgersi anche nella vita di tutti i giorni, ci può veramente capitare a volte di avere la sensazione di essere in un gioco giocato, pensato da altri. Credo che una delle cose che dobbiamo... che dovremmo fare di più è tenere gli occhi e le orecchie bene aperte per non scambiare la finzione con la realtà»[6].

1. Cosa pensi che intenda Salvatores per finzione e realtà?
2. In senso più legato al quotidiano, ti sembra possibile ritrovarsi in un gioco giocato da altri? Sapresti fare un esempio di una situazione in cui non sei tu a decidere, ma qualcun altro guida le tue mosse?

«Quello che volevo dire [in *Nirvana*, *nda*] è molto semplice: se ti accorgi di essere in un gioco che non ti piace più, è tuo dovere assoluto smettere di giocare. Anche a costo di un sacrificio totale. Anche se questo implica la rinuncia a quello che sei stato, o a quello che credevi e ti illudevi di essere. Il cambiamento, con la fatica e il dolore che implica, continua a essere in fondo la chiave dei miei film»[7].

1. Avevi colto questo messaggio in *Nirvana*? Potresti dare anche altre interpretazioni di quello che accade nel film?
2. Leggendo questo commento del regista, quali personaggi e passi del film ti sono venuti in mente? Perché proprio questi?

«Le radici del cinema italiano sono il neorealismo e la commedia all'italiana, che dal neorealismo nasce. [...] Credo che la commedia all'italiana sia morta. Credo che non sia più in grado di raccontare la realtà. Questo non vale per la comicità in sé, intendo la commedia italiana nella sua struttura logica. Per me è così. Non ho più da tirarci fuori niente»[8].

1. Salvatores è stato molto criticato per aver dichiarato che la commedia all'italiana è morta. Come interpreti i suoi commenti?

---

6 Intervista a Gabriele Salvatores tratta dal DVD *Nirvana*, Cecchi Gori Editoria Elettronica Home Video srl, 2000.

7 *Nirvana. Sulle tracce del cinema di Gabriele Salvatores*, op. cit., p. 53.

8 "Intervista a Gabriele Salvatores", www.tempimoderni.com/1997/interv97/salvator.htm.

2. Secondo te, cosa significa "raccontare la realtà"? Perché la commedia all'italiana ha potuto farlo ed ora non ne sarebbe più in grado?

3. *Nirvana* secondo te racconta la realtà? E come lo fa?

MA ORA IL REGISTA SEI TU... E VUOI CAMBIARE TUTTO!

Solo è un personaggio virtuale condannato a un'esistenza di continue reincarnazioni. Chiede al suo programmatore di essere cancellato, e Jimi accetta di farlo.

Ma ora il regista sei tu... e vuoi cambiare tutto!

Riscrivi la storia: Jimi non cancella Solo, ma contamina il programma con un altro virus che ha un effetto 'Pinocchio' su Solo rendendolo vivo a tutti gli effetti. Cosa succederà?

Se ti sembra opportuno, dopo aver raccontato questa nuova versione della vicenda cambia anche il titolo del film, e spiega i motivi della tua nuova scelta.

RIFLETTIAMO UN PO'

1. Jimi: «Sapeva che non sarebbe mai potuto uscire di lì. Dal suo mondo finto mi guardava dritto in faccia, ma la realtà non sopporta di essere guardata negli occhi. Per questo non basta la ragione per capirla». Di chi sta parlando Jimi? Cosa ne pensi delle sue affermazioni?

2. Solo dice a Jimi: «Sai qual è l'unica cosa che io non posso fare qui dentro? È smettere di giocare. Tu invece puoi farlo. Allora smetti di giocare. Se riesci a farlo vuol dire che sei libero». La sfida di Solo riguarda solo il mondo dei videogiochi? Jimi ti sembra capace di smettere di giocare? Che cosa significa per Solo essere libero? E per te cos'è è la libertà?

3. Quando Naima si innesta la memoria di Lisa, racconta i ricordi della ragazza. Naima riferisce a Jimi: «Mi sentivo una stronza, quando sei uscito ho preso quella mia foto e l'ho sbattuta per terra, poi ti ho detto che l'ho fatta cadere per sbaglio», mentre la versione dell'accaduto fornita da Lisa a Jimi era stata: «Ho fatto cadere per sbaglio la mia foto». Secondo te perché Lisa aveva mentito a Jimi? Cosa può significare per lui, in questo momento, conoscere la verità?

QUATTRO CHIACCHIERE CON...

Lisa è un personaggio ambiguo. La conosciamo solo tramite una registrazione video, la sua memoria inserita in Naima ed i ricordi di Jimi. È il motivo del viaggio di Jimi, ma rimane sempre un'enigma.

Immagina di poterla intervistare. Cosa racconterebbe di sé? Cosa penserebbe della ricerca ossessiva di Jimi? Trascrivi le domande che vorresti porle e le risposte che ti aspetteresti di ricevere, e poi discutine con i tuoi compagni.

NON VORRESTI SAPERNE DI PIÙ?

1. *Nirvana* è un film un po' insolito nel panorama del cinema italiano. Benché non molto sviluppata, la fantascienza in Italia ha una sua piccola tradizione. Esplora la sua storia individuandone le principali opere cinematografiche.

2. La casa di Jimi è completamente automatizzata ed interagisce con lui. Non siamo troppo lontani da realizzazioni del genere, l'automazione in architettura è già a livelli abbastanza avanzati. Fai una breve ricerca sull'argomento e prendi in esame in particolare qualche edificio all'avanguardia nel settore.

3. I dirigenti della Okosama Starr sono disposti ad uccidere Jimi pur di proteggere il videogioco, il che significa che anche in questo futuro immaginario i videogiochi sono un grosso affare. Quali sono i videogiochi più popolari in Italia? A chi sono indirizzati? Scegline uno che ti sembra interessante e spiega le regole e lo scopo del gioco.

4. Leggi il dramma di Luigi Pirandello *Sei personaggi in cerca d'autore*. Scrivi un riassunto del testo teatrale e indica i parallelismi che noti tra la condizione esistenziale dei personaggi pirandelliani e Solo.

5. Il world wide web ha raggiunto una diffusione tale che già da tempo sono entrate in vigore norme specifiche per regolamentarne l'uso ed evitarne l'abuso. Fai una piccola ricerca sugli accordi internazionali riguardanti internet. Oltre alle leggi, esiste anche la *netiquette*, il galateo della rete: la conosci? Sai elencare alcune delle sue regole?

6. La Miramax Films pensava di doppiare *Nirvana* in inglese, ma poi cambiò idea dopo averlo presentato in versione originale ad un pubblico preselezionato. Perché pensi che la Miramax non abbia proceduto al doppiaggio di *Nirvana*? Non c'è concordia sull'opportunità di doppiare i film piuttosto che distribuirli in lingua originale. In Italia cosa si fa di solito? In base a quali criteri si decide di doppiare un film? Qual è la prassi nel tuo paese? È diversa da quella italiana? Secondo te perché? Tu preferisci vedere i film in lingua originale con sottotitoli oppure doppiati?

7. Guarda un altro film di Gabriele Salvatores. Individua delle scene chiave da far vedere ai tuoi compagni, racconta loro la trama e presenta le tematiche del film.

8. Leggi le poesie riportate sotto e scegli uno degli autori da approfondire. Trova un'altra sua poesia da commentare e presentare ai tuoi compagni.

VI PRESENTO *NIRVANA*

Scrivi una composizione, di almeno 5000 caratteri (spazi esclusi), in cui presenti *Nirvana*: la trama, i personaggi, le tematiche affrontate, le soluzioni di regia e quant'altro ti sembra importante. Aggiungi anche una tua valutazione critica ed un commento personale.

L'ANGOLO DELLA POESIA

L'esistenza di Solo è legata ad un'incessante morire e rinascere all'interno dello spazio elettronico di un videogioco. Proprio il tema dell'esistenza viene trattato in una breve lirica di Salvatore Quasimodo (Siracusa 1901 – Amalfi 1968): "Ed è subito sera". Grande traduttore di lingue classiche e moderne, esponente dell'ermetismo, la sua poesia esprime nei momenti più alti la passione e la sofferenza che accomuna l'umanità, in un linguaggio volto alla rarefazione dell'immagine e alla purità della parola. Quasimodo riceve il premio Nobel per la letteratura nel 1959. Fra le sue opere ricordiamo: *Ed è subito sera* (1942) e *Giorno dopo giorno* (1947). Leggiamo insieme la poesia.

Ed è subito sera

Ognuno sta solo sul cuor della terra
trafitto da un raggio di sole:
ed è subito sera.

Scrivi una parafrasi della poesia. Perché pensi che si faccia riferimento al "cuor della terra"? Cosa potrebbe significare il "raggio di sole"? Sei d'accordo con quanto espresso in questa poesia? Pensi che Solo si riconoscerebbe in questa lirica? Perché?

Infettando il videogioco, il virus fornisce a Solo la coscienza di sé e della virtualità del suo mondo. Eugenio Montale (Genova 1896 – Milano 1981) descrive una simile situazione, ma presentandola come reale condizione esistenziale umana. Montale, premio Nobel per la letteratura nel 1975, è uno dei massimi poeti del Novecento italiano. La sua poesia è una riflessione su esperienze vissute e sulla constatazione del 'male di vivere', celebre formula con cui l'autore indica concisamente l'inquietudine esistenziale. In Montale c'è una sfiducia radicale nella comunicazione anche poetica: ciò che la poesia permette è una forma di conoscenza tutta al negativo che viene riassunta nei versi «Codesto solo oggi possiamo dirti, /ciò che *non* siamo, ciò che *non* vogliamo». Nonostante la brevità della lirica e la semplicità dello schema metrico, "Forse un mattino andando in un'aria di vetro" compendia una metafisica del nulla e una confutazione dell'oggettività reale. Leggiamo la poesia insieme.

Forse un mattino andando in un'aria di vetro

Forse un mattino andando in un'aria di vetro,
arida, rivolgendomi, vedrò compirsi il miracolo:
il nulla alle mie spalle, il vuoto dietro
di me, con un terrore di ubriaco.

Poi come s'uno schermo, s'accamperanno di gitto
alberi case colli per l'inganno consueto.
Ma sarà troppo tardi; ed io me n'andrò zitto
tra gli uomini che non si voltano, col mio segreto.

Scrivi una parafrasi della poesia. Come viene rappresentata la vita? Cosa pensi che significhi "aria di vetro" nel primo verso? Quale potrebbe essere il "miracolo" del secondo verso? Chi sono "gli uomini che non si voltano"? Perché pensi che il poeta decida di tenersi il "segreto"? Cosa pensi di quanto espresso nella poesia? Che parallelismi riesci ad individuare tra la lirica e la condizione di Solo?

CAPITOLO 10
BACI E ABBRACCI

BACI E ABBRACCI, Italia, 1998		
Regia	Paolo Virzì	
Sceneggiatura	Francesco Bruni, Paolo Virzì	
Interpreti	Francesco Paolantoni	*Mario*
	Massimo Gambacciani	*Renato Bacci*
	Piero Gremigni	*Luciano Cecconi*
	Samuele Marzi	*Matteo*
	Paola Tiziana Cruciani	*Tatiana Falorni*
	Daniela Morozzi	*Ivana*
	Isabella Cecci	*Annalisa*
	Emanuele Barresi	*Ennio*
	Sara Mannucci	*Margherita*
	Edoardo Gabbriellini	*Alessio*
	Snaporaz	*Amaranto Posse*
Durata	105'	

IL REGISTA: PAOLO VIRZÌ

Paolo Virzì nasce a Livorno nel 1964. Studia Lettere e Filosofia all'Università di Pisa prima di passare al Centro Sperimentale di Cinematografia di Roma dove si diploma in sceneggiatura con Furio Scarpelli nel 1987. Autore di soggetti e sceneggiature per il cinema e per la televisione, collabora con vari registi fra cui Gabriele Salvatores per *Turné* (1990). Esordisce come regista nel 1994 con *La bella vita*, di cui scrive soggetto e sceneggiatura con l'amico livornese Francesco Bruni che collaborerà anche a tutti i suoi film successivi. Nel 1995 realizza *Ferie d'agosto*, che si aggiudica il David di Donatello quale miglior film del 1996. Sempre con Francesco Bruni, ma anche con la partecipazione di Furio Scarpelli, scrive il copione per *Ovosodo* (1997) che risulta tra i titoli italiani di maggior successo della stagione. Con *Baci e abbracci* (1998) Virzì conferma la sua capacità di interpretare l'eredità della commedia all'italiana. Anche la sua ultima opera, *Caterina va in città* (2003), ha goduto di un ampio consenso di pubblico e di critica. Uno dei tratti caratterizzanti delle opere di Virzì è la sua capacità di scoprire volti nuovi utilizzando attori alla loro prima esperienza cinematografica.

FRA I SUOI FILM PIÙ IMPORTANTI:

Caterina va in città (2003)	*Ovosodo* (1997)
My Name is Tanino (2001)	*Ferie d'agosto* (1996)
Baci e abbracci (1998)	*La bella vita* (1994)

TRAMA DEL FILM

Durante il periodo natalizio Renato, Luciano e Tatiana si trovano nei guai. Hanno investito tutto in un allevamento di struzzi in un casale malridotto nella Valle del Cecina, ma sono oberati dai debiti. Anche Mario, un salernitano emigrato in Toscana, proprietario di un ristorante senza clienti e disperato per il fallimento del suo matrimonio, è al tracollo economico. All'improvviso uno spiraglio di speranza emerge per i tre allevatori: il compagno della sorella di Renato è un assessore regionale che potrebbe garantire all'impresa un finanziamento pubblico. Decidono di invitarlo alla cena della vigilia di Natale, ma a causa di un equivoco passano la serata non con l'assessore bensì con il ristoratore. In un'atmosfera corale e tragicomica che si fa sempre più fiabesca i personaggi affrontano le conseguenze dolci e amare di questo scambio di persona. Nelle parole del regista: «Si tratta di una favola natalizia di sapore dickensiano, arricchita di elementi farseschi»[1].

---

1 "Incontro con Paolo Virzì" in www.revisioncinema.com/ci_abbra.htm.

PRIMA DI VEDERE IL FILM...

PREPARIAMOCI ALLA PROIEZIONE...

- **Valle del Cecina**: si trova in Toscana tra Livorno, Grosseto e Siena.

- **Gli allevamenti di struzzi**: dagli anni '90 si sono diffusi in Toscana con un certo successo. Gli allevamenti rilevati dall'Istat (Istituto Nazionale di Statistica) nel 1997 ammontavano a 1.425 unità, il 55% del totale europeo, dislocati soprattutto in Emilia Romagna, Lombardia, Sardegna, Piemonte e Marche. A Guardistallo, in provincia di Pisa, si tiene anche la sagra dello struzzo.

- **«È capace che è dell'Ulivo ma non è comunista, è capace che è cattolico del PPI, CCT, vai a sapere...»**: Luciano esprime così il dubbio che insorge sull'appartenenza politica del presunto assessore. L'Ulivo è una coalizione di partiti del centro-sinistra nelle cui liste è stato eletto l'assessore Marelli, ma gli allevatori – che credono di ospitarlo – non conoscono quale sia il partito specifico di cui faccia parte il loro invitato. All'inizio lo chiamano 'compagno', dando per scontato che sia comunista; poi, visto il disorientamento di Mario, si domandano se non sia invece di un altro partito dell'Ulivo di area cattolica. Per cui ipotizzano PPI (Partito Popolare Italiano), CCD (che invece è la sigla di Centro Cristiano Democratico, che però è schierato non con l'Ulivo bensì con il centro-destra). Nel citare le sigle di partito Luciano sbaglia e dice CCT (Certificati Credito del Tesoro) invece di CCD.

...E AL LINGUAGGIO DEL FILM

Il parlare livornese in *Baci e abbracci* proviene dalla regione occidentale della Toscana che comprende l'area di Livorno, Pisa e Lucca. Vediamone alcune caratteristiche.

- L'articolo *il* diviene *er* spesso troncato in *'r*. Per esempio: il topo → *'r topo*.
- Le consonanti sono spesso raddoppiate. Per esempio: dopo → *doppo*; vidi → *viddi*.
- L'avverbio di negazione *non* diventa *nun* e per aferesi *'un* o *'n*. Per esempio: non mi pare → *nun mi pare*; non ci pensare → *'un ci pensare*.
- In alcuni casi, /é/ tonica diventa /è/: neve → *nève*; scende → *scènde*.
- Il pronome di seconda persona singolare, come nel resto della Toscana, è spesso *te* invece che *tu*.

Piccolo glossario di espressioni particolari usate nel film.

- **Apripista**: la persona che percorre una pista (spesso sciistica) prima degli altri che lo seguono; si usa però, in generale, per indicare chi si cimenta in un'attività innovativa.
- **Assessore regionale**: membro della Giunta regionale.
- **Boccalone**: persona che sta sovente a bocca aperta; in senso figurato, è passato a designare la persona che parla troppo e dice anche quello che non dovrebbe.
- **Casale**: grande casa di campagna.
- **Chetarsi**: tacere.

- ➤ **Correre troppo**: andare troppo avanti in un ragionamento, arrivare con troppo anticipo alle conclusioni (che non sono necessariamente corrette).
- ➤ **GSM**: telefono cellulare (Global System for Mobile Communications, sistema globale per la comunicazione mobile).
- ➤ **Lastra**: lastra radiografica (comunemente: radiografia).
- ➤ **Lupino**: seme di una pianta appartenente alle leguminose (*Lupinos albus*) che viene mangiato dopo averlo cotto e salato.
- ➤ **Macina**: mola in pietra usata nei frantoi e nei mulini rispettivamente per frangere le olive e macinare i cereali.
- ➤ **Ponce**: adattamento dell'inglese *punch*, una bevanda alcolica.
- ➤ **Perdere il filo**: interrompersi in un ragionamento o in un discorso e non saperlo riprendere da dove si era lasciato.
- ➤ **Pignoramento**: espropriazione dei beni di un debitore svolta per conto dei creditori a risarcimento di debiti non saldati.
- ➤ **Rimboccarsi le maniche**: darsi da fare, lavorare.
- ➤ **Riprendere colore**: si usa quando il volto torna roseo dopo un momentaneo pallore.
- ➤ **Stato interessante**: gravidanza.
- ➤ **Il tocco**: le tredici. Deriva dal fatto che è il primo rintocco singolo – negli orologi che scandiscono le ore con i rintocchi – dopo le ore 12.

Piccolo glossario di espressioni tipicamente toscane o dell'Italia centrale usate nel film. In quanto espressioni regionali, spesso rispetto all'italiano standard risultano essere termini inesistenti oppure usati in modo improprio o particolare; in generale se ne sconsiglia quindi l'uso.

- ➤ **A modo (a modino)**: per bene (per benino). Anche di persona ('un uomo a modo').
- ➤ **Appestato**: esagerato. In italiano il termine significa 'malato di peste'.
- ➤ **A sfare**: locuzione rafforzativa di aggettivi. *Ricchi a sfare = Ricchissimi*.
- ➤ **Boia!**: interiezione che esprime una forte emozione.
- ➤ **Chìe**: chi.
- ➤ **Coccolone**: colpo apoplettico.
- ➤ **Dé**: intercalare tipico del livornese.
- ➤ **Diamine!**: certo!
- ➤ **Dianzi**: 'poco fa'.
- ➤ **Fare senso**: fare schifo.
- ➤ **Ganzo**: detto (talvolta anche in senso ironico) di qualcosa o qualcuno che suscita entusiasmo o ammirazione. Quest'uso è diffuso principalmente in Toscana, mentre nel resto d'Italia la parola 'ganzo' è soprattutto un dispregiativo per 'amante'.
- ➤ **Ignorante**: maleducato. L'uso del termine in questo senso è tipicamente toscano; nell'italiano standard 'ignorante' significa 'persona priva d'istruzione, incolto'.
- ➤ **Madonna! Madonnina!**: interiezione che esprime una forte emozione. Espressione poco elegante che suona anche irriverente nei confronti della Madonna (Maria, madre di Cristo secondo i Vangeli cattolici). Molto diffusa nella parlata toscana.

➤ **Maremma!**: interiezione che esprime una forte emozione. Espressione poco elegante, ispirata alla Maremma, zona costiera nel sud della Toscana.

➤ **Punto**: per niente. *Non è punto simpatico. = Non è per niente simpatico.*

➤ **Spiccicato**: identico.

➤ **Strafogarsi**: rimpinzarsi.

➤ **Tornare**: abitare; trasferirsi.

➤ **Zizzolare**: sentire un forte freddo.

DOPO AVER VISTO IL FILM...

I PERSONAGGI

Abbina appropriatamente i personaggi della colonna sinistra con i loro nomi della colonna destra.

1.	Assessore	a.	Luciano
2.	Cognato di Renato	b.	Annalisa
3.	Sorella di Luciano	c.	Mario Marelli
4.	Ex moglie di Mario Mataluni	d.	Gabriele
5.	Moglie di Luciano	e.	Patrizia
6.	Zio di Margherita	f.	Renato
7.	Figlio di Mario Mataluni	g.	Patrizia
8.	Sorella di Luciano	h.	Alessio
9.	Figlia di Luciano	i.	Stefania
10.	Fratello di Alessio	j.	Ivana
11.	Fratello di Margherita	k.	Tatiana
12.	Segretaria	l.	Simone

I PERSONAGGI: DESCRIVILI TU

1. Fai una descrizione dettagliata di Alessio e del suo modo di vestire.

2. Descrivi la personalità di Renato, specificando quali episodi mettono in rilievo i diversi tratti del suo carattere.

3. Analizza il personaggio di Annalisa: che ruolo ha nella storia?

LESSICO: I SINONIMI

Abbina ogni parola della colonna sinistra con il suo sinonimo della colonna destra.

1.	pigliare	a.	asino
2.	garbare	b.	macinino
3.	podere	c.	lite
4.	trabiccolo	d.	soffrire
5.	consanguineo	e.	estroverso
6.	incomodo	f.	ripostiglio
7.	patire	g.	piacere
8.	vigilia	h.	apprezzare
9.	bisticcio	i.	gozzoviglia
10.	sgabuzzino	j.	prendere
11.	baccanale	k.	gretto
12.	espansivo	l.	parente
13.	ciuco	m.	campo
14.	meschino	n.	disturbo
15.	gradire	o.	il giorno prima

LESSICO: UNA PAROLA, DUE SIGNIFICATI

Abbina appropriatamente ogni parola della colonna sinistra con i suoi due significati della colonna destra.

1.	saldare	a.	signorile
		b.	dileguato
2.	digitale	c.	sfortunato
		d.	bollito
3.	distinto	e.	unire due parti metalliche
		f.	numerico
4.	svanito	g.	imbambolato
		h.	pagare un debito
5.	sciagurato	i.	delle dita
		j.	differente
6.	lesso	k.	rimbambito
		l.	scellerato

LA STORIA

1. Cosa sta facendo la troupe televisiva nell'allevamento di struzzi?
2. Perché Patrizia Cecconi si arrabbia con Renato quando questi le telefona mentre lei sta lavorando?
3. Per quale motivo Mario Mataluni non paga lo stipendio al cameriere? E cosa gli consiglia questi? Cosa succede subito dopo?
4. Perché Mario Mataluni si reca in banca? E perché ne viene cacciato in malo modo?
5. Perché l'Assessore non trova nessuno ad aspettarlo alla stazione e non riesce ad avvertire la famiglia di Patrizia della cosa?
6. Come mai Renato e Luciano portano Mario Mataluni a visitare l'allevamento di struzzi? E per quale motivo all'inizio sono così gentili con lui?
7. Perché Annalisa si macchia intenzionalmente gli abiti e se ne fa prestare di puliti?
8. Cosa fa Gabriele per impedire alla sorella di prendere i funghetti? E durante la notte, cosa dice perché il suo stratagemma risulti più convincente?
9. Chi è la prima persona a sospettare che Mario non sia l'assessore? Su cosa si basano i suoi dubbi?
10. Che motivazione dà Mario della sua decisione di preparare il pranzo di Natale per tutti? E cosa significa il commento di Renato «Siamo in paradiso ragazzi!» dopo aver assaggiato le gustose pietanze servite in tavola?

DIAMO UN'OCCHIATA ALLA LOCANDINA

Quella che vedi all'inizio del capitolo è la locandina con cui *Baci e abbracci* fu pubblicizzato in Italia al momento della sua uscita nelle sale cinematografiche. Secondo te perché fu usata proprio questa immagine per promuovere il film? Tu avresti fatto una scelta diversa? Perché?

PROPRIETÀ DI LINGUAGGIO

Nelle frasi che seguono sostituisci le espressioni sottolineate, generiche e non specifiche, con altre più appropriate.

Esempio: «Ho fatto tutti gli esercizi in meno di un'ora» *diventa*:
            «Ho svolto tutti gli esercizi in meno di un'ora».

Esempio: «In quel negozio abbiamo preso tutti gli ingredienti per la torta» *diventa*:
            «In quel negozio abbiamo acquistato tutti gli ingredienti per la torta».

Esempio: «Per fare la carota a fette sottili dovete usare un coltello più grosso» *diventa*:
            «Per tagliare la carota a fette sottili dovete usare un coltello più grosso».

Esempio: «Ci pensi tu a <u>tagliare a fette</u> la carne?» *diventa*:
«Ci pensi tu ad <u>affettare</u> la carne?».

1. Per <u>fare</u> questa torta <u>ci ho messo</u> tre ore.
2. Suo padre <u>fa</u> il medico.
3. Non tenere tutti i libri in mano, <u>mettili</u> sul tavolo.
4. Gli ha <u>detto</u> il mio segreto, è uno spione!
5. <u>Sono andato fuori</u> a prendere un po' di fresco.
6. Quando l'ho invitato a <u>venire con noi</u> mi ha <u>detto</u> di sì.
7. Il regalo più bello l'ho <u>avuto</u> dai miei genitori.
8. In alcuni paesi nelle case non usano <u>mettere</u> quadri.
9. <u>Si era messa</u> quel bel vestito blu che le aveva <u>dato</u> suo marito.
10. In libreria ho <u>preso</u> anche un interessante saggio di linguistica.

L'ARTICOLO GIUSTO

Il toscano, impropriamente, spesso mette l'articolo determinativo anche davanti ai nomi propri di persona: 'la Francesca', 'la Giovanna'... E tu, sei sicuro di usare l'articolo giusto al posto giusto? Leggi le frasi seguenti e correggi gli eventuali errori: qualche volta ci sono articoli sbagliati, o che non dovrebbero nemmeno esserci; oppure mancano dove servono. Fai attenzione anche alle preposizioni articolate!

1. Il Mario Rossi oggi è tornato tardi a causa di uno sciopero di autobus e treni.
2. La Rossi era molto preoccupata per il forte ritardo del suo marito.
3. Cristina ha telefonato alla sua madre per salutarla.
4. Sono andato con la Maria a fare spese in centro.
5. Apprezzo di più il Giuseppe Verdi dell'Otello rispetto a quello dell'Aida.
6. Meno male che il mio babbo mi ha aiutato a cambiare lo pneumatico! Altrimenti non avrei saputo come fare!
7. La Venezia del Carnevale è una città con un fascino veramente particolare!
8. Oggi c'è il sole davvero splendente! Io e una mia ragazza andremo al mare!
9. La Francia è più estesa dell'Italia, mentre la Malta a confronto è molto piccola.
10. Il mio fratellino è convinto che la Corsica e la Capri siano due isole di Marocco!

FUORI DALL'INQUADRATURA

➤ Fatta eccezione per quattro interpreti (Francesco Paolantoni, Paola Tiziana Cruciani, Emanuele Barresi e Edoardo Gabbriellini) gli altri attori sono alla loro prima esperienza cinematografica. Una delle conseguenze dell'uso di attori non professionisti si nota nel montaggio che è molto spezzato e a volte appare discontinuo, con transizioni brusche che violano le regole del montaggio classico.

➤   Carlo Virzì, nel ruolo di Stefanino degli Amaranto Posse, è il fratello minore del regista. Da *Ovosodo* in poi ha composto tutta la musica originale per i film di Paolo Virzì.

➤   Gli Amaranto Posse, ovvero gli Snaporaz che firmano la musica del film, sono il complesso musicale di Carlo Virzì. Snaporaz è il nome del cinquantenne donnaiolo interpretato da Marcello Mastroianni ne *La città delle donne* (1980) di Federico Fellini. L'amaranto è un rosso scuro ed è il colore della squadra di calcio livornese. I tifosi della squadra si chiamano appunto 'tifosi amaranto'.

➤   Il titolo del film doveva essere *Struzzi*, invece a causa dell'omonimia con la commedia teatrale di Claudio Bigagli (il quale fra l'altro fu uno dei protagonisti de *La bella vita* di Virzì), *Struzzi*, si optò per *Baci e abbracci*.

➤   *Anni ruggenti* (Luigi Zampa, 1962), la storia di un assicuratore in epoca fascista che arriva in un paesino e viene scambiato per il podestà, è una delle ispirazioni di *Baci e abbracci*. Il film di Zampa è a sua volta ispirato al testo di Nikolaj Gogol *L'ispettore generale*.

MASCHILE O FEMMINILE?

In italiano qualche volta quello che sembra il maschile di un termine è in realtà una parola completamente diversa con un altro significato e viceversa. Riempi gli spazi vuoti nelle frasi con il termine giusto fra quelli proposti tra parentesi. Dove necessario, inserisci anche l'articolo appropriato oppure volgi il termine al plurale. Componi poi tu stesso una frase utilizzando l'altro sostantivo.

> *Esempio:*   «_____ di questa tovaglia è artigianale» (pizzo – pizza) *diventa:*
> *«Il pizzo di questa tovaglia è artigianale». Inoltre si ha:*
> «La mia *pizza* preferita è quella con i funghi».

1. Sono salito in _____ a cercare il vecchio baule della nonna. (soffitto – soffitta)

2. Per fare il soffritto devi usare solo _____ del sedano, e scartarne le foglie. (gambo – gamba)

3. È piovuto per due giorni, e il giardino ora è pieno di _____. (pozza – pozzo)

4. Per favore spiegami con esattezza sulla cartina _____ in cui si trova il rifugio. (punto – punta)

5. La neve aveva disteso _____ sottile sui prati che ora erano ammantati di bianco. (velo – vela)

6. Il contadino finalmente riuscì a catturare _____ che disturbava le sue galline. (tasso – tassa)

7. In classe c'erano 20 _____ ma gli alunni erano 21, quindi il maestro non poté cominciare la lezione all'ora stabilita. (banco – banca)

8. Lungo _____ vi sono molte località di villeggiatura, perfette per gli amanti del mare. (costo – costa)

9. Per piacere, potresti prendere _____ e pulire il pavimento? (scopo – scopa)

10. Ho dovuto spostare _____ per far posto al tavolino. (poltrone – poltrona)

SI VA, SI FA, SI DICE...

In italiano la particella 'si' viene usata in alcune forme impersonali (*In quel ristorante si mangia bene*), passive (*Si dedicherà la giornata di domani ad una visita della città*), riflessive (*Maria si sveglia sempre tardi*), reciproche (*Carlo e Giovanna si frequentano da 3 anni*). Nella parlata toscana spesso si abusa della particella 'si', perché essa viene molto usata anche in una forma apparentemente impersonale, ma che in realtà corrisponde alla prima persona plurale 'noi': *Ragazzi, si va al cinema stasera?* (Più propriamente: *Ragazzi, andiamo al cinema stasera?*).

Riscrivi le frasi che seguono usando il *si* impersonale o il *si* passivante.

Esempio: «In prigione circolava la voce che il Rossi fosse riuscito a scappare», *diventa*: «In prigione *si diceva* che il Rossi fosse riuscito a scappare».

1. Se uno lavora volentieri, il tempo passa più velocemente.
2. I gentili clienti sono pregati di non sostare all'uscita.
3. In Italia la gente preferisce il vino alla birra.
4. Da quella torre è visibile tutta la città, fino alla periferia.
5. Quando una persona riceve l'incoraggiamento degli altri, anche gli sforzi più impegnativi sembrano meno pesanti.
6. La gente qualche volta dà troppo credito alle malelingue.
7. Il rumore dell'esplosione fu sentito anche a notevole distanza.
8. Chi sta in questo collegio si sveglia alle 7.00, fa colazione alle 7.45 e poi viene accompagnato in classe per le 8.30.
9. Tutti sanno che non è possibile parcheggiare davanti al semaforo.
10. Quando uno arriva in paese, trova subito un cartello con le indicazioni per arrivare al municipio.

SPIEGA CON PAROLE TUE!

Sono qui riportate alcune citazioni dai dialoghi del film. Spiega cosa significano in relazione ai personaggi che le pronunciano e a quello che accade nel film.

1. Mario parla allo specchio, in bagno: «Ma chi sono questi, amici di Patrizia? E io, chi sono? E che cosa vogliono da me? No, io vado via. Ma dove vado?».
2. Mario, ai suoi ospiti: «Ah, i letti li unite? [...] E Patrizia lo sa di questa cosa che unite i letti? [...] Forse è meglio che quando viene Patrizia io vado a dormire in un'altra stanza».

3. Annalisa racconta a Mario: «È una situazione tremenda, io non ce la faccio più. A volte è gentile con me, mi fa ridere, mi chiede se sto bene. A volte mi sembra solo un disgraziato, allora mi guarda con cert'occhi, mi guarda, che mi mette paura. Come quella volta che gli dissi che ero rimasta in stato interessante. E pensi che scema, io l'avrei tenuto lo stesso, anche da sola».

PICCOLE NOTE CULTURALI ED ALTRE CURIOSITÀ

➤ **Tangentopoli**: ampia inchiesta sui legami illegali fra la politica e il mondo dell'impresa, che arrivò al suo apice all'inizio degli anni '90, e il cui nome fu coniato con l'unione della parola 'tangente' con il suffisso –poli ('città delle tangenti', che all'inizio designò Milano, sede principale dell'inchiesta, per poi arrivare a includere anche l'inchiesta stessa e gli scandali che ne conseguirono). Ipotizzando finanziamenti illeciti da parte dell'assessore regionale, gli Amaranto Posse inventano il termine scherzoso di 'struzzopoli', inesistente in italiano ma ispirato al termine 'tangentopoli'.

➤ **Chianino**: della Val di Chiana, in Toscana. Nel film viene citata la mucca chianina, che è una razza di bovini particolarmente pregiata, tipica della Toscana e dell'Umbria.

➤ **Cassa di Risparmio**: nome molto comune di banca in Italia, di solito è seguito da una specificazione che individua l'istituto particolare. Ad esempio, 'Cassa di Risparmio di Firenze', 'Cassa di Risparmio di Udine e Pordenone', e così via.

➤ **Goriziana**: gioco di biliardo in cui i tiri indiretti, cioè di sponda, hanno un valore doppio.

➤ **5 e 5**: usato per dire 'una porzione di pane e torta', è tipico della zona di Livorno, dove si produce una torta salata a base di farina di ceci, condita con olio e pepe e da mangiare con il pane. Il modo di dire 'cinque e cinque' proviene dai tempi in cui i vecchi livornesi compravano '5 lire di torta e 5 lire di pane', che corrispondeva più o meno ad una fetta di torta in mezzo a due fette di pane.

➤ **Acidi, funghetti, cocaina, eroina, peyote**: sostanze stupefacenti.

➤ **Porcino**: fungo commestibile (*Boletus edulis*) molto apprezzato. Si chiama porcino per l'aspetto compatto e rotondo che richiama la morfologia del maiale.

➤ **«Padre nostro che sei nei cieli tu sia santificato, venga la luce perpetua...» «... così in cielo, in mare e in terra, riposino in pace, amen»**: Luciano e Ennio, che non sono cattolici, cercano di dire la preghiera 'Padre nostro' prima di mangiare, ma in realtà quello che ne esce fuori è un misto fra quella e la preghiera per i defunti, con qualche aggiunta di loro invenzione. Il 'Padre Nostro' in italiano è: "Padre nostro, che sei nei cieli, sia santificato il tuo nome, venga il tuo regno, sia fatta la tua volontà, come in cielo, così in terra. Dacci oggi il nostro pane quotidiano, rimetti a noi i nostri debiti come noi li rimettiamo ai nostri debitori, e non c'indurre in tentazione ma liberaci dal male. Amen". La preghiera per i defunti recita: "L'eterno riposo dona loro Signore, e splenda ad essi la luce perpetua. Riposino in pace. Amen".

➤   **Aurelia**: è una delle strade consolari romane. Parte dalla porta Aurelia e percorre la costa tirrenica per 962 Km per arrivare fino ad Arles dove si congiunge alla Via Domitia.

➤   **Cavallino Matto**: nome di un famosissimo parco giochi a Marina di Castagneto Carducci, in provincia di Livorno.

➤   **Sanremo giovani**: sezione dedicata agli esordienti del 'Festival della canzone italiana' che si tiene ogni anno a Sanremo, in Liguria.

➤   **Vespone**: accrescitivo di 'Vespa', un tipo di ciclomotore molto popolare in Italia. La 'Vespina' è quella da 50cc di cilindrata; il 'Vespone' è solitamente dai 150 cc in su.

➤   **Presepe vivente**: è molto comune, in Italia, l'uso di allestire dei presepi viventi in occasione del Natale, cioè rappresentazioni della Natività fatte con persone ed oggetti reali invece che statue inanimate. Quella che Alessio vede passare durante la notte, a cavallo di un somaro, è la donna che impersonerà la Madonna nel presepe vivente di un paese vicino.

LEGGIAMO IL COPIONE

Renato, Luciano e Tiziana fanno visitare l'allevamento a Mario.

Renato:	-Che ne dice?
Mario:	-È molto interessante... solo che...
Renato:	-C'è qualcosa che non è chiaro?
Mario:	-È che, scusate... Non capisco molto bene...
Tiziana:	-Ma lei per caso si chiede se non sia ancora un settore di mercato senza una reale domanda sul territorio?
Mario:	-Che cosa?
Tiziana:	-La carne di struzzo, lei dice, è ancora una rarità nei supermercati, ma infatti il nostro è un progetto che scommette sulla futura crescita della domanda
Luciano:	-Futura!
Mario:	-Sì, sì, però...
Tiziana:	-I dati a nostra disposizione sono incoraggianti, eh Renato?
Renato:	-Eh, basta guardare agli Stati Uniti e all'Inghilterra, senza parlar d'Israele. Negli ultimi due anni c'è stato un boom.
Luciano:	-Proprio un boom!
Tiziana:	-Ma forse lei ritiene che per quanto riguarda l'Italia siamo troppo ottimisti?
Mario:	-No, scusate... è che io non mi sento tanto...
Luciano:	-Non si sente tanto ottimista?
Mario:	-No... io...
Renato:	-C'è un margine di rischio, diciamolo, ma in fondo siamo imprenditori, no?
Luciano:	-Ormai siamo in ballo e bisogna crederci per forza.
Renato:	-Ecco però ti cheti un gocciolino Luciano, scusa, il signor Mario voleva di' una cosa, e fagliela di'. Scusi eh, no dica.

Mario:	-Grazie... è che... non mi sento tanto bene.
Tutti:	-Come no? E cosa c'ha? Non si sente bene? Cosa si sente?
Tiziana:	-Si sieda, infatti è un po' pallido.
Luciano:	-Bianco proprio. Un cencio.
Renato:	-Ha bisogno di qualcosa?
Mario:	-No, scusate. Tutto quello che mi avete fatto vedere fino ad ora è veramente molto bello, ma veramente davvero e sono sicuro che avete fatto un buon lavoro.
Renato:	-Ecco, bravo, hai visto!
Mario:	-È solo che io adesso dovrei andare un momentino in bagno.

Perché Mario non è capace di esprimersi? In base a questo dialogo, come descriveresti i quattro personaggi? Che cosa significa l'espressione di Luciano: «Ormai siamo in ballo e bisogna crederci per forza»?

Al pranzo della vigilia di Natale.

Ivana:	-No scusi eh, magari io sono impicciona.
Mario:	-No, no, prego.
Ivana:	-No, è che noi si diceva, ma sì che con Patrizia come va? Eh? Come va?
Mario:	-Purtroppo con Patrizia è un momentaccio...
Renato:	-Visto?
Tiziana:	-Magari è un periodo un po' così. In amore come in guerra ci sono gli alti e bassi.
Mario:	-Certo è vero anche questo, è vero. Non bisognerebbe mai disperare.
Luciano:	-Infatti.
Ivana:	-Ci mancherebbe.
Tiziana:	-Magari poi domani quando viene...
Renato:	-Se viene.
Tiziana:	-Domani, dicevo, è un altro giorno e... chissà!
Ivana:	-Sarà un bisticcio tra innamorati. Domani fatte la pace, via.
Mario:	-Eh già, perché... domani Patrizia... viene?
Tutti:	-Diamine! Certo che viene! Accidenti! Ci mancherebbe altro! Dé!
Mario:	-Comunque lei signora diceva... un bisticcio tra innamorati?
Ivana:	-Glielo dico io. Patrizia è fatta così. C'ha sempre avuto il suo caratterino.
Luciano:	-Sempre eh, fin da piccina.
Mario:	-No, scusate, io... io voglio essere sincero con voi.
Renato:	-Dica pure.
Mario:	-No... io... non me lo sarei mai aspettato che Patrizia... insomma, che cos'è, un'altra possibilità? Io... Patrizia con me è stata... cattiva... Io... forse sono stato un po' troppo drastico. No, perché la colpa è mia.
Tutti:	-No, ma che dice!
Mario:	-No, lasciatemelo dire... io con Patrizia sono stato... sono stato un po' sciagurato...
Tutti:	-No...
Mario:	-Sono stato uno stronzo!

Renato: -No Mario, caro Mario, non credo proprio. Abbia pazienza, è Patrizia che è una stronza. Ci metterei la mano sul fuoco. Scusate, ma io la vedo così!

Come si spiega l'equivoco che nasce tra Mario e le altre persone a tavola? Che cosa intende Ivana per "caratterino"? Che cosa significa l'espressione 'metterci la mano sul fuoco'? Perché Renato è così pronto a scagliarsi contro Patrizia?

LA PAROLA AL REGISTA, PAOLO VIRZÌ

«I ceti popolari sono quelli che conosco meglio e quelli che, data anche la mia storia personale, sento di poter raccontare dal di dentro. Mi faceva inoltre un po' patire il fatto che il cinema, anche quando dietro la macchina da presa c'erano cineasti bravi ed impegnati, raccontasse le classi lavoratrici con una sorta di pietismo tragico e che venisse invece trascurata la capacità di sorridere che i ceti popolari posseggono anche nei momenti più difficili. Io che, come dicevo prima, ho sempre simpatizzato col mondo operaio, ho cercato dunque di raccontarne l'allegria nella tragedia»[2].

1. Sei d'accordo con il regista che ci sono pochi film in cui la classe operaia viene rappresentata in maniera realistica? Perché pensi che sia così?
2. Vedendo *Baci e abbracci* hai sentito l'intenzione dell'autore di raccontare la storia 'dal di dentro'? In quali passaggi del film in particolare? Perché?

«[I]l mondo dei ventenni è totalmente estraneo a quello degli adulti anche quando si vive insieme. Quella è una generazione strana, con una grande vitalità che deriva dall'incoscienza, persino dall'ignoranza. E questo li rende quasi angeli, portatori di un'utopia»[3].

1. Come interpreti il commento del regista? Sei d'accordo con la sua descrizione dei ventenni?
2. Che impressione ti ha fatto scoprire che Alessio era analfabeta? Perché?

Virzì spiega la sua scelta artistica di affidare gran parte di *Baci e abbracci* ad attori non professionisti:

«Non si tratta di mancanza di fiducia nei confronti degli attori di professione, quanto piuttosto di una difficoltà oggettiva di trovare attori rispondenti a quei personaggi cui io e Francesco Bruni diamo vita pescando nel nostro vissuto di livornesi. In quanto appartenenti ad un preciso contesto provinciale e sociale risulta infatti più facile per noi ricercare i nostri protagonisti vagando per quelle stesse strade che fanno parte delle storie che scriviamo»[4].

1. Secondo te quali sono i vantaggi e gli svantaggi nel proporre attori non-professionisti al pubblico?
2. Preferisci vedere film con facce sconosciute o con attori affermati?

---

2 Ibid.

3 "Intervista a Paolo Virzì", www.italica.rai.it/principali/argomenti/cinema/baci/intervista.htm.

4 www.revisioncinema.com/ci_abbra.htm, op. cit.

MA ORA IL REGISTA SEI TU... E VUOI CAMBIARE TUTTO!

Nonostante l'imminente disastro finanziario che incombe su tutti i protagonisti della storia, il film finisce in... baci e abbracci!

Ma ora il regista sei tu... e vuoi cambiare tutto!

Il tuo film non finisce qui, tutti quanti si tufferanno a capofitto nella nuova idea di Renato: realizzare un ristorante al casale. Cosa succederà? Racconta la tua storia e dopo, se ti sembra opportuno, cambia anche il titolo del film spiegando i motivi della tua nuova scelta.

RIFLETTIAMO UN PO'

1. Nella pubblicità promozionale per *Baci e abbracci* si legge che «Quando la vita è cattiva è bello sentirsi più buoni». Come interpreti questa affermazione? Che significato ha nel contesto del film? Pensi che sia vero? Perché?

2. Margherita domanda a Gabriele: «Te lo sapevi che lo zio Alessio non sa leggere?», e questi gli risponde: «Io però non ci trovo nulla da ridere». In un'altra occasione, Gabriele chiede a Margherita: «Davvero vi volete fare i cosi, i funghetti? [...] Guarda che le cellule cerebrali muoiono e non rinascono più». In entrambe le situazioni il fratello minore sembra ben più maturo e assennato della sorella. Secondo te perché? A tuo parere Gabriele sarà così giudizioso quando avrà 17 o 18 anni? Come vediamo il mondo nell'infanzia e come nell'adolescenza?

3. Luciano parla dell'Antica Macina e dichiara di aver sentito dire che sia carissimo. Mario replica: «Non è vero, non è come dice lei, 'caro appestato'. [...] Sono state messe in giro anche tante cattiverie». Si scopre così che il fallimento del ristorante di Mario è dovuto non solo ad un tipo di rapporto con il cibo, che Mario non approva, ma anche alle chiacchiere maligne che si sono diffuse sui prezzi del ristorante. Secondo te è vero che le malignità hanno la possibilità di provocare un danno così grosso? E come è possibile arginarle? Conosci dei casi in cui le menzogne hanno portato a gravi conseguenze?

4. Annalisa rimprovera Renato per le minacce fatte a Mario: «Basta ora, la devi smettere di fare il prepotente. [...] Te devi imparare ad avere un po' più di rispetto per la gente, capito?». Con queste parole Annalisa reclama rispetto anche per se stessa, vista la situazione, da lei stessa definita 'tremenda', in cui si trova a causa della sua relazione con Renato. Cosa ha dato ad Annalisa la forza di ribellarsi all'uomo?

5. Mario commenta la poesia recitata dal piccolo Matteo: «È una poesia così bella, perché dice una cosa semplice ma vera: che nel mondo c'è tanto dolore e non si può fare nulla, ma almeno il giorno di Natale non ci deve essere miseria e nemmeno solitudine... cioè almeno così dovrebbe». Sei d'accordo con l'affermazione "nel mondo c'è tanto dolore e non si può fare nulla". È giusto pensare che solo la notte di Natale ci si dovrebbe impegnare per fare qualcosa? Oppure, in effetti, il dolore nel mondo è così tanto che si può solo cercare di mitigarlo in occasioni simboliche quali il Natale? Tu pensi mai alla sofferenza degli altri? Fai qualcosa al riguardo? Ci sono occasioni particolari in cui sei più sensibile ai dolori altrui?

QUATTRO CHIACCHIERE CON...

Annalisa, la segretaria "poliglotta", dopo essere stata l'amante di Renato nella speranza che lui avrebbe lasciato la moglie per lei, finalmente gli si ribella e reclama un po' di rispetto. Anche l'incontro con Mario, e la sua galanteria, sicuramente hanno un ruolo in questo cambiamento...

Immagina di poterla intervistare. Cosa racconterebbe e spiegherebbe di sé? Come immaginerebbe il suo futuro? Trascrivi le domande che vorresti porle e le risposte che ti aspetteresti di ricevere, e poi discutine con i tuoi compagni.

NON VORRESTI SAPERNE DI PIÙ?

1. Per Natale Mario prepara un pranzo sontuoso per i suoi ospiti. Quali sono i piatti tipici che si mangiano a Natale in Italia? Ci sono differenze regionali? In che cosa consiste un pranzo natalizio nel tuo paese?

2. Quali sono le tradizioni natalizie in Italia? Ci sono delle interessanti differenze regionali? Confrontale con quelle del tuo paese.

3. Mario fa una gaffe abbastanza grave con il piccolo Simone: gli regala la maglietta di Ronaldo (all'epoca calciatore dell'Inter), mentre il bambino è tifoso della Juventus ('Juve'). Il calcio è in assoluto lo sport più popolare in Italia. Sai come funziona il campionato nazionale? Cosa vuol dire essere in Serie A, B, C...? Fai una breve ricerca sulla storia del calcio in Italia oppure, a tua scelta, sulla sua situazione attuale.

4. *Baci e abbracci* proietta un'immagine insolita della Toscana. Renato la descrive in questo modo: «È un paesaggio un po' particolare, aspro, però che secondo me ha il suo fascino» («Anche secondo me!» conferma Luciano). Quali sono le caratteristiche di questa regione? Che cosa vi si produce? Oltre ai grandi centri turistici di Firenze, Pisa e Siena, quali altre mete proporresti ad un viaggiatore in Toscana?

5. Abbiamo parlato dell'Ulivo, del PPI, del CCD, della coalizione di centro-destra... Fai una breve ricerca sui partiti politici in Italia. Quale coalizione è attualmente al governo? Chi sta all'opposizione? Quali sono le più importanti cariche dello Stato e chi le ricopre attualmente?

6. Livorno è un importante porto commerciale nel centro-nord d'Italia. Fai una piccola ricerca sulla storia di questa città.

7. Guarda un altro film di Paolo Virzì. Individua delle scene chiave da far vedere ai tuoi compagni, racconta la trama e presenta loro le tematiche del film.

8. Leggi la poesia riportata sotto. Approfondisci la biografia di Giuseppe Ungaretti, trova un'altra sua lirica che ti piace e commentala.

VI PRESENTO *BACI E ABBRACCI*

Scrivi una composizione, di almeno 5000 caratteri (spazi esclusi), in cui presenti *Baci e abbracci*: la trama, i personaggi, le tematiche affrontate, le soluzioni di regia e quant'altro ti sembra importante. Aggiungi anche una tua valutazione critica ed un commento personale.

L'ANGOLO DELLA POESIA

Baci e abbracci si svolge durante le feste natalizie. La poesia "Natale", qui riportata, di Giuseppe Ungaretti (Alessandria, Egitto 1888 – Milano 1970), presenta il Natale sotto un aspetto molto particolare. Ungaretti è considerato un esponente dell'ermetismo, corrente letteraria che si diffonde in Italia dagli anni '20 e che si distingue per il suo sforzo di restituire alla parola la sua essenzialità. 'Ermetico' venne adottato in senso dispregiativo da un critico in riferimento alla poesia ungarettiana[5], ma oggi il termine descrive semplicemente una poetica che considera la parola come unica realtà e verità. Ungaretti influisce fortemente sulla poesia italiana contemporanea, distrugge il verso tradizionale identificando la parola stessa con il verso. Viene chiamato alle armi e combatte dal 1915 al 1918, e "Natale" (26 dicembre 1916) risale a questa esperienza bellica. Fra le sue opere principali ricordiamo *L'Allegria* (1931), *Sentimento del Tempo* (1933) e *Vita di un uomo* (1969), raccolta completa della sua produzione poetica. Leggiamo insieme "Natale".

Natale
Non ho voglia
di tuffarmi
in un gomitolo
di strade

Ho tanta   5
stanchezza
sulle spalle

Lasciatemi così
come una
cosa   10
posata
in un
angolo
e dimenticata

Qui   15
non si sente
altro
che il caldo buono

---

5 Francesco Flora, *La poesia ermetica*, Laterza, Bari 1936.

> Sto
> con le quattro   20
> capriole
> di fumo
> del focolare

Come descriveresti il tono della poesia? Oltre al titolo, ci sono riferimenti al Natale nel testo? Come influisce il titolo sulla lettura della poesia?

CAPITOLO 11
PANE E TULIPANI

PANE E TULIPANI, Italia, 2000		
Regia	Silvio Soldini	
Sceneggiatura	Doriana Leondeff e Silvio Soldini	
Interpreti	Licia Maglietta	*Rosalba*
	Bruno Ganz	*Fernando*
	Giuseppe Battiston	*Costantino*
	Marina Massironi	*Grazia*
	Antonio Catania	*Mimmo*
	Felice Andreasi	*Fermo*
	Tatiana Lepore	*Adele*
	Vitalba Andrea	*Ketty*
	Tiziano Cucchiarelli	*Nic*
Durata	115'	

IL REGISTA: SILVIO SOLDINI

Silvio Soldini nasce a Milano nel 1958. A ventuno anni abbandona gli studi universitari e si reca a New York per frequentare un corso di cinema. Dopo aver realizzato alcuni cortometraggi, nel 1983 torna a Milano e gira il suo primo film breve a soggetto, *Paesaggio con figure*. Nel 1985 comincia la sua attività documentaristica con *Voci celate*. Sempre nello stesso anno realizza il mediometraggio *Giulia in ottobre*, che ottiene il primo premio a Bellaria (1985). Il suo primo lungometraggio è *L'aria serena dell'ovest* (1990), che riceve importanti segnalazioni in diverse mostre cinematografiche internazionali. Una favorevole accoglienza da parte della critica accompagna Soldini anche nei film successivi, come *Le acrobate* (1998), che vede la partecipazione di Licia Maglietta e che insieme ai due lungometraggi precedenti forma una specie di trilogia. Con *Pane e tulipani* (2000) il forte consenso di critica per le sue opere viene confermato anche da parte del pubblico. Nel 2002 gira per la prima volta un film da una sceneggiatura non originale. Si tratta di *Brucio nel vento*, un adattamento del romanzo *Hier* di Agota Kristof. Nella commedia *Agata e la tempesta* (2004), Soldini torna a collaborare con molti attori del cast di *Pane e tulipani*, fra i quali anche Licia Maglietta. Accanto a questi successi, il documentario continua a costituire un impegno importante nella produzione cinematografica di Soldini.

FRA I SUOI FILM PIÙ IMPORTANTI:

Agata e la tempesta (2004)	*Le acrobate* (1998)
Brucio nel vento (2002)	*Un'anima divisa in due* (1993)
Pane e tulipani (2000)	*L'aria serena dell'ovest* (1990)

TRAMA DEL FILM

Rosalba partecipa ad una gita turistica con la famiglia e viene 'dimenticata' in un Autogrill. Invece di aspettare che ritorni il pullman dei compagni di viaggio a prenderla, decide di accettare un passaggio che la porta a Venezia. Qui trova alloggio da un cameriere islandese, un lavoro da un fioraio anarchico e fa amicizia con una massaggiatrice olistica. Il marito di Rosalba, fuori di sé per la fuga della moglie, manda un investigatore dilettante a cercarla, ma la donna non intende assolutamente tornare a casa. Alla fine lo farà, in seguito ad un 'ricatto morale' che fa leva sui suoi sentimenti di madre... ma i suoi nuovi affetti veneziani non staranno a guardare.

Pane e tulipani si aggiudica nove David di Donatello e cinque Nastri d'argento nel 2000.

PRIMA DI VEDERE IL FILM...

PREPARIAMOCI ALLA PROIEZIONE...

➤ **Paestum**: l'antica città che Rosalba visita con la famiglia all'inizio del film si chiama Paestum, ovvero, "città di Poseidonia" (dal nome del dio greco del mare, Poseidone). Fu una colonia e un importante centro commerciale della Magna Grecia. Abbandonata nel nono secolo e riscoperta nel Settecento, Paestum è un importante sito archeologico e un'apprezzata meta turistica per i suoi tre templi dorici in ottimo stato di conservazione. Si trova in Campania sul golfo di Salerno.

➤ **Venezia** è una città particolare costruita su 118 isole. Il suo nome proviene da quello della regione romana (*Venetia*), a sua volta derivato da quello della popolazione pre-romana, i veneti. Fino alla metà del VI secolo le isole della laguna furono scarsamente abitate, ma con le razzie degli unni e la conquista longobarda (568) gli abitanti della terraferma cominciarono a rifugiarsi sulle isolette. Nella sua storia, Venezia non ha mai conosciuto il feudalesimo e solo nel XV secolo ha esercitato un governo diretto su un territorio extraurbano; inoltre è stata l'unica città-stato italiana a conservare ininterrottamente la propria libertà quasi fin dall'origine sino al 1797. La costruzione del ponte ferroviario nel 1846 ha posto fine al suo isolamento e lo sviluppo industriale in terraferma ha provocato un inesorabile spopolamento della laguna. Oggi Venezia rischia di trasformarsi in una località per turisti, in una città museo, anche se la presenza di numerose iniziative ed istituzioni culturali, come i suoi istituti di istruzione universitaria, il Festival Internazionale del Cinema e La Biennale di Venezia, ribadiscono la sua importanza come centro di arte e di cultura. La Basilica di San Marco ne è la cattedrale. Contiene la salma dell'evangelista Marco che due mercanti veneziani rubarono ad Alessandria nell'828. La Basilica risale al IX secolo, ma fu ricostruita nel 1063.

➤ **Madre di famiglia**: nella tradizione italiana, la madre all'interno della famiglia ha il ruolo di tenere unita la famiglia, accudire i figli, occuparsi del marito, e provvedere alle faccende di casa. La protagonista del film vive la sua vita pienamente inserita in questo ruolo, e 'la vacanza' che si prende andando a Venezia suscita determinate reazioni nelle persone che le stanno d'intorno proprio perché il suo gesto costituisce una forte rottura con il ruolo che lei ha sempre ricoperto.

...E AL LINGUAGGIO DEL FILM

La parlata veneziana è tipica di Venezia ma presente anche in buona parte del nord-est. Vediamone alcune caratteristiche.

➤ Le consonanti doppie diventano spesso singole: gallo → *galo*, letto → *leto*.

➤ L'articolo determinativo maschile singolare è *el*, che però è anche il pronome di terza persona maschile singolare: il → *el*, lui → *el*.

➤ Nei verbi spesso le forme plurali della seconda e terza persona sono uguali a quelle singolari.

> Per tradizione si usa il segno /x/ per rendere /s/ sonora nella terza persona del verbo essere → *èsser* e i suoi enclitici (per esempio: è → *xe*).
> Il verbo avere: alla vocale iniziale si antepone una *g*: ho → *go*, abbiamo → *gavemo*.

DOPO AVER VISTO IL FILM...

I PERSONAGGI

Scegli per ogni affermazione riguardante i personaggi del film il finale appropriato.

1. Prima di arrivare a Venezia, Rosalba...
   a. fa la casalinga.
   b. sta cercando lavoro.
   c. è segretaria nella ditta di suo marito.

2. Costantino incontra Mimmo...
   a. perché cerca lavoro come idraulico.
   b. perché cerca lavoro come investigatore.
   c. perché fa l'investigatore.

3. Fermo, il fioraio, chiama Rosalba 'Vera'...
   a. perché è il nome di un fiore.
   b. perché è il nome di una ribelle.
   c. perché Rosalba è una donna sincera.

4. Adele è...
   a. figlia di Fernando.
   b. nipote di Fernando.
   c. nuora di Fernando.

5. Fernando è...
   a. vedovo.
   b. divorziato.
   c. non si sa.

6. Fernando da giovane era...
   a. cantante.
   b. musicista.
   c. poeta.

I PERSONAGGI: DESCRIVILI TU

1. Fai una descrizione dettagliata di Grazia e del suo modo di vestire.
2. Descrivi la personalità di Mimmo, specificando quali episodi mettono in rilievo i diversi tratti del suo carattere.
3. Analizza il personaggio di Fernando: che ruolo ha nella storia?

LESSICO: I SINONIMI

Abbina ogni parola della colonna sinistra con il suo sinonimo della colonna destra.

1.	tramortire	a.	ceppo
2.	dolersi	b.	degenere
3.	penuria	c.	barcollare
4.	ciocco	d.	dimora
5.	boiler	e.	nubile
6.	piantonare	f.	stordire
7.	zita	g.	disapprovare
8.	vacillare	h.	perdita
9.	biasimare	i.	deposito
10.	falla	j.	scarsità
11.	prodigo	k.	indebolirsi
12.	snaturato	l.	sorvegliare
13.	languire	m.	dispiacersi
14.	pegno	n.	generoso
15.	magione	o.	scaldabagno

LESSICO: UNA PAROLA, DUE SIGNIFICATI

Abbina appropriatamente ogni parola della colonna sinistra con i suoi due significati della colonna destra.

1.	sballare	a.	appuntamento a vuoto
		b.	logorio
2.	bidone	c.	ritrovare
		d.	strozzinaggio
3.	infisso	e.	sensibilità epidermica
		f.	capire
4.	slancio	g.	conficcato
		h.	sottrarre
5.	dedurre	i.	rianimarsi
		j.	togliere dall'imballaggio
6.	rinvenire	k.	barile
		l.	delicatezza di modi
7.	tatto	m.	serramento
		n.	rincorsa
8.	usura	o.	superare il limite
		p.	entusiasmo

LA STORIA

1. Come mai Rosalba rimane da sola all'autogrill?
2. Perché Rosalba decide di recarsi a Venezia?
3. Poco alla volta, Fernando racconta le vicende più importanti della sua vita e della sua famiglia. Quali?
4. Chi sono Adele ed Eliseo? Che tipo di rapporto hanno con Fernando?
5. Che reazioni ci sono nella famiglia di Rosalba alla sua 'fuga'?
6. Che tipo di aiutante cerca Fermo, il fioraio? Come fa Rosalba a convincerlo ad assumere lei?
7. C'è qualche rapporto fra la citazione dall'*Orlando Furioso* che Fernando fa in balera (v. sotto, *Tu come diresti?*) e la sua storia personale?
8. Qual è il mestiere abituale di Costantino? Come mai finisce per fare l'investigatore?
9. Come fa Costantino a farsi credere e perdonare da Grazia quando viene scoperta la sua vera identità?
10. Perché Rosalba decide di tornare a casa? Cosa le viene riferito?

DIAMO UN'OCCHIATA AL FILM

1. Questa scena si colloca alla conclusione di vicende un po' tragicomiche e ingarbugliate: cosa è appena successo nel film?
2. Quella che vedi all'inizio del capitolo è la locandina con cui *Pane e tulipani* fu pubblicizzato in Italia al momento della sua uscita nelle sale cinematografiche.

Secondo te perché fu usata proprio questa immagine per promuovere il film? Tu avresti fatto una scelta diversa? Perché?

QUAL È QUELLA GIUSTA?

Scegli dalle liste che seguono ogni citazione del film l'espressione che secondo te ha un significato simile.

1. «Scusi, sono un disastro!» «Lo dice a me!».

    a. «Scusi, ho combinato un disastro!» «Lo vada a raccontare a qualcun'altro!»
    b. «Scusi, sono un'imbranata!» «Anch'io!»
    c. «Scusi, sono un'imbranata!» «Sta parlando con me?»
    d. «Scusi, ho combinato un disastro!» «Anch'io!»

2. «Non mi ero mica accorta che lui fosse così tagliato per gli affari!».

    a. Non avevo mica capito che si interessasse agli affari.
    b. Non credevo mica che fosse negato per gli affari.
    c. Non avevo mica capito che avesse talento per gli affari.
    d. Non sapevo mica che avesse dato un taglio agli affari.

3. «L'ho rimesso a nuovo!».

    a. Me ne sono procurato uno nuovo!
    b. Ho rimesso di nuovo!
    c. Ho rifatto tutto da capo!
    d. L'ho risistemato!

4. «A chi lo dice!».

    a. Ne so qualcosa!
    b. Sta parlando con me?
    c. Ma cosa dice!
    d. Non le credo.

5. «Se l'è mai passata la sua bella mano sulla coscienza?».

    a. Ma lei ce l'ha una coscienza?
    b. Ha mai fatto un bell'esame di coscienza?
    c. Ma lei crede di avere la coscienza pulita?
    d. Non si rende conto di essere un incosciente?

6. «Si dà il caso che sia il mio giorno di riposo».

    a. Per caso è il mio giorno di riposo.
    b. Non a caso è il mio giorno di riposo.
    c. Potrebbe anche essere il mio giorno di riposo.

    d. Faccio presente che è il mio giorno di riposo.

7. «Venga al dunque!».

    a. Arrivi al punto!
    b. Appena dico 'dunque', lei venga!
    c. Allora, venga!
    d. Insomma, finisca!

SINTETIZZA!

Fernando si esprime spesso con molta eleganza e poca concisione. Prova a sintetizzare quello che dice usando un numero di parole che sia al massimo la metà delle sue.

Esempio: «Cosa l'ha indotta a modificare i suoi piani?» (9 parole) *diventa*: «Perché ha cambiato idea?». (4 parole)

1. È mio dovere informarla che la cuoca ha avuto un attacco di appendicite. Ci troviamo quindi nella spiacevole situazione di poterle offrire solo piatti freddi. (25 parole)
2. Non si può dire che le ultime ore non siano state prodighe di emozioni. (14 parole)
3. Non vorrei sembrarle indiscreto, ma su quale cifra può fare affidamento? (11 parole)
4. Temo si tratti di una somma inadeguata per qualsiasi sistemazione minimamente decorosa. (12 parole)
5. Non si faccia scrupolo di chiudere a chiave se ciò può dare serenità alla sua notte. (16 parole)
6. Mentirei se dicessi di non aver notato la sua assenza. (10 parole)
7. Mi sfugge la ragione del suo risentimento così come mi sfugge il motivo che l'ha indotta a pedinarmi. (19 parole)
8. La pregherei di fornirmi spiegazioni più esaurienti. (7 parole)

FUORI DALL'INQUADRATURA

➤ «*Rosalba* era un titolo provvisorio. Poi, un giorno... Doriana [Leondeff, *nda*] ha tirato fuori questo *Pane e tulipani* [...]. Poi abbiamo scoperto che i tulipani sono fiori con una storia affascinantissima, che vengono in realtà dall'Estremo Oriente e non dall'Olanda, che a Istanbul verso il 1400 riempivano i giardini dei sultani e che erano simboli d'amore, di desiderio, di bellezza... c'erano stuoli di giardinieri adibiti esclusivamente alla coltura del tulipano. Poi nel Seicento è arrivato in Olanda, i bulbi erano addirittura quotati in borsa, arrivarono a valere delle cifre impensabili, quanto una casa, e verso la fine del secolo ci fu un crollo in borsa paragonabile, pare, a quello di Wall Street all'inizio del Novecento: c'è gente che è andata in rovina per un bulbo di tulipano! A pensarci adesso sembra incredibile. Per tornare a noi, a parte il fascino di tutta questa storia, mi piaceva molto che il titolo contenesse anche un gioco interno, che lo rendesse leggero, che rispecchiasse quello che è il tono del film: giocoso e leggero. Poi certo c'è il famoso slogan: "pane e rose", che nasce da uno striscione delle operaie americane all'inizio del secolo: "Le anime e non solo i corpi possono morire di fame: dateci pane ma dateci anche rose". *Pane e tulipani* viene anche da lì. E dal fatto che Rosalba tutte le sere porta a casa di Fernando un mazzo di fiori e che lui tutte le mattine le lascia il pane, insieme al caffè e al latte»[1].

➤   Bruno Ganz fu scelto perché Soldini cercava un attore straniero, e proprio in quel periodo lesse un'intervista a Ganz in cui questi, alla domanda "Con quali registi italiani vorrebbe lavorare?" aveva fatto il nome di Soldini. Il regista andò a Zurigo per proporgli la parte e a Ganz la sceneggiatura e il personaggio piacquero molto. Pare però che tra i due il rapporto di lavoro durante le riprese non sia stato sempre facile. Ganz non sopportava quello che a lui pareva 'deconcentrazione', ma che Soldini considerava parte del divertimento di lavorare insieme. Comunque fuori dal set Ganz si rilassava e passava piacevoli serate insieme alla troupe.

➤   Il regista sostiene che racconta storie di donne perché le donne non lo fanno, e quindi lui non fa altro che appropriarsi di un territorio libero!

➤   La forte goffaggine di Rosalba all'inizio della vicenda e al suo ritorno a Pescara è accentuata intenzionalmente su richiesta del regista.

➤   Per realizzare *Pane e tulipani* ci sono volute dieci settimane di riprese nella primavera del 1999 e quattro mesi di montaggio a partire dall'autunno dello stesso anno. Il costo è stato di circa cinque miliardi di lire (più di due milioni e mezzo di euro).

➤   Gli sceneggiatori si sono ispirati a *Un'estate d'amore* (*Sommarlek*, 1951) di Ingmar Bergman per l'atmosfera gioiosa e giocosa di *Pane e tulipani*.

TU COME DIRESTI?

Quando Costantino arriva al suo 'albergo' di Venezia, trova ad accoglierlo un uomo, non italiano, che gli spiega alcune cose. Sai trasformare il suo discorso, pieno di sbagli, in un italiano corretto? Attenzione, ci sono errori di tutti i tipi: articoli, verbi, ortografia...

«Signorre! Bene arivato! Lascia, porto io di valigio. Sei trovato facile strada? Principale spiegato bene, sì? Mapa cità pianta. Chiave stanza, bar frigo, tevù. Se ce l'hai qualcuno problema, questo è mio telefono numero. Porta chi vuole, no paghi di più. Una setimana anticcipo, trecentocinquantamila, soldi a mano, prego! [...] Tu cambia idea? Niente problema, tu cerca altro hotel».

In balera, Fernando recita a Rosalba un piccolo brano dell'*Orlando Furioso*, grande poema cavalleresco di Ludovico Ariosto (1474-1533). Aiutandoti con le note, puoi farne una trascrizione in italiano attuale? Ovviamente, in prosa!

---

1 Intervista a Silvio Soldini, in: *Pane e tulipani. La sceneggiatura, i protagonisti, le immagini del film dell'anno*, Marsilio Editori, Venezia 2000, pp. 23-24.

Pel bosco errò tutta la notte il conte[2];
e allo spuntar della dïurna fiamma,
lo tornò[3] il suo destin sopra la fonte
dove Medoro insculse[4] l'epigramma.
Veder l'ingiuria sua scritta nel monte
l'accese sì, ch'in lui non restò dramma[5]
che non fosse odio, rabbia, ira e furore;
né più indugiò, che trasse il brando fuore[6].
Tagliò lo scritto e 'l sasso[7], e sin al cielo
a volo alzar fe'[8] le minute schegge.
Infelice quell'antro, et[9] ogni stelo
in cui Medoro e Angelica si legge!

IL TUO CURRICULUM VITAE

Costantino si presenta da Mimmo con il proprio curriculum vitae nella speranza di ottenere un lavoro. Prova anche tu ad inventare un tuo curriculum da inviare al dirigente di un'azienda per convincerlo ad assumerti. Dovrai specificare i tuoi dati personali, gli studi che hai fatto, eventuali corsi di specializzazione che hai frequentato, parlare delle tue precedenti esperienze professionali, specificare quali lingue straniere conosci, se sai usare il computer, quali sono le tue attività preferite nel tempo libero, le tue ambizioni, e così via.

Scegli se inventarti una carriera come: agronomo, esperto di pubbliche relazioni, cuoco o ingegnere edile.

SPIEGA CON PAROLE TUE!

Sono qui riportate alcune citazioni dai dialoghi del film. Spiega cosa significano in relazione ai personaggi che le pronunciano e a quello che accade nel film.

1. L'amante di Mimmo quando Mimmo le chiede di stirargli qualche camicia: «Ma che sei scemo? Guarda che io sono la tua amante, mica sono tua moglie!».

---

2 Il brano è tratto dal canto XXIII del poema, stanze 129-130. Orlando ('il conte') è innamorato di Angelica, e non sa che lei ama Medoro. Un giorno, all'alba, Orlando arriva in un bosco in cui Angelica e Medoro hanno inciso i loro nomi su ogni albero, muro o sasso, intrecciandoli. Orlando impazzisce dalla gelosia e distrugge quelle scritte.

3 *lo tornò* = lo riportò

4 *insculse* = incise

5 *dramma* = sentimento, emozione

6 *fuore* = fuori

7 *'l sasso* = la roccia

8 *fe'* = fece

9 *et* = e

2. Mimmo a Costantino che non ottiene risultati soddisfacenti nell'indagine: «Caponangeli, ti dico solo una cosa: se fra tre giorni non è uscito fuori niente, non solo hai chiuso con la Barletta Saniplus, ma con tutte le altre ditte di sanitari della costa adriatica!».

3. Fernando, dopo che Rosalba se n'è andata: «Ciò che mi consola è la mia stoltezza. Ancora una volta la felicità ha battuto invano alla mia porta».

PICCOLE NOTE CULTURALI ED ALTRE CURIOSITÀ

➤ **Minerva**: oltre che il nome di una dea è anche una famosa marca di fiammiferi.

➤ **Vittorio Alfieri**: grande poeta tragico italiano (Asti 1749 – Firenze 1803). Quando Costantino si presenta a Grazia Reginella sotto falso nome non dà prova di grande fantasia...

➤ **Fegato alla veneziana**: prelibata ricetta per cucinare il fegato di bovino con la cipolla.

➤ **Bicchiere della staffa**: l'ultimo bicchiere di bevanda alcolica che si beve alla fine della serata. La staffa è l'anello metallico in cui il cavaliere poggia il piede quando è in sella al cavallo. Il bicchiere della staffa è quello che beveva il cavaliere già montato in sella.

➤ **Scopa**: gioco per cui si usa un mazzo da 40 carte. Uno dei modi di realizzare punti è 'fare scopa', cioè prendere dal tavolo l'ultima carta rimasta (o le ultime carte rimaste) se si ha una carta di pari valore. Quando ciò accade, il fortunato giocatore dice a voce alta: "Scopa!". Solitamente si gioca in 4.

➤ **Alan Sorrenti**: cantautore napoletano che ebbe particolare successo negli anni '70.

➤ **Calli e campi**: le 'strade' e le 'piazze' di Venezia non si chiamano 'via', 'viale' o 'piazza': la maggior parte di esse sono solo pedonali, ed hanno dei nomi particolari: 'calle', 'rio', 'fondamenta,' 'riva,' 'salizzada', 'sotoportego, 'listo' 'campo', 'campiello', e così via. Quando una strada corre lungo un canale, non si chiama 'calle' ma 'riva' o 'fondamenta'. 'Calle' deriva dallo spagnolo, così come "rio," mentre "campo" fa riferimento al fatto che una volta questi spazi non erano lastricati ma venivano coltivati. I canali più piccoli si chiamano 'rii'.

➤ **Bacaro**: è il nome veneziano per 'osteria'.

➤ **Caporetto**: paese non lontano da Gorizia; durante la prima guerra mondiale, nell'ottobre 1917, l'esercito italiano vi subì una dura sconfitta da parte di austriaci e tedeschi. Attualmente il paese fa parte della Slovenia.

➤ **Don Backy**: vero nome Aldo Caponi, cantante italiano popolare a partire dagli anni '60, che ha sempre svolto un'intensa attività artistica di piano-bar. È lui che canta nella balera dove Fernando porta Rosalba, e di cui Fernando dice «E lui era il mio faro» quando parla del suo lavoro sulle navi.

➤ **Canna**: sigaretta fatta artigianalmente con tabacco mescolato ad altre sostanze quali hashish, marijuana...

➤ **I nizioleti**: è un termine dialettale che indica la tipica forma di piccolo lenzuolo delle iscrizioni murali che riportano i nomi dei calli e dei campi. Servono soprattutto allo sperduto turista per trovarsi la strada e sono di origine piuttosto recente: appaiono sui muri di Venezia subito dopo la caduta della Repubblica (1797). I servizi postali non si servono di questa segnaletica e gli indirizzi veneziani contengono solo l'indicazione del sestiere e del numero civico.

LEGGIAMO IL COPIONE

Leggi questo breve scambio di parole tra Fermo e Rosalba, mentre lei sta preparando una composizione di fiori e lui è nel retro.

Fermo:	-L'acqua bolle!
Rosalba:	-Non ho tempo. Devo finire per le sei.
Fermo:	-Ripasseranno più tardi.
Rosalba:	-Ma gliel'avevo promesso.
Fermo:	-Le cose belle sono lente, Rosalba! Vieni a prendere il tè!
Rosalba:	-Io mi sento male a fare aspettare la gente.
Fermo:	-Sbagli, bisogna imparare ad aspettare.
Rosalba:	-E sui tulipani cosa devo sapere?
Fermo:	-Per prima cosa che non vengono dall'Olanda, come tutti credono, ma dalla Persia. Nelle *Mille e una notte* è pieno di tulipani, sono simbolo d'amore.

Di solito, i commercianti cercano di soddisfare i bisogni dei clienti, ma il fioraio non sembra essere un negoziante tipico. Cosa ne pensi dei consigli di Fermo? Al di là della specifica situazione della scena che hai appena letto, secondo te 'bisogna imparare ad aspettare'? Ed è vero che 'le cose belle sono lente'? Perché? Perché pensi che Rosalba debba conoscere la provenienza e la simbologia dei tulipani?

Come spiega conversando con Rosalba, Grazia non ha avuto molta fortuna nei legami sentimentali:

Grazia:	-Eh sì, ho sempre avuto sfiga io, sin dall'inizio. La prima volta che uno mi ha baciata è stato in un cimitero. Avevo quindici anni, andavamo lì a farci le canne, lui si chiamava Primo, nemmeno a farlo apposta...
Rosalba:	-Ma c'è sempre un primo.
Grazia:	-Mi ha mollata da un giorno all'altro. Per una che faceva le previsioni del tempo a Telebrianza.
Rosalba:	-Non era quello giusto, dai!
Grazia:	-E Ettore, allora? Sembrava così innamorato, partiamo insieme per la Grecia e la sera stessa sul traghetto lo vedo che si bacia con un marinaio di Salonicco E allora dico: basta coi legami seri Basta! E invece incontro Corrado... Un vero colpo di fulmine. L'avrei seguito anche in Alaska, lui invece era di Chioggia e allora l'ho seguito a Chioggia.
Rosalba:	-E hai fatto bene.
Grazia:	-E dopo un anno, scopro che ha due donne, due figli da una e tre dall'altra... E fosse stato almeno musulmano...

Secondo te, anche nella realtà l'amore è così difficile? Perché?

Rosalba e Nic sulla scala mobile del supermercato.

Rosalba:	-Lo conosci tu l'*Orlando furioso*?
Nic:	-Chi, quello che impazzisce e il cervello gli schizza sulla luna?
Rosalba:	-Be', non è proprio così... Ma tu cosa vorresti fare?
Nic:	-Che ne so, ma'...
Rosalba:	-Ci sarà pure qualcosa che ti piace.
Nic:	-E chi è che ci riesce a fare quello che gli piace?
Rosalba:	-Be', per esempio tuo padre.
Nic:	-Mi ci vedi a vendere cessi e finestre per i prossimi quarant'anni?
Rosalba:	-Non ci sono solo cessi e finestre.

Perché alcune persone riescono a fare quello che desiderano e altre no? Fortuna, bravura, impegno? Ma sarà sempre vero oppure ci saranno anche casi in cui le persone adattano i propri desideri a quello che hanno? Tu cosa ne pensi? Che tipo di ambizioni avevi tu all'età di Nic? Confrontale con le tue ambizioni di oggi.

LA PAROLA AL REGISTA, SILVIO SOLDINI

«Rosalba all'inizio di *Pane e tulipani* non è ancora una volta un personaggio in crisi esistenziale, con delle frustrazioni visibili e tangibili. Forse le ha a livello inconscio, ma non lo sa. Non sta cercando altro, non sta male, non vuole rompere con qualcosa. Infatti quando la definiscono la storia di una donna in fuga non sono per niente d'accordo. Rosalba non sta scappando da niente [...], io la vedo più come la storia di una donna che per tutta una serie di cose che le accadono scopre, o riscopre, una parte di sé che aveva tenuto nel cassetto e che non aveva lasciato uscire. Scopre un'altra realtà»[10].

1. E tu, come la vedi Rosalba?
2. Cosa vuol dire essere 'una donna in fuga'?
3. Qual è la parte di sé che Rosalba scopre (o riscopre)?

«Io credo che *Pane e tulipani* sia proprio una commedia. La commedia è un genere che lascia molta libertà, non limita [...]. Ecco, la commedia ti permette di creare un mondo in cui sono verosimili delle cose che in altri contesti non lo sarebbero, anche se poi scopri che la vita supera sempre la finzione [...]. Le commedie italiane sono sempre naturalistiche. Io invece volevo arrivare a creare un mondo appositamente per il film, con colori, atmosfere e situazioni diverse da quelle quotidiane. Non certo per fuggire la realtà, ma per guardarla da un altro punto di vista, per raccontarla in modo meno diretto. Tutto questo con la libertà che una commedia può darti anche a livello narrativo, drammaturgico. Puoi fare accadere cose che accetti in quel contesto, come il fatto che un tizio spedisca un suo dipendente, idraulico ma grande lettore di libri gialli, a cercare sua moglie a Venezia perché gli costa meno che pagare un detective privato. Una cosa che non puoi accettare in un film drammatico»[11].

10 Intervista a Silvio Soldini, op. cit., p. 10.
11 Ivi, pp. 10-11.

1. Quali elementi della commedia riesci a individuare in *Pane e tulipani*?

2. Come riescono effettivamente questi elementi a fare luce su aspetti della realtà in modo meno diretto?

3. Oltre all'esempio di Costantino fornito dal regista, quali altri episodi o personaggi del film descriveresti come inverosimili?

MA ORA IL REGISTA SEI TU... E VUOI CAMBIARE TUTTO!

Grazia ha vissuto una vita sentimentale piuttosto deludente prima dell'arrivo di Costantino, e finalmente ora è felice.

Ma ora il regista sei tu... e vuoi cambiare tutto!

A cercare Rosalba ci va Mimmo, il quale si innamora perdutamente di Grazia. Cosa succederà?

Se ti sembra opportuno, dopo aver raccontato questa nuova versione della vicenda cambia anche il titolo del film, e spiega i motivi della tua nuova scelta.

RIFLETTIAMO UN PO'

1. La guida turistica dice che Afrodite era la dea «della bellezza ma anche dell'amore, perché l'amore è più importante della bellezza». Per te cosa è più importante, l'amore o la bellezza? Perché?

2. La signora che Rosalba incontra all'autogrill mentre sono in auto dice: «Lo sa che per me fino a poco tempo fa 'casalinga' era quasi una parolaccia? Adesso invece un po' la invidio». Secondo te, perché aveva una considerazione negativa delle casalinghe e poi ha cambiato idea? E tu, come la pensi?

3. «Ho passato con te i momenti più belli della mia vita. Io sapevo che c'eri ma non sapevo dov'eri. Adesso ti ho trovata, e adesso so cos'è la felicità». Questa è la dichiarazione d'amore che Costantino fa a Grazia. Ti sei mai sentito/a come lui? Hai mai ricevuto una dichiarazione così romantica?

4. La prima sera che Rosalba di nuovo è a letto con Mimmo, lui le dice voltandosi dall'altra parte: «Alba senti, fai conto che per me non è successo niente». Che tipo di atteggiamento è questo? Cosa avresti fatto tu al suo posto? E se tu fossi Rosalba, cosa faresti di fronte ad un comportamento del genere?

5. Nic, mentre parla con la madre del proprio futuro: «Ma chi è che riesce a fare quello che gli piace veramente?». Tu ci riesci? Se sì, come? Se no, perché? Secondo te perché alcune (o molte? Tu che ne dici?) persone non riescono a realizzare le proprie aspirazioni?

QUATTRO CHIACCHIERE CON...

In questo film il marito di Rosalba, Mimmo, non fa una bella figura. Non vorresti dargli un'opportunità di riabilitarsi agli occhi del pubblico?

Conduci con lui un'intervista immaginaria ponendogli domande e inventandoti le sue risposte. Se ti sembrano pertinenti, non avere paura a fare domande indiscrete!

NON VORRESTI SAPERNE DI PIÙ?

1. Fernando consiglia a Rosalba il fegato alla veneziana. Quali sono le specialità della cucina veneziana?

2. Paestum è una meta turistica di grande pregio per chi si interessa del mondo classico. Cos'era la Magna Grecia? In che zona si estendeva? In che periodo storico è stata particolarmente fiorente? Oggi, dove si possono trovare in Italia i resti più importanti di quel periodo storico?

3. Venezia è organizzata in sestieri, le cui origini risalgono alla seconda metà del XII secolo. Il termine "sestieri" sta a indicare una divisione in "sesti." Come si chiamano i sestieri di Venezia e quali sono le principali attrazioni di ciascuno di essi?

4. Fernando spiega a Rosalba di aver imparato l'italiano leggendo l'*Orlando furioso* di Ludovico Ariosto, uno dei massimi esponenti del poema cavalleresco. Chi era Ariosto? Quali sono le sue opere principali? Perché è considerato uno scrittore importante? E cos'è il poema cavalleresco? Se tu dovessi proporre un testo letterario a uno straniero che desidera imparare la tua lingua, quale opera sceglieresti? Perché?

5. Rosalba un giorno sogna i suoi familiari che giocano a *scopa*. Trova le regole del gioco, imparalo e poi insegnalo ai tuoi compagni.

6. Costantino dà come suo nome fittizio "Vittorio Alfieri", che in realtà era un grande drammaturgo del Settecento. Quali sono le sue opere principali? Perché è considerato uno scrittore importante? Fai una piccola ricerca sulla sua vita.

7. Non solo i personaggi, ma Venezia stessa, contribuiscono all'atmosfera poetica che permea *Pane e tulipani*. Trova una poesia che parli di Venezia e un quadro di cui sia il soggetto e presentali ai tuoi compagni. Traduci la poesia in italiano se è in una lingua diversa, oppure nella tua lingua se è già in italiano.

8. Rosalba decide d'impulso di visitare Venezia. Se tu, in questo momento, potessi partire per un qualsiasi posto nel mondo, dove andresti? Documentati sulla tua meta e poi spiega cosa ti attrae della tua destinazione, cosa vorresti vedere e che cosa vorresti fare una volta arrivato.

VI PRESENTO *PANE E TULIPANI*

Scrivi una composizione, di almeno 5000 caratteri (spazi esclusi), in cui presenti *Pane e tulipani*: la trama, i personaggi, le tematiche affrontate, le soluzioni di regia e quant'altro ti sembra importante. Aggiungi anche una tua valutazione critica ed un commento personale.

L'ANGOLO DELLA POESIA

Venezia ha ispirato due poesie di Alfonso Gatto (Salerno 1909 – Orbetello, Grosseto 1976). Gatto condusse una vita che egli stesso definì burrascosa e che lo portò in tutta Italia. Prese parte alla Resistenza e le sue poesie del periodo risentono di questo impegno morale e politico. La sua lirica è poesia pura, detta anche ermetica, in cui il poeta ricerca un linguaggio rarefatto, atemporale ed allusivo, scevro da retorica. Spesso si avverte un certo pessimismo nelle sue liriche, espresso dall'immagine della morte. Fra le sue raccolte ricordiamo *Isola* (1932), *Poesie* (1941), *Amore della vita* (1944) e *Il capo sulla neve* (1949). Leggiamo le sue poesie insieme.

Settembre a Venezia

Hanno il colore delle navi morte
in un'alba lontana quei colombi
rimasti soli sulla grande piazza.

E l'agro odore della mareggiata,
di là dove verdeggia al cielo e ai vetri
del temporale un'isola di luce,
qui resta come un barbaglío di tende
e di chiese che incrostano sui marmi
le fredde acquate dell'autunno.

Gemma di lutto e di bianchezza eterna
alla sua voce ormai lontano è un sogno
questa che parve una città di piume.
Così la spoglia nel suono del mare
la nevicata dei silenzi azzurri.

Natale al Caffè Florian[12]

La nebbia rosa
e l'aria dei freddi vapori
arrugginiti con la sera,
il fischio del battello che sparve
nel largo delle campane.
Un triste davanzale,
Venezia che abbruna le rose
sul grande canale.

Cadute le stelle, cadute le rose
nel vento che porta il Natale.

Come descriveresti il tono delle poesie? Che immagine danno di Venezia? Da cosa ti sembra che il poeta sia rimasto particolarmente colpito in queste due occasioni? C'è qualcosa in comune tra le due poesie? Pensi che queste rappresentazioni della città siano simili o diverse da quella evocata in *Pane e tulipani*? Perché?

---

12 Il Caffè Florian del titolo è un famoso caffè storico di Venezia. Inaugurato il 29 dicembre 1720 da Floriano Francesconi, svolge la sua attività sotto i portici delle Procuratie Nuove in piazza San Marco.

CAPITOLO 12
I CENTO PASSI

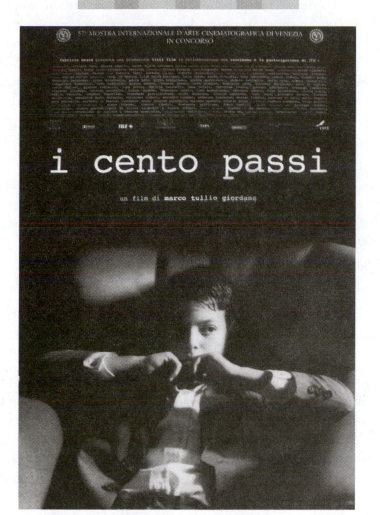

I CENTO PASSI, Italia, 2000

Regia	Marco Tullio Giordana
Sceneggiatura	Claudio Fava, Monica Zappelli, Marco Tullio Giordana
Interpreti	Luigi Lo Cascio — *Peppino Impastato*
	Luigi Maria Burruano — *Luigi Impastato*
	Lucia Sardo — *Felicia Impastato*
	Paolo Briguglia — *Giovanni Impastato*
	Tony Sperandeo — *Gaetano Badalamenti*
	Andrea Tidona — *Stefano Venuti*
	Ninni Bruschetta — *Anthony detto anche 'Tonuzzo'*
	Claudio Gioè — *Salvo Vitale*
Durata	114'

IL REGISTA: MARCO TULLIO GIORDANA

Marco Tullio Giordana nasce a Milano nel 1950. Fondamentale nella sua formazione cinematografica è l'esperienza politico-culturale del Sessantotto. Esordisce come regista nel 1980 con *Maledetti vi amerò*, un film di evidente natura autobiografica sul conflitto generazionale, e in cui già si afferma la predilezione dell'autore per tematiche socio-politiche. Nel successivo *La caduta degli angeli ribelli* affronta il tema del terrorismo, e in *Appuntamento a Liverpool* quello della violenza del tifo calcistico. Una delle figure culturali più care a Giordana è Pier Paolo Pasolini, lo scrittore e regista friulano alla cui morte violenta è dedicato il film *Pasolini, un delitto italiano*. Questa scelta di argomenti di forte impatto socio-politico e morale, di cui anche *I cento passi* è un esempio, è caratteristica della tradizione del cinema d'impegno civile del quale Marco Tullio Giordana è uno dei massimi esponenti italiani.

FRA I SUOI FILM PIÙ IMPORTANTI:

La meglio gioventù (2003)	*Appuntamento a Liverpool* (1988)
I cento passi (2000)	*Notti e nebbie* (1984)
Pasolini, un delitto italiano (1995)	*La caduta degli angeli ribelli* (1981)
La domenica specialmente (1991)	*Maledetti vi amerò* (1980)

TRAMA DEL FILM

I cento passi è un film di denuncia che narra una vicenda realmente accaduta. A Cinisi, un paesino della Sicilia occidentale, Giuseppe Impastato (1948-1978), cresce in un ambiente mafioso e vive a poca distanza dall'abitazione del boss Gaetano Badalamenti. Siamo in un periodo storico e in una regione in cui solo pochi hanno il coraggio di combattere la mafia, e il giovane Peppino si schiera apertamente contro Cosa Nostra. Fonda una radio locale, Radio Aut, attraverso la quale accusa con veemenza il crimine organizzato e le amministrazioni corrotte. Nel 1978, in vista delle elezioni comunali, decide di candidarsi nelle liste di Democrazia Proletaria. Due giorni prima del voto il suo cadavere viene rinvenuto sui binari della ferrovia e le autorità dichiarano che la sua morte è stata un suicidio.

I cento passi ha ricevuto molti premi, fra i quali cinque David di Donatello (2001).

PRIMA DI VEDERE IL FILM...

PREPARIAMOCI ALLA PROIEZIONE...

- **Mafia**: organizzazione criminale nata in Sicilia nel XIX secolo. A più riprese nel corso della sua storia si è legata al potere politico, procurando serbatoi di voti in caso di elezioni e corrompendo gli amministratori per ottenerne trattamenti di favore e/o coinvolgendoli direttamente nei propri crimini (traffico di armi e sostanze stupefacenti, estorsioni, usura, appalti e concessioni illecite, sfruttamento della prostituzione, e così via). Localmente offre anche il proprio sostegno e favore di chi vi ricorre per chiedere aiuto, ponendo però di solito il beneficiario in una posizione di debito perenne nei confronti dell'organizzazione. Questi debiti di riconoscenza, oltre ai vincoli di sangue e di onore sono quelli che le danno una forte coesione interna, rafforzata dalla pratica intimidatoria. Esistono in Italia moltissime leggi varate appositamente per combattere la mafia, che soprattutto dagli anni '80 ha subito grosse sconfitte. Purtroppo riesce spesso a eludere la giustizia anche grazie alla corruzione di alcuni amministratori o ai vincoli di silenzio (omertà) che impone attraverso minacce e violente ritorsioni in caso di denunce o testimonianze. Talvolta viene anche denominata, soprattutto nella zona di Palermo, *Cosa Nostra*.

- **Mandare al confino**: durante il periodo fascista (1922-1943) molte persone ostili al regime ma non colpevoli di reati comuni furono mandate al confino, cioè obbligate a risiedere e lavorare in piccoli paesi sperduti, invece di essere incarcerate. Il confino fascista fu uno dei primi prodotti delle leggi eccezionali del 1926. Il domicilio coatto fu imposto a 17.000 persone, fra cui il pittore Stefano Venuti, in quanto comunista, e Cesare Manzella, in quanto mafioso.

- **Movimento del 1977**: i tumulti che Peppino vede trasmessi dalla televisione sono accaduti durante l'occupazione dell'Università di Roma da parte degli studenti nel febbraio del 1977 per protestare contro le riforme del Ministro dell'Istruzione Malfatti. La protesta si trasformò in una lotta violenta contro le forze dell'ordine. Questi fermenti studenteschi giunsero anche a Bologna, dove l'11 maggio 1977 ci fu un duro scontro tra studenti e carabinieri nel quale morì un manifestante. Ne seguirono altre violente proteste.

- **Brigate Rosse**: organizzazione terroristica clandestina di estrema sinistra fondata da Renato Curcio; fece la sua comparsa nel 1970 e fu attiva fino agli anni '80 con sequestri, ferimenti e omicidi allo scopo, fra l'altro, di inasprire le lotte sociali, estraniare il Partito Comunista Italiano (PCI) dai suoi elettori e opporsi al 'compromesso storico' (v. sotto, 'Aldo Moro'). I principali bersagli dei brigatisti furono magistrati, sindacalisti, imprenditori, giudici, politici, esponenti delle forze dell'ordine e giornalisti. Le BR furono duramente colpite da numerosi arresti nei primi anni '80, e subirono un veloce declino. La loro ultima vittima, Roberto Ruffilli, collaboratore dell'allora Presidente del Consiglio, fu ucciso nel 1988. Nel 1999 con l'omicidio di Massimo D'Antona, un consulente del Ministro del Lavoro, le Brigate Rosse hanno ripreso la loro attività terroristica, continuata nel 2002 con l'uccisione di Marco Biagi, anche lui un consulente ministeriale per le politiche del lavoro. L'organizzazione che è attualmente in attività viene chiamata dai media italiani 'le nuove BR', per distinguerle da quelle attive negli anni '70. Nel 2003 Emanuele Petri, sovrintendente della POLFER (la polizia ferroviaria) viene ucciso in servizio sul treno su cui stanno viaggiando due presunti brigatisti (di cui uno muore nello scontro a fuoco) che avevano insospettito il soprintendente. Questo drammatico episodio porta ad un imponente sviluppo delle indagini sulle nuove BR, di cui sono già stati arrestati molti esponenti.

⚑ **Aldo Moro**: uomo politico italiano (1916-1978) appartenente alla Democrazia Cristiana (DC). Fu tre volte Presidente del Consiglio, e aprì il governo al PCI (il 'compromesso storico') per fronteggiare la crisi economica e il terrorismo. Il 16 marzo 1978, in via Fani a Roma, le BR uccisero gli uomini della sua scorta e lo sequestrarono; dopo 55 giorni di prigionia fu ucciso e il suo corpo fu abbandonato, sempre a Roma, in una via equidistante dalla sede della DC e da quella del PCI, il 9 maggio 1978.

⚑ **Giuseppe Pinelli**: 1928-1969. Nel 1969 a Milano, subito dopo un gravissimo episodio terroristico ('la strage di Piazza Fontana', 12 dicembre) fu arrestato l'anarchico Giuseppe Pinelli. Fu trattenuto in questura e morì precipitando da una finestra della stessa, al quarto piano, la notte tra il 15 e il 16 dicembre. Ufficialmente si parlò di suicidio, ma molti sospettarono che fosse stato un omicidio. Nel 1975 il tribunale assolse comunque Pinelli da ogni accusa relativa alla strage. Da quest'episodio il drammaturgo Dario Fo, premio Nobel per la letteratura, trasse una delle sue opere più celebri, *Morte accidentale di un anarchico* (1970).

...E AL LINGUAGGIO DEL FILM

Piccolo glossario delle espressioni dialettali.

- ➤ **Accattare**: comprare.
- ➤ **Assettarsi**: sedersi.
- ➤ **Boccuzza**: boccuccia.
- ➤ **Ca**: qui.
- ➤ **Pìccioli**: soldi.
- ➤ **Picciriddu**: bambino.
- ➤ **Scafazzare**: schiacciare.
- ➤ **Scantarsi**: aver paura.
- ➤ **Sciauro**: odore.
- ➤ **Sciecco**: asino.
- ➤ **Tinto**: cattivo.
- ➤ **Travagliare**: lavorare.
- ➤ **Un nuddu mischiato cu niente**: un nessuno mischiato con niente. Cioè, una nullità.
- ➤ **Uscire pazzo**: impazzire.
- ➤ **Zu**: zio. Usato però non solo per il legame di parentela, ma anche come appellativo verso una persona per cui si nutre rispetto e considerazione.

Piccolo glossario delle espressioni inventate da Peppino. Le parole precedute da * non esistono in italiano né in dialetto.

- ➤ ***Canese**: lingua dei cani.
- ➤ **Cassa per la Mezzanotte**: composto da 'Cassa per il Mezzogiorno' e 'mezzanotte'. 'Mezzogiorno' è il meridione; la Cassa per il Mezzogiorno erano dei fondi destinati dal governo per lo sviluppo dell'Italia meridionale.
- ➤ **Lapis** → **"mi scappò un lapis"**: 'lapis' usato qui al posto di 'lapsus', cioè un errore verbale involontario. **Lapis** invece è una matita.
- ➤ ***Maficipio**: unione di 'mafia' e 'municipio', sede dell'amministrazione comunale.
- ➤ ***Mafiopoli**: unione di 'mafia' e di '-poli', che in parole composte significa 'città' (ad esempio, tendopoli, insediamento costituito da tende).
- ➤ **Tano Seduto**: Gaetano Badalamenti. Composto da 'Tano' (diminutivo di Gaetano) e Seduto (da Toro Seduto, il nome italiano del capo sioux Tatanka Yotaka).

Piccolo glossario di espressioni particolari usate nel film.

- ➤ **Ai sensi dell'articolo 4 comma secondo**: formula usata per citare un articolo di legge. Corrisponde a 'Secondo quanto previsto nell'articolo 4". I commi sono le sottosezioni di un articolo che ne regolano aspetti specifici.
- ➤ **Ciclostile**: macchina che riproduce copie di testi o illustrazioni incisi su carta paraffinata, cioè impregnata di una sostanza simile a cera.
- ➤ **Colata di cemento**: flusso di cemento fatto colare in una struttura o in uno stampo predisposto (ad esempio, una fossa).
- ➤ **Comizio**: adunata pubblica in cui un oratore parla alla folla.
- ➤ **Esproprio**: privazione del diritto di proprietà.
- ➤ **Disimpegno**: atteggiamento di disinteresse sociale o politico.
- ➤ **Leccaculo, leccare il culo**: espressioni volgari che si usano rispettivamente per indicare l'adulatore servile e l'adulazione servile. Con lo stesso significato, ma non volgare: leccapiedi.
- ➤ **Lupara**: fucile a canne mozze, usato spesso nei delitti mafiosi.
- ➤ **Mandante**: colui che commissiona un delitto.
- ➤ **Minchia**: espressione volgare. Letteralmente significa 'pene' ma viene usata in molte espressioni colloquiali, cui conferisce un carattere di volgarità.
- ➤ **Ordinanza**: provvedimento emesso da un'autorità.
- ➤ **Piastra**: giradischi.
- ➤ **Procura**: sede e ufficio del procuratore della repubblica, che tutela l'applicazione della legge. Ha facoltà di emettere il **rinvio a giudizio**, con il quale si dichiara di dover procedere penalmente contro qualcuno accusato di un reato.
- ➤ **Sprovincializzare**: togliere a qualcosa il suo carattere provinciale, vale a dire di arretratezza e di grossolanità.
- ➤ **Tino**: grosso recipiente in cui si fa fermentare il mosto (poltiglia ottenuta dalla pigiatura dell'uva e che dopo la fermentazione diventa vino).
- ➤ **Trottola**: giocattolo a forma di cono rovesciato che si fa girare velocemente su se stesso su una superficie liscia.
- ➤ **Ufficiale giudiziario**: persona incaricata di svolgere una funzione giudiziaria.
- ➤ **Vaccaro**: guardiano di vacche.

DOPO AVER VISTO IL FILM...

I PERSONAGGI

Abbina appropriatamente i personaggi della colonna sinistra con i loro nomi della colonna destra.

1.	Pittore	a.	Felicia
2.	Amico di Peppino	b.	Anthony 'Tonuzzo'
3.	Fratello di Peppino	c.	Salvo
4.	Padre di Peppino	d.	Giovanni
5.	Madre di Peppino	e.	Don Cesare Manzella
6.	Zio di Peppino	f.	Felicia
7.	Fidanzata di Giovanni	g.	Stefano Venuti
8.	Cugino di Luigi	h.	Gaetano 'Tano' Badalamenti
9.	Amico di famiglia	i.	Luigi

I PERSONAGGI: DESCRIVILI TU

1. Fai una descrizione dettagliata della madre di Peppino e del suo modo di vestire.
2. Descrivi la personalità di Luigi, specificando quali episodi mettono in rilievo i diversi tratti del suo carattere.
3. Analizza il personaggio di Stefano Venuti: che ruolo ha nella storia?

LESSICO: I SINONIMI

Abbina ogni parola della colonna sinistra con il suo sinonimo della colonna destra.

1.	panzone	a.	rompere
2.	misfatto	b.	parlare a sproposito
3.	perpetrare	c.	di idee arretrate
4.	baccano	d.	poliziotto
5.	cavernicolo	e.	commettere
6.	straparlare	f.	moralista
7.	sbirro	g.	sposarsi
8.	scassare	h.	gluteo
9.	accasarsi	i.	lamentela
10.	dirimpetto	j.	cavarsela
11.	parruccone	k.	delitto
12.	chiappa	l.	grasso
13.	bacchettone	m.	strepito
14.	lagna	n.	di fronte
15.	arrangiarsi	o.	primitivo

LESSICO: I CONTRARI

Abbina ogni parola della colonna sinistra con il suo contrario della colonna destra.

1.	dissenziente	a.	tardivo
2.	sgarbo	b.	addormentato
3.	impulsivo	c.	gentilezza
4.	desto	d.	legittimo
5.	congruità	e.	realistico
6.	cafone	f.	concordante
7.	velleitario	g.	dominatore
8.	abusivo	h.	beneducato
9.	prematuro	i.	riflessivo
10.	sottomesso	j.	inadeguatezza

LA STORIA

1. Cosa si festeggia al grande pranzo all'inizio del film?
2. Chi è Anthony, detto anche Tonuzzo? Come si pone di fronte alle vicende narrate nel film?
3. Peppino è in perenne conflitto con suo padre, perché?
4. Radio Aut cerca di provocare un impatto forte sulle persone per far arrivare loro un messaggio ben preciso: quale?
5. Come mai i Badalamenti vengono, offensivamente, chiamati anche 'battagghi'?
6. Perché Peppino, dopo la dimostrazione sulla collina che domina l'aeroporto, viene liberato prima degli altri? Contro cosa protestavano i manifestanti?
7. Come mai il film s'intitola 'I cento passi'?
8. Dopo la morte del padre, cosa rimprovera Giovanni a Peppino? Perché?
9. Come muore Peppino? E quale è la versione ufficiale dell'accaduto? Come viene giustificata tale versione dalle autorità?
10. Che atteggiamento ha la madre di Peppino nei confronti delle scelte del figlio? Le sostiene? Le osteggia? Come?

DIAMO UN'OCCHIATA AL FILM

1. Che cosa sta succedendo in questa scena? Collocala al posto giusto nella trama del film.

2. Quella che vedi all'inizio del capitolo è la locandina con cui *I cento passi* fu pubblicizzato in Italia al momento della sua uscita nelle sale cinematografiche. Secondo te perché fu usata proprio questa immagine per promuovere il film? Tu avresti fatto una scelta diversa? Perché?

LEGGIAMO INSIEME

Il piccolo Peppino al grande pranzo di apertura del film recita la poesia 'L'infinito', scritta nel 1819 da Giacomo Leopardi. Aiutandoti con le note, prova a riscrivere la poesia in un italiano più moderno e colloquiale, ovviamente in prosa.

L'infinito
Sempre caro mi fu quest'ermo[1] colle,
e questa siepe, che da tanta parte
dell'ultimo orizzonte il guardo[2] esclude.
Ma sedendo e mirando[3], interminati[4]

---

1 solitario

2 sguardo

3 guardando, ammirando

4 sterminati

spazi di là da quella[5], e sovrumani
silenzi, e profondissima quïete
io nel pensier mi fingo[6]; ove per poco
il cor[7] non si spaura[8]. E come il vento
odo stormir tra queste piante, io quello
infinito silenzio a questa voce
vo comparando: e mi sovvien[9] l'eterno,
e le morte stagioni, e la presente
e viva, e il suon di lei. Così tra questa
immensità s'annega il pensier mio:
e il naufragar m'è dolce in questo mare.

Giacomo Leopardi è molto importante nella letteratura italiana, e tutti gli studenti italiani leggono questa sua poesia che è particolarmente amata e famosa. A te è piaciuta? Perché? Quali riflessioni e quali emozioni suscita in te? Riesci a cogliere i sentimenti che l'hanno ispirata all'Autore?

PROVERBI

Nei dialoghi de *I cento passi* troviamo quattro proverbi. Cerca di comprendere il loro significato aiutandoti anche con le altre frasi fornite ad esempio.

1. Luigi: «Mogli e buoi dai paesi tuoi».

    «L'ho sempre detto io, 'mogli e buoi dai paesi tuoi'. Guarda mio cognato come si è ritrovato: lui è siciliano, ha sposato una finlandese, e questa anche d'inverno pretende di tenere le finestre aperte perché ha sempre caldo... E lui? Con il raffreddore tutto l'anno!».

    «Mannaggia, queste apparecchiature straniere sono sempre difficili da usare e le istruzioni sono tutte in inglese, non ci si capisce nulla! Il proverbio dice il giusto: mogli e buoi dei paesi tuoi!».

    a. Le cose e le persone straniere sono peggiori di quelle italiane.
    b. È consigliabile avere a che fare con cose e persone che hanno usi e costumi uguali ai nostri.
    c. È consigliabile avere a che fare con cose e persone che hanno usi e costumi italiani.

---

5 'quella' è riferito alla siepe

6 mi invento, mi immagino

7 cuore

8 si spaventa

9 sovvenire: venire in mente, pensare a qualcosa

2. Luigi: «La semenza quando è buona non si perde».

«Anche suo padre era un uomo onesto e un gran lavoratore, proprio come lui. Eh sì, la semenza quando è buona non si perde».

   a. Tale padre, tale figlio.
   b. Se un'eredità è cospicua i figli ne godranno a lungo.
   c. Se un genitore ha delle doti e dei pregi particolari, qualcosa verrà ereditato anche dalla prole.

3. Tano: «L'occhio del padrone ingrassa il cavallo».

«Quando la direttrice è in sede le impiegate non si muovono dalla scrivania, invece di gironzolare per i corridoi come al solito. L'occhio del padrone ingrassa il cavallo!».

   a. Il lavoro viene svolto bene se lo fa il principale personalmente.
   b. Il lavoro viene svolto bene se il principale se ne interessa personalmente.
   c. I lavoratori devono essere sorvegliati altrimenti imbrogliano il principale.

4. Non si muove foglia che Dio non voglia.

Nel film questo proverbio viene citato da Salvo con un adattamento: «Non si muove foglia che don Tano non voglia».

«Anche se qualche volta ti può sembrare che non ci sia una ragione per quello che accade, sappi invece che non si muove foglia che Dio non voglia».

   a. Alcune cose succedono all'insaputa di Dio.
   b. Tutto accade per volontà di Dio.
   c. Non proprio tutto accade per volontà di Dio.

FUORI DALL'INQUADRATURA

➢   Alle elezioni amministrative del 10 maggio 1978 i cittadini di Cinisi elessero Giuseppe Impastato al Consiglio comunale.

➢   Nell'aprile 2002 la Corte d'assise di Palermo condannò Gaetano Badalamenti all'ergastolo per l'omicidio di Giuseppe Impastato. La madre di Peppino, Felicia Bartolotta, così commentò la sentenza: «Finalmente quell'assassino paga la sua colpa. Volevo andare in aula, ma ero troppo emozionata, non ero sicura di come finiva. Ho preferito restare a casa. Non ho mai provato sentimenti di vendetta. Mi sono sempre limitata a invocare giustizia per la morte di mio figlio. Confesso che, dopo tanti anni di attesa, avevo perso la fiducia, dubitavo che saremmo mai arrivati a questo punto, ma ora provo tanta contentezza, una grande soddisfazione. Io ho sempre saputo com'era andata. Badalamenti chiamava mio marito Luigi per lamentarsi di Peppino e mio marito lo implorava di non uccidere il ragazzo; Luigi gli diceva: uccidi me e lascia stare Peppino. Ma non è servito a niente, lo ha ammazzato lo stesso. [...] Non ho mai perdonato Badalamenti né lo perdonerò mai, come si fa a perdonare l'uomo che ti ha ammazzato un figlio? Però una cosa la posso dire: oggi per la prima volta posso affermare di credere nella giustizia italiana»[10].

---

10   "Caso Impastato: ergastolo per Tano Badalamenti", *La Repubblica*, 11 aprile 2002.

➢   Gaetano Badalamenti è morto il 29 aprile 2004 negli Stati Uniti, dove era detenuto da quasi venti anni per traffico di droga.

➢   Felicia Bartolotta Impastato, madre di Peppino, è morta il 7 dicembre 2004.

NON FACCIAMO BRUTTE FIGURE, EH?

All'inizio del film Luigi chiede al piccolo Peppino se ha imparato bene la poesia che dovrà recitare, e si raccomanda: «Non facciamo brutte figure, eh?». Analizziamo insieme questa espressione.

"Ho fatto una brutta figura", "Hai proprio fatto una figuraccia", "Che figura!", "Che figuraccia!"... tutte queste espressioni indicano che è successo un evento in cui qualcuno – la persona che ha fatto 'la brutta figura', appunto! – si è ritrovato in una situazione imbarazzante, in cui si è vergognato del proprio comportamento o delle proprie condizioni. Ad esempio: ad una festa, dico con veemenza ad una persona accanto a me che secondo me gli avvocati sono tutti dei mascalzoni; dopo un minuto scopro che il mio interlocutore non solo è un avvocato, ma è anche il padrone di casa che mi sta ospitando! Questa è proprio una figuraccia!

Meno grave, ma sempre sgradevole, è la figuruccia: in questo caso l'imbarazzo è meno forte, la vergogna meno cocente ma in effetti si è dato agli altri l'impressione di essere un po' meschini: se ad un collega di lavoro che si sposa tutti fanno un bel dono ed io regalo un oggetto stupido ed inutile, in confronto agli altri faccio una figuruccia.

Se si vuole entrare nel dettaglio del proprio imbarazzo, si può anche specificare ulteriormente: "Temo d'aver fatto la figura dell'avaro"; "Hai fatto la figura della sciocca!"; "Se stavi zitto facevi miglior figura!"; in tutti questi casi, è ovvio che chi parla non ritiene che la persona coinvolta abbia realmente tali difetti (che sia avara, o sciocca), ma solo che in quell'occasione si è comportata in quel modo. Nel caso del dono al collega, ad esempio, il mio regalo può far credere che io volessi spendere pochi soldi, e in tal caso faccio la figura della persona avara anche se non lo sono.

 "Che bella figura!"; "Abbiamo fatto un figurone!"; "Complimenti, hai fatto proprio una bella figura!": queste espressioni si usano invece quando gli eventi o le situazioni sono motivo d'orgoglio: ad esempio, se presento ai compagni una ricerca molto interessante e ben curata faccio una bella figura di fronte a tutta la classe.

"Sfigurare" è il verbo che caratterizza chi, a confronto di altri, fa una figura non altrettanto bella: "A confronto delle tue rose le mie margherite sfigurano!"; oppure, la situazione di chi è costretto a vergognarsi per il comportamento altrui: "Mio marito alla festa è stato così maleducato che ha fatto sfigurare anche me!".

E tu? Quand'è che hai fatto una figuraccia davvero terribile? E una figuruccia proprio meschina? Quando hai fatto un figurone che ti ha riempito di orgoglio? Ti sei ritrovato nella situazione di far sfigurare qualcuno per il tuo comportamento? Ti è sembrato qualche volta che qualcuno ti facesse sfigurare con qualcosa che ha detto o fatto?

E LORO, COME COMUNICANO?

In una trasmissione a Radio Aut Peppino dice che don Peppino Percialino "grugniva". In seguito, Tano Badalamenti, nella scena del bar, si rivolge a Peppino e afferma che è Tano e soltanto Tano che gli dà il permesso di 'ragliare'.

"Grugnire" e "ragliare" in realtà sono i versi che fanno, rispettivamente, i maiali e gli asini, e qui sono ovviamente usati in senso dispregiativo.

Ma come 'parlano' gli altri animali?

Nelle frasi sottostanti, sostituisci lo spazio vuoto con il verbo più appropriato che indica il verso di un animale dopo averlo concordato adeguatamente con il soggetto e con il tempo della frase.

Puoi scegliere fra: sibilare, cantare, fischiare, belare, gracidare, squittire, cinguettare, miagolare, muggire, barrire, bramire, ruggire, frinire, nitrire.

1. Le rane smisero di _____ non appena gettai una sasso nello stagno.

2. Quando il maschio più anziano _____, tutti gli elefanti si misero in allarme.

3. Il cavallo _____ per la gioia di essere di nuovo libero.

4. Quando il gallo _____ vuol dire che sta sorgendo il sole.

5. Mi piace molto sentire le cicale che _____! Mi sembra la voce dell'estate!

6. Quando arrivò il gatto i topolini _____ tutti insieme e cominciarono a scappare.

7. Quel povero merlo da quando è stato rinchiuso in gabbia non _____ più.

8. Tutti gli animali del bosco se sentono _____ un serpente scappano.

9. Le mucche nella stalla _____ forte, come se anche loro volessero lamentarsi per l'inverno che stava arrivando.

10. Il mio gatto quando ha fame _____ così forte che sembra proprio disperato!

11. Tutti gli uccellini del bosco _____ per salutare la primavera.

12. Le pecore _____ per protestare contro il cane pastore che cercava di radunarle per ricondurle all'ovile.

13. Dopo aver catturato la preda, il leone _____, come a proclamare la sua vittoria e lanciare un avvertimento agli altri animali della savana.

14. La nebbia sul monte era così fitta che non si vedeva niente, ma si sentivano i cervi che _____ in lontananza.

Il cane riconferma la sua posizione privilegiata nella vita e negli affetti dell'uomo, che si è a quanto pare sforzato di capirne meglio il linguaggio: infatti in italiano il cane può abbaiare, guaire, latrare, ululare o ringhiare. In quali occasioni il cane si esprime in ciascuno di questi modi?

1. Il cucciolo, allarmato dall'arrivo dell'intruso, cominciò a _____.

2. Il cane lupo _____ alla luna come per nostalgia delle sue origini selvagge.

3. Il mastino _____ minaccioso e il barboncino si allontanò con la coda fra le gambe.

4. I miei vicini tengono il loro barboncino chiuso in casa da solo tutto il giorno, e il povero animale _____ dalla mattina alla sera.

5. Il cagnolino _____ di dolore quando il monello gli tirò un calcio.

SPIEGA CON PAROLE TUE!

Sono qui riportate alcune citazioni dai dialoghi del film. Spiega cosa significano in relazione ai personaggi che le pronunciano e a quello che accade nel film.

1. Stefano Venuti, al comizio: «Qui si costruisce solo per rubare. Si costruisce solo per mangiarci sopra».

2. Salvo, alla radio: «Perché a Cinisi non si muove foglia che don Tano non voglia». (cfr. anche: *Proverbi*)

3. Peppino, sulla sua candidatura per l'amministrazione comunale: «Li controllo, li marco stretti, li costringo a rispettare le leggi».

PICCOLE NOTE CULTURALI ED ALTRE CURIOSITÀ

➤ **Majakovskij**: Vladimir Majakovskij (1893-1930), poeta futurista russo assai caro al PCI (Partito Comunista Italiano). Peppino ne cita alcune parole («Non rinchiuderti, Partito, nelle tue stanze, resta amico dei ragazzi di strada») mentre discute con Stefano Venuti sull'isolamento della loro formazione politica dalle persone comuni. Il ritratto che il pittore paragona ad un fiume quando il piccolo Peppino va al suo studio è proprio il volto di Majakovskij.

➤ **Quaderni Piacentini, Quaderni Rossi**: riviste teoriche della sinistra extraparlamentare, che comprende movimenti politici e partiti che non sono rappresentati in parlamento.

➤ **Pier Paolo Pasolini**: poeta, scrittore e regista, Pasolini (Bologna 1922 – Ostia 1975) rimane tutt'oggi una figura controversa nel panorama culturale italiano. Il suo anticonformismo, la sua omosessualità dichiarata e le sue opere scabrose hanno spesso scandalizzato il pubblico. Fu ucciso la notte del 2 novembre 1975 in circostanze ancora oscure. Sono sue le poesie che Peppino e la madre leggono insieme, "Le ceneri di Gramsci, I" (1954) e "Supplica a mia madre" (1964).

➤ **Francesco Rosi**: regista impegnato nel cinema politico. Il suo film *Le mani sulla città* (1963), che viene citato ne *I cento passi*, è una denuncia della speculazione edilizia a Napoli.

➤ **Atto di dolore**: preghiera cattolica che si recita per chiedere perdono a Dio dei propri peccati.

➤ **Barbablù**: crudele protagonista di una favola che uccide le sue mogli una dopo l'altra.

➤ **Giangiacomo Feltrinelli**: 1926-1972. Fondatore dell'omonima casa editrice e militante del PCI, che lasciò per unirsi a gruppi semi-clandestini della sinistra extraparlamentare. Nel 1972 morì in un'esplosione sui tralicci dell'ENEL (Ente Nazionale Energia Elettrica) a Segrate, vicino a Milano.

➤ **'Canzonissima'**: popolarissimo spettacolo televisivo che fu trasmesso alla televisione italiana dagli anni '50 agli anni '70 e in cui veniva dato ampio spazio all'esibizione di cantanti (da cui il titolo del programma, appunto).

➤ **«Nel mezzo del cammin di nostra vita...»**: è l'inizio de *La Divina Commedia*, il grande poema scritto da Dante Alighieri (1265-1321), in cui il poeta immagina di fare un viaggio all'Inferno, in Purgatorio e in Paradiso. Peppino cita fedelmente solo i primi versi.

LEGGIAMO IL COPIONE

Dopo l'uccisione di Cesare Manzella, in casa Impastato si svolge il seguente dialogo fra la madre e i figli:

Giovanni: -Mamma, ma quelli che fecero morire lo zio Cesare ce l'hanno pure con noi?
Madre: -No, perché ce la dovrebbero avere con noi? Noi niente facciamo
Peppino: -Mamma, ma tu lo sai chi è stato?
Madre: -No.
Peppino: -E papà?
Madre: -E nemmeno papà lo sa.
Peppino: -Mamma... Che cosa si prova a morire così?
Madre: -Niente si prova. Attimi sono.

Che tipo di clima familiare e sociale emerge da questo dialogo? Sono preoccupazioni adatte alla loro età quelle di Giovanni e di Peppino? E perché questi bambini pongono domande del genere alla loro madre?

Tano Badalamenti si reca alla pizzeria di Luigi dopo la morte di questi, e lì dice a Peppino e a Giovanni:

Oggi io dovevo andare al cimitero a onorare un mio amico che purtroppo non c'è più. E invece me ne sono salito in campagna. Ho pensato a tante cose. ho pensato: perché Tano non può onorare il suo amico Impastato? Ma soprattutto ho pensato: perché Tano non lo vogliono al funerale del suo amico Luigi Impastato? Perché? Forse per questa cosa che ci ho scritta in tasca: "Tano Seduto, viso pallido esperto di lupara e traffico di eroina". [...] Ma allora questo Tano è un mostro, Tano è il diavolo, Tano è la cattiveria fatta persona, Tano è *tinto*! È *tinto*! Ma chi le dice queste cose? E soprattutto, come fa a dirle? L'ha visto Tano che faceva tutte queste cose? No, non l'ha visto. [...] Però queste cose le dice lo stesso. Me ne stavo in campagna e pensavo tanto al mio amico Luigi, a lui e a questi due *picciriddi*. Quando venne [Luigi, *nda*] davanti a me piangendo e mi disse: "*Zu* Tano fatemi *travagliare*, che non ho lavoro. *Zu* Tano fatemi mangiare". E Tano Badalamenti che fa? Parla con questo, parla con quello, disturba qualche altro amico e *ci* [=gli, *nda*] dice: "Fate lavorare Luigi, perché ci ha famiglia". E Luigi comincia a lavorare, comincia a guadagnare i primi *piccioli*. Si compra questa bella pizzeria, manda i suoi figli a scuola perché non possano soffrire come lui, imparino a non sottomettersi come lui. Ma tutto questo grazie a chi? Grazie a Tano [...]. Voi adesso mi offrite questo buon caffè, e siamo pari di tutto: di debito, di riconoscenza e di rispetto. Perché io lo so che quando si fa del bene poi alla fine uno viene odiato, perché è legge di natura. Voi non mi dovete più odiare perché con questo caffè abbiamo chiuso tutti i conti. E se invece tu Peppino vuoi continuare a odiarmi per me va bene uguale, perché tanto meschino sei che tu Tano lo fai solo ridere, i tuoi insulti non gli arrivano. Perché tu non esisti, tu non ci sei, tu sei *un nuddu mischiato cu niente*. E nemmeno paura devi avere, perché ci sarà Tano a proteggerti. Perché è Tano e soltanto Tano che ti dà il permesso di continuare a ragliare come i cavalli. Come i *sciecchi*.

In questo terribile monologo Tano Badalamenti esibisce grandi doti da oratore: si presenta come addolorato per la morte dell'amico Luigi ed ingiustamente escluso dalle esequie funebri; poi proclama la propria innocenza di fronte alle accuse di Peppino, secondo lui infondate; dopo si pronuncia contro l'ingratitudine umana, ed in particolare di Peppino Impastato, della cui famiglia lui sarebbe stato un benefattore; e poi parla di un pareggiamento di debito, riconoscenza e rispetto, per concludere con quello che, anche alla luce di ciò che accadrà in seguito, appare essere un avvertimento piuttosto minaccioso.

Analizza le varie 'tappe' di questo discorso mettendone in luce gli elementi più significativi. Come si difende Tano Badalamenti dalle accuse lanciategli da Peppino? Che cosa hai pensato quando Tano ha pronunciato questo monologo?

Salvo alla radio, dopo la morte di Peppino:

Adesso fate una cosa: spegnetela, questa radio, voltatevi pure dall'altra parte, tanto si sa come vanno a finire queste cose. Si sa che niente può cambiare. Voi avete dalla vostra la forza del buonsenso, quello che non aveva Peppino. Domani ci saranno i funerali, voi non andateci. Lasciamolo solo! E diciamolo una volta per tutte che noi siciliani la mafia la vogliamo, ma non perché ci fa paura, perché ci dà sicurezza, perché ci identifica, perché ci piace! Noi siamo la mafia, e tu Peppino non sei stato altro che un povero illuso. Tu sei stato un ingenuo, sei stato "*un nuddu mischiato cu niente*".

A chi si rivolge Salvo? Perché dice queste cose? Confronta queste parole disperate con la grande partecipazione che ci sarà l'indomani ai funerali di Peppino: i siciliani di Cinisi da che parte si schierano? E tu che avresti fatto? Avresti avuto il coraggio di prendere posizione? Il funerale sfila anche davanti ad alcune finestre chiuse. Di chi sono quelle finestre?

LA PAROLA AL REGISTA, MARCO TULLIO GIORDANA

«Questo non è un film sulla mafia, non appartiene al genere. È piuttosto un film sull'energia, sulla voglia di costruire, sull'immaginazione e la felicità di un gruppo di ragazzi che hanno osato guardare il cielo e sfidare il mondo nell'illusione di cambiarlo. È un film sul conflitto familiare, sull'amore e la disillusione, sulla vergogna di appartenere a uno stesso sangue. È un film su ciò che di buono i ragazzi del Sessantotto sono riusciti a fare, sulle loro utopie, sul loro coraggio. Se oggi la Sicilia è cambiata e nessuno può fingere che la mafia non esista (ma questo non riguarda solo i siciliani) molto si deve all'esempio di persone come Peppino, alla loro fantasia, al loro dolore, alla loro allegra disobbedienza»[11].

1. Sei d'accordo con il regista che *I cento passi* non è un film sulla mafia? Come lo definiresti tu?

2. In quali passi del film emergono in particolare l'energia, la voglia di costruire e l'immaginazione dei ragazzi? Perché vogliono cambiare il mondo?

«Ho voluto raccontare una storia vera, a suo modo epica ed unica. In Italia, la mafia rappresenta un po' il nostro West, una realtà selvaggia e sempre presente. Il giovane e bravissimo Luigi Lo Cascio ha interpretato il difficile ruolo di Peppino, incamerando le sue ansie e l'eccezionale vitalità che lo animava. Abbiamo girato a Cinisi accanto alla madre e agli amici di Peppino, ascoltando i loro discorsi, rivivendo quegli anni e la tragica fine di un ragazzo che credeva nella libertà»[12].

1. Cosa pensi di questa similitudine fra la mafia e il *Far West* americano?

2. Quali tratti della storia di Peppino Impastato sono a tuo parere epici?

MA ORA IL REGISTA SEI TU... E VUOI CAMBIARE TUTTO!

Marco Tullio Giordana con questo film esprime una forte condanna contro la mafia, ed assume un punto di vista solidale con quello di Peppino.

Ma ora il regista sei tu... e vuoi cambiare tutto!

Riscrivi la storia dal punto di vista di Luigi Impastato, un uomo che in questa vicenda si trova in una situazione terribilmente difficile: da una parte suo figlio, dall'altra la mafia.

Se ti sembra opportuno, dopo aver raccontato questa nuova versione della vicenda cambia anche il titolo del film, e spiega i motivi della tua nuova scelta.

RIFLETTIAMO UN PO'

1. Peppino, a Giovanni: «Noi ci dobbiamo ribellare prima che sia troppo tardi. Prima di abituarci alle loro facce. Prima di non accorgerci più di niente.» Questa dichiarazione, che sintetizza una delle motivazioni che muove l'azione di Peppino, come si traduce in atti concreti? Ti sembra una motivazione sufficiente per mettere a repentaglio la propria vita? Per cosa sta lottando Peppino? E per chi?

2. In questo film i media hanno un loro ruolo: Peppino sceglie la radio e un piccolo giornale per lanciare le sue accuse contro la mafia; la televisione porta nelle case le immagini dei tumulti del '77 e il rapimento di Aldo Moro. Radio, televisione,

---

11 Marco Tullio Giordana, dalle note di regia, cit. in "I cento passi", Fabio Ferzetti, *Il Messaggero*, 1 settembre 2000.

12 "Marco Tullio Giordana", www.web.tiscali.it/no-redirect-tiscali/cgsrondinella/il_film.htm.

giornali...: quale pensi che sia oggigiorno il mezzo più efficace per diffondere informazioni? Oltre a quelli citati ne conosci altri? Tu come ti tieni informato su ciò che accade nella tua comunità, nel tuo paese, nel resto del mondo? E quali media useresti per diffondere tu stesso delle informazioni?

3. Giovanni a Peppino, dopo la morte del padre: «Agli altri, ci pensi mai? Ci pensi mai a quello che provano? Se per loro è facile guardarti mentre ti scavi la fossa con le tue mani? E mentre fai l'eroe, ci pensi mai a quelli che si fanno il culo al posto tuo?» ['farsi il culo': espressione volgare, solo riflessiva, che significa: "lavorare molto, fare molta fatica"] Cosa rimprovera Giovanni a Peppino? Sei d'accordo con lui o pensi che il suo sia un atteggiamento egoistico? Qual è il confine tra la coerenza con i propri ideali e principi e la responsabilità verso coloro che ci amano e si preoccupano per noi? Secondo te Peppino dove ha posto questo confine?

4. Davanti alla bara di Peppino si svolge il seguente dialogo fra la madre ed Anthony:

   Madre: «Questo non è mio figlio. Me l'hanno fatto a pezzettini. A pezzettini me l'hanno fatto».

   Anthony: «Peppino, sangue pazzo. Ma era uno di noi».

   Madre: «No, non era uno di voi. E io vendette non ne voglio».

   Perché la madre risponde così ad Anthony? Che significato e che importanza ha questa risposta? Il rifiuto alla vendetta pronunciato dalla madre è una mancanza di rispetto nei confronti di Peppino o un omaggio al sacrificio del figlio? Ci sono circostanze in cui tu ritieni che la vendetta possa essere utile, o giustificata? Perché?

5. Al funerale di Peppino viene portato in corteo uno striscione su cui è scritto: «La mafia uccide. Il silenzio pure». Cosa significa? Cosa hanno fatto Peppino e i suoi compagni contro questo silenzio? Conosci altre situazioni in cui il silenzio può essere colpevole?

QUATTRO CHIACCHIERE CON...

Alcuni dei cittadini di Cinisi non hanno partecipato al funerale di Peppino e hanno chiuso le loro finestre al passaggio del corteo funebre; ma forse qualcuno di questi, nel segreto dell'urna, ha comunque votato per Peppino.

Immagina di poter incontrare una di queste persone, probabilmente dibattute fra il desiderio di legalità, la solidarietà nei confronti di Peppino e la paura della mafia: trascrivi le domande che vorresti porre e le risposte che ti aspetteresti di ricevere, e poi discutine con i tuoi compagni.

NON VORRESTI SAPERNE DI PIÙ?

1. Che cos'è la mafia? Quali sono le sue radici storiche? Dove è attualmente diffusa?

2. A volte gli anni Settanta in Italia vengono chiamati "gli anni di piombo" a causa dei numerosi attentati terroristici che caratterizzarono quel periodo. Che cosa successe? Chi furono i protagonisti di questi anni difficili e violenti?

3. Peppino Impastato fu ucciso il 9 maggio 1978. La stampa trascurò la notizia anche perché nello stesso giorno venne ritrovato il cadavere di Aldo Moro e un tale avvenimento oscurò tutti gli altri per giorni e giorni. Chi era Aldo Moro? Perché le Brigate Rosse lo rapirono e poi lo uccisero? Quali polemiche nacquero dal "caso Moro"?

4. Chi erano le Brigate Rosse? Quale era il loro scopo politico? Chi ne furono i protagonisti?

5. Nel film si cita Pier Paolo Pasolini: chi era? Quali sono le sue opere principali? E quali le sue tematiche predilette? Secondo te perché Peppino legge i suoi scritti?

6. Lo Stato italiano, soprattutto (ma non solo) dagli anni '80 ha impegnato grosse risorse e ha attivato efficaci strumenti di lotta contro la mafia. Quali provvedimenti sono stati presi? E chi sono stati, e sono ancora oggi, i protagonisti di questa guerra senza quartiere contro il crimine organizzato? E chi di essi invece ha dato anche la propria vita per combattere contro la mafia?

7. Nel film si parla del confino. Una descrizione di questa condizione cui furono condannate molte persone sotto il regime fascista la si può trovare in *Cristo si è fermato a Eboli* (1945) di Carlo Levi, che visse il confino negli anni 1935-36. L'opera è anche un ritratto del mondo contadino nel sud dell'Italia in quegli anni. Leggi questo libro e poi parlane ai tuoi compagni.

8. Scegli un altro film di Marco Tullio Giordana, mostrane ai tuoi compagni le scene più significative, racconta loro la trama e presenta le tematiche fondamentali del film.

VI PRESENTO *I CENTO PASSI*

Scrivi una composizione, di almeno 5000 caratteri (spazi esclusi), in cui presenti *I cento passi*: la trama, i personaggi, le tematiche affrontate, le soluzioni di regia e quant'altro ti sembra importante. Aggiungi anche una tua valutazione critica ed un commento personale.

L'ANGOLO DELLA POESIA

Peppino fa leggere alla madre una parte di una poesia di Pier Paolo Pasolini. Si tratta di "Supplica a mia madre" (1964) che fu pubblicata nel volume *Poesia in forma di rosa* (1964). Ecco il testo integrale della lirica.

Supplica a mia madre
È difficile dire con parole di figlio
ciò a cui nel cuore ben poco assomiglio.

Tu sei la sola al mondo che sa, del mio cuore,
ciò che è stato sempre, prima d'ogni altro amore.

Per questo devo dirti ciò ch'è orrendo conoscere: 5
è dentro la tua grazia che nasce la mia angoscia.

Sei insostituibile. Per questo è dannata
alla solitudine la vita che mi hai data.

E non voglio essere solo. Ho un'infinita fame
d'amore, dell'amore di corpi senza anima.   10

Perché l'anima è in te, ma tu
sei mia madre e il tuo amore è la mia schiavitù:

ho passato l'infanzia schiavo di questo senso
alto, irrimediabile, di un impegno immenso.

Era l'unico modo per sentire la vita,   15
l'unica tinta, l'unica forma: ora è finita.

Sopravviviamo: ed è la confusione
di una vita rinata fuori dalla ragione.

Ti supplico, ah, ti supplico: non voler morire.
Sono qui, solo, con te, in un futuro aprile...   20

Quali sentimenti esprime il poeta nei confronti della madre? Ti riconosci in qualcuno di essi? E quale ti sembra quello prevalente? Secondo te perché Peppino fa leggere questa poesia a sua madre?

Capitolo 13
L'ULTIMO BACIO

L'ULTIMO BACIO, Italia, 2000		
Regia	Gabriele Muccino	
Sceneggiatura	Gabriele Muccino	
Interpreti	Stefano Accorsi	*Carlo*
	Giovanna Mezzogiorno	*Giulia*
	Stefania Sandrelli	*Anna*
	Claudio Santamaria	*Paolo*
	Giorgio Pasotti	*Adriano*
	Marco Cocci	*Alberto*
	Pierfrancesco Favino	*Marco*
	Sabrina Impacciatore	*Livia*
	Regina Orioli	*Arianna*
	Martina Stella	*Francesca*
	Sergio Castellitto	*Eugenio Bonetti*
Durata	115'	

IL REGISTA: GABRIELE MUCCINO

Gabriele Muccino nasce a Roma nel 1967. Si iscrive alla Facoltà di Lettere dell'Università "La Sapienza", scegliendo l'indirizzo Spettacolo, ma la abbandona per avvicinarsi al cinema come assistente di Pupi Avati e Marco Risi. Nel 1991 segue il corso di regia del Centro Sperimentale di Cinematografia (Scuola Nazionale del Cinema). Per la Rai, realizza alcuni cortometraggi e documentari-fiction. Nel 1998 gira il suo primo lungometraggio, la commedia *Ecco fatto*. È la storia di due ventenni alle prese con l'esame di maturità e riceve una buona accoglienza dalla critica. L'anno successivo con *Come te nessuno mai*, divertente ritratto di adolescenti, partecipa con successo alla Mostra Internazionale del Cinema di Venezia. La sua terza commedia, *L'ultimo bacio*, porta al giovane cineasta il consenso di pubblico e critica. Il film si colloca al secondo posto nella graduatoria italiana dei maggiori incassi per pellicole e vince numerosi premi. Nel 2003 esce *Ricordati di me*, che è quasi una visione de *L'ultimo bacio* vent'anni dopo. Accanto al suo lavoro cinematografico, Muccino continua a curare la regia di alcuni noti spot pubblicitari molto fortunati.

FRA I SUOI FILM PIÙ IMPORTANTI:

Ricordati di me (2003)   *Come te nessuno mai* (1999)

L'ultimo bacio (2000)   *Ecco fatto* (1998)

TRAMA DEL FILM

La locandina de *L'ultimo bacio* promette "La storia di tutte le storie d'amore": arrivati ai titoli di coda gli spettatori le daranno ragione? Carlo e Giulia sono una coppia di conviventi trentenni apparentemente felici e in attesa di un bambino. I due si trovano circondati da familiari ed amici in crisi: i genitori di lei non sono più felici insieme, una coppia di amici con figlio è in una fase di forte disillusione, un amico donnaiolo cambia ragazza ogni sera, un altro è stato appena lasciato dalla fidanzata. In mezzo a tutta questa confusione sentimentale Carlo incontra una liceale, Francesca, e se ne invaghisce mettendo in crisi il suo rapporto con Giulia. Tutti i personaggi, in un modo o in un altro, cercano di evadere la loro paura di crescere, delle responsabilità o di invecchiare, e tentano di rimettere in movimento le loro vite. Travolti da queste varie crisi, c'è da domandarsi quanto sia ironica la battuta: «la vera rivoluzione è la normalità».

Nel 2001 *L'ultimo bacio* riceve cinque David di Donatello tra i quali quello per la miglior regia.

PRIMA DI VEDERE IL FILM...

PREPARIAMOCI ALLA PROIEZIONE...

☞ Le tipologie di trentenni che incontrerai nel film costituiscono effettivamente uno spaccato abbastanza fedele dei giovani adulti italiani per quel che riguarda i rapporti con l'altro sesso. Accanto a chi continua a fare, con profonda convinzione, la tradizionale scelta del matrimonio, aumenta il numero di coloro che vivono i rapporti di coppia in modo completamente diverso. Il rapporto fra i sessi ha vissuto negli ultimi anni un'evoluzione senza precedenti in Italia: la donna è più libera, studia, lavora, coltiva i suoi interessi e realizza se stessa, anche grazie all'indipendenza economica. L'uomo, che proviene da un retaggio culturale di stampo nettamente maschilista ma che con il cambiare dei tempi si rende conto che la donna non è solo l'angelo del focolare, si sforza di stare al passo con nuovi equilibri di coppia ancora poco consolidati e compresi. Ne risulta a volte un disorientamento di cui le figure maschili e femminili del film sono solo un esempio.

... E AL LINGUAGGIO DEL FILM

In questo film si fa ampio uso di un gergo colloquiale, diffuso soprattutto – ma non solo – fra i giovani, di cui viene qui fornito un glossario che ti aiuterà per la comprensione di alcune espressioni ed alcune situazioni. Ma attenzione: questo linguaggio si distingue spesso per un fortissimo abuso della volgarità e non dovrebbe essere utilizzato se non con estrema cautela. Le espressioni volgari, e quindi da evitare, sono indicate con (v.). Anche le altre però possono, in contesti diversi, non risultare chiare per l'interlocutore; quindi puoi trovare espressioni sostitutive da preferire non solo per il loro registro più educato, ma anche per la loro migliore comprensibilità.

- ➤ **Avere i coglioni (v.)**: essere forte, coraggioso.
- ➤ **Avere una storia con qcn**: avere un relazione sentimentale con qcn.
- ➤ **Cazzata (v.)**: stupidaggine.
- ➤ **Che cazzo vuoi? (v.) Che cazzo fai? (v.)**: che vuoi? Che fai?
- ➤ **Che palle! (v.)**: che noia! Che seccatura!
- ➤ **Dare buca**: non presentarsi ad un appuntamento.
- ➤ **Essere fuori di testa, essere di fuori**: non ragionare, essere matto.
- ➤ **Essere un coglione (v.)**: essere imbranato o ingenuo o stupido.
- ➤ **Fare casini (v.)**: combinare guai.
- ➤ **Fare casino (v.)**: fare confusione.
- ➤ **Fico, eh?**: bello/divertente/alla moda.
- ➤ **Figura di merda (v.)**: figuraccia.
- ➤ **Fregare**: interessare.
- ➤ **Incazzarsi (v.)**: arrabbiarsi.
- ➤ **Mettere le corna a qcn**: tradire qcn [il/la partner].
- ➤ **Rompicazzo (v.)**: seccatore.
- ➤ **Scazzare con qualcuno (v.)**: litigare con qualcuno.
- ➤ **Sclerare**: essere esaurito di nervi.
- ➤ **Scopare (v.)**: fare l'amore.

> ➤ **Sfiga (v.)**: sfortuna.
> ➤ **Sono cazzi vostri (v.)**: sono fatti vostri.
> ➤ **Stronzo (v.)**: insulto molto forte, letteralmente significa 'escremento'.
> ➤ **Svalvolare**: non riuscire più a ragionare.
> ➤ **1 testone (detto di denaro)**: 1 milione (di lire).
> ➤ **Vaffanculo (v.)**: accidenti a te!

DOPO AVER VISTO IL FILM...

I PERSONAGGI

Abbina appropriatamente i personaggi della colonna sinistra con i loro nomi della colonna destra.

1.	Marito di Anna	a.	Carlo
2.	Amante di Carlo	b.	Anna
3.	Figlia di Anna	c.	Alberto
4.	Compagno di Giulia	d.	Paolo
5.	Amico donnaiolo di Carlo	e.	Francesca
6.	Suocera di Carlo	f.	Giulia
7.	Amico di Carlo che perde il padre	g.	Adriano
8.	Padre di Matteo	h.	Emilio

I PERSONAGGI: DESCRIVILI TU

1. Fai una descrizione dettagliata di Alberto e del suo modo di vestire.
2. Descrivi la personalità di Anna, specificando quali episodi mettono in rilievo i diversi tratti del suo carattere.
3. Analizza il personaggio di Francesca: che ruolo ha nella storia?

LESSICO: I SINONIMI

Abbina ogni parola della colonna sinistra con il suo sinonimo della colonna destra.

1.	invidiabile	a.	tonto
2.	tutelare	b.	inaudito
3.	schiappa	c.	austero
4.	musone	d.	imprudente
5.	esuberante	e.	tormentarsi
6.	tumultuoso	f.	osare
7.	pazzesco	g.	incapace
8.	baratro	h.	vivace
9.	arrovellarsi	i.	desiderabile
10.	spartano	j.	abituarsi
11.	ottuso	k.	corazzato
12.	azzardare	l.	precipizio
13.	avventato	m.	salvaguardare
14.	assuefarsi	n.	scorbutico
15.	blindato	o.	frenetico

LA STORIA

1. Qual è la situazione familiare di Paolo? E quella lavorativa? E quella sentimentale? Queste tre sfere della sua vita, come evolvono nel film?
2. Come si conoscono Carlo e Francesca? Successivamente, in che occasione si rivedono?
3. Cosa racconta Carlo a Francesca della sua situazione sentimentale?
4. Perché Adriano lascia la moglie?
5. La notte in cui muore il padre di Paolo, perché Giulia e Carlo litigano? E cosa c'entra Adriano?
6. Che tipo di atteggiamento ha Alberto nei confronti delle ragazze che incontra?
7. Perché Anna lascia il marito? E questi, come reagisce?
8. Cosa succede nel film tra Anna e il professor Eugenio Bonetti? Che tipo di rapporti ci sono stati fra loro in passato?
9. Perché Carlo torna da Giulia?
10. Secondo te, il sorriso di Giulia nella scena finale cosa può significare?

DIAMO UN'OCCHIATA ALLA LOCANDINA

Quella che vedi all'inizio del capitolo è la locandina con cui *L'ultimo bacio* fu pubblicizzato in Italia al momento della sua uscita nelle sale cinematografiche. Secondo te perché fu usata proprio questa immagine per promuovere il film? Tu avresti fatto una scelta diversa? Perché?

MODI DI DIRE

Scegli dalle liste che seguono ogni citazione del film una frase alternativa che secondo te ha un significato simile. Per ogni modo di dire inventa poi altre tre frasi appropriate, aiutandoti anche con quella fornita ad esempio.

1. «Ho preso da te».

    «Ha preso tutto da suo padre, anche lui è molto disponibile verso gli altri ma fin troppo intransigente con se stesso».

    a. Dipendo da te.
    b. Ti somiglio.
    c. Ti sono debitore.

2. «Quanti anni mi dai?».

    «Non credere che sia poi tanto giovane... tu quanti anni le daresti?».

    a. Quanti anni hai?
    b. Ti sembro vecchia?
    c. Secondo te quanti anni ho?

3. «Non è una cosa da poco!».

    «Sono già riusciti ad arrivare a metà della scalata e, considerata la difficoltà dell'impresa, non è cosa da poco!».

    a. È una cosa di una certa importanza.
    b. Dura già da un po' di tempo.
    c. L'hai pagata meno di quanto vale.

4. «Tenere tutto dentro».

    «Quello che mi preoccupa di questo bambino è che si tiene tutto dentro, e nei momenti di difficoltà non è facile capire quale sia il suo problema».

    a. Impacchettare.
    b. Essere introversi.
    c. Essere avari.

5. «È lei che l'ha presa così».

   «Secondo noi non è successo niente di grave, siete voi che l'avete presa così e ora state ingigantendo la questione».

   a. È lei che non ha capito nulla.
   b. È colpa sua se le cose vanno male.
   c. È stata lei ad interpretare la cosa in questo modo.

6. «Alla buon'ora! Ma che fine hai fatto?».

   «Appena ci siamo incontrati mi ha detto subito di fronte a tutti: "Alla buon'ora, ma che fine avevi fatto?" solo per farmi pesare il fatto che ero arrivata con cinque minuti di ritardo».

   a. Finalmente! Hai finito?
   b. È passata un'ora! Dov'eri andato a finire?
   c. Finalmente! Dov'eri andato a finire?

7. «Ripartire da zero.»

   «Il nuovo lavoro mi piaceva molto, anche se era abbastanza faticoso ripartire da zero ed adattarmi ad un ambiente diverso e a colleghi nuovi.»

   a. Contare a partire da zero.
   b. Ricominciare da capo.
   c. Dividere per zero.

8. «Buttare tutto all'aria».

   «Perché hai buttato all'aria tutti i libri? Cosa cercavi? Ora dovrai rimetterli tutti a posto prima che arrivi tua sorella, lo sai quanto ci tiene alla sua biblioteca!».

   a. Lanciare tutto verso il cielo.
   b. Mettere in disordine.
   c. Esporre tutto all'aria aperta.

9. «Te la devi vedere con lui».

   «Tu non ti impicciare, se la devono vedere fra loro, sono grandi abbastanza per poter discutere e risolvere da persone civili le loro liti».

   a. Devi risolvere la questione con lui.
   b. Dovete incontrarvi.
   c. Dovete andarci insieme.

10. «Ne vale la pena».

    «Non abbatterti, non ne vale la pena, il pranzo è stato buonissimo anche se l'arrosto non è venuto come volevi tu».

    a. Mi fa stare in pena.
    b. Vale lo sforzo.
    c. Si è meritato la sua condanna.

PROPRIETÀ DI LINGUAGGIO

Nelle frasi che seguono sostituisci le espressioni sottolineate, generiche e non specifiche, con altre più appropriate.

Esempio: «Ho <u>fatto</u> tutti gli esercizi in meno di un'ora» *diventa*:
              «Ho <u>svolto</u> tutti gli esercizi in meno di un'ora».

Esempio: «In quel negozio abbiamo <u>preso</u> tutti gli ingredienti per la torta» *diventa*:
              «In quel negozio abbiamo <u>acquistato</u> tutti gli ingredienti per la torta».

Esempio: «Per <u>fare</u> la carota a fette sottili dovete usare un coltello più grosso» *diventa*:
              «Per <u>tagliare</u> la carota a fette sottili dovete usare un coltello più grosso».

Esempio: «Ci pensi tu a <u>tagliare a fette</u> la carne?» *diventa*:
              «Ci pensi tu ad <u>affettare</u> la carne?».

1. In un giorno solo ho <u>fatto</u> 1000 km in auto!
2. Nel giro di pochi anni in questo quartiere hanno <u>fatto</u> parecchie case nuove.
3. Mi sono <u>fatta una macchia</u> sulla gonna, ora dovrò <u>mettermene un'altra</u>!
4. Dopo il brindisi Matteo si è <u>messo</u> al pianoforte e ha <u>fatto</u> un notturno di Chopin.
5. <u>Rimetti a posto</u> tutte le tue cose sulla scrivania prima di uscire.
6. I miei vicini di casa <u>fanno molti viaggi</u> in paesi lontani e al loro ritorno <u>hanno</u> con sé dei bellissimi oggetti di artigianato.
7. Questo frigorifero non <u>va</u> più, dovrete <u>prenderne</u> uno nuovo.
8. Questo regista nella lunga carriera ha <u>fatto</u> tanti bei film.
9. La favola <u>dice</u> che Cappuccetto Rosso fu mangiata dal lupo cattivo.
10. Purtroppo in tutti i tempi le nazioni hanno <u>fatto</u> tante guerre.

FUORI DALL'INQUADRATURA

➤   Questo film segna il debutto di Martina Stella (Francesca) sul grande schermo.

➤   Sia la canzone di Carmen Consoli che il film di Muccino hanno lo stesso nome: *L'ultimo bacio*. Nessuno dei due ricorda da dove sia venuta l'idea di questo titolo, se dalla canzone o dal film. La stessa cantautrice ha preso parte al film con un piccolo ruolo: era una delle tante ragazze occasionali di Alberto, interpretato da Marco Cocci, cantante dei Malfunk.

➤   La scena, quasi nel finale, della ritrovata vita familiare di Carlo con Giulia è una ripresa senza stacco e perciò gli attori Stefano Accorsi e Giovanna Mezzogiorno durante le riprese hanno avuto solo dieci secondi di tempo per entrare in casa, infilarsi i maglioni e sedersi a tavola apparendo però tranquilli e rilassati.

➤   Quando hanno girato *L'ultimo bacio*, Stefano Accorsi e Giovanna Mezzogiorno stavano veramente insieme.

SUPERLATIVI E COMPARATIVI

Scegli fra le alternative proposte quella giusta per completare le frasi che seguono.

1. Quell'attore è _____.

    a. celebrissimo
    b. celeberrimo
    c. molto celeberrimo

2. Il suo ultimo libro è più bello _____ precedente.

    a. del
    b. quanto il
    c. che il

3. È sempre meglio prevenire _____curare.

    a. che
    b. di
    c. quanto

4. Quel gattino è tanto bello _____aggressivo!

    a. che
    b. quanto
    c. come

5. Questa torta è _____ch'io abbia mai assaggiato.

    a. ottima
    b. più cattiva
    c. la migliore

6. La tua soluzione mi sembra _____.

    a. la meglio intelligente
    b. la meno intelligente
    c. l'intelligentissima

7. A mio parere questo è un problema _____.

    a. minore
    b. più minore
    c. meno maggiore

8. Studiare a casa è importante _____ _____stare attenti in classe.

    a. altrettanto come
    b. tanto quanto
    c. così quanto

9. Alla fine ho scelto l'alternativa _____.

    a. più peggiore
    b. più migliore
    c. peggiore

10. Ho eseguito il lavoro _____ _____ me l'avevi chiesto tu.

  a. così come
  b. tanto quanto
  c. così quanto

CONGIUNTIVO, INFINITO O CONDIZIONALE?

Completa le frasi seguenti usando il congiuntivo, l'infinito o il condizionale e, laddove necessario, inserendo il pronome più opportuno e/o la forma passiva.

Esempio: «Quando eri piccolo quel libro ti (*piacere*) così tanto che pensavo tu (*conservarlo*) ancora» *diventa*:

«Quando eri piccolo quel libro ti *piaceva* così tanto che pensavo tu lo *conservassi* ancora».

1. Mi (*dedicare*) a imparare un'altra lingua solo se (*trovare*) una buona scuola cui (*iscriversi*).

2. Se vuoi arrivare prima dell'inizio del film sarà bene che (*sbrigarsi*).

3. Non voglio che loro (*insinuare*) che tutto (*decidere*) senza consultarli.

4. Non pensavano (*tornare*) a quell'ora dalla gita, altrimenti sono sicuro che (*avvertire*) del ritardo.

5. Stamani sono uscito senza impermeabile nella speranza che non (*piovere*), e invece (*dover essere*) più previdente! Ora dovrò tornare a casa ad (*asciugarsi*).

6. A quei tempi tutti credevano che il sole (*girare*) intorno alla terra, e se qualcuno (*sostenere*) il contrario non (*credergli*).

7. Non ho preso l'ascensore perché temevo (*incontrare*) il mio vicino di casa.

8. Ho fatto tardi per il brindisi, ma spero che nel frattempo lo spumante non (*bere*) tutto e che ne (*rimanere*) almeno qualche goccia!

9. Prima della fine delle vacanze (*volere*) tanto fare una gita a Firenze! Se ne (*avere*) la possibilità (*andare*) anche l'anno scorso, ma non ne ebbi il tempo.

10. Se il rapinatore (*essere catturato*) subito dalla polizia, non (*potere*) commettere anche il secondo furto.

SPIEGA CON PAROLE TUE!

Spiega con parole tue e commenta le seguenti citazioni in relazione al personaggio che le pronuncia e alle vicende narrate nel film.

1. Carlo: «I matrimoni sono la fiera delle belle intenzioni».

2. Carlo, per giustificare le sue azioni: «Mi è venuto il panico di una vita blindata»; e dopo, alla fine del film: «La mia vita non mi sembra niente male».

2. Luisa ad Anna: «Questa è l'ultima grande occasione che hai di rifarti una vita. Anna, solo dopo la morte siamo fuori tempo massimo, ricordatelo!».

PICCOLE NOTE CULTURALI ED ALTRE CURIOSITÀ

➢ *Siddharta*: è il libro che Francesca regala a Carlo. È un romanzo breve di Hermann Hesse (1877-1962) pubblicato nel 1922. Siddharta, il protagonista, è alla perenne ricerca di qualcosa, e cerca soprattutto di vivere la propria vita passando da un'esperienza all'altra senza considerare definitiva nessuna conclusione, perché ciò che va cercando è il tutto. Hesse ricevette il premio Nobel per la letteratura nel 1946.

➢ **Nascite**: in occasione delle nascite non sempre si fanno annunci particolari, probabilmente perché il neonato impegna già abbastanza i genitori da distoglierli da tutto il resto! Alcuni inviano un biglietto in cui si rende noto l'arrivo del bimbo o della bimba, con il nome suo e dei genitori, la data e l'ora della nascita e l'indirizzo di casa, aggiungendo talvolta il peso alla nascita, il colore dei capelli e altri dettagli del genere. Amici e conoscenti fanno visita alla **puerpera**, cioè alla donna che ha appena partorito, già in ospedale, portando doni per il bimbo o fiori per lei. L'augurio tipico di queste occasioni è "**Felicitazioni**", "**Rallegramenti**" ed altre espressioni del genere. Più ufficialità assume di solito l'occasione del **battesimo** del bimbo, che avviene normalmente entro il primo anno di vita. Per il battesimo si invitano parenti e amici alla cerimonia in chiesa e poi a un piccolo ricevimento.

➢ **Matrimoni**: in occasione dei matrimoni in Italia si inviano le **partecipazioni** a moltissime persone (parenti anche lontani, amici, semplici conoscenti, vicini di casa, colleghi di lavoro e così via). Le partecipazioni contengono l'annuncio dell'evento con i nomi degli sposi (in alcuni casi anche quello dei genitori), i rispettivi indirizzi, l'indirizzo della casa dove andranno a vivere dopo il matrimonio, la data, il luogo e l'ora della cerimonia (che può essere solo civile, cioè celebrata nel Comune di residenza da un'autorità comunale incaricata, oppure anche religiosa, cioè celebrata in chiesa da un sacerdote). Nelle partecipazioni inviate ai parenti più stretti o agli amici più cari è incluso anche l'**invito** alla festa che segue la cerimonia, e che di solito è un grande pranzo o una cena sontuosa. Tradizionalmente quindi chi riceve solo la partecipazione può, se desidera, andare solo alla cerimonia, mentre solo chi ha ricevuto anche l'invito è gradito anche alla festa. Normalmente gli invitati sono tenuti a fare un dono agli sposi, che spesso compilano una **lista di nozze** presso un negozio così da ricevere regali che siano loro utili per mettere su casa, anche se poi c'è sempre qualcuno che preferisce scegliere un dono **fuori lista**. I regali vengono di solito recapitati, dal donatore o da un fattorino del negozio, con qualche giorno d'anticipo rispetto alla data del matrimonio. Alla fine della cerimonia sugli sposi vengono lanciate manciate di riso come augurio di prosperità. Durante il pranzo delle nozze, che normalmente dura anche parecchie ore, fra una portata e l'altra gli sposi girano fra i tavoli per salutare singolarmente gli invitati e ringraziarli dei doni. Spesso qualcuno grida "Viva gli sposi" e tutti applaudono, oppure si formano coretti che cominciano a chiedere, come accade anche nel film di Muccino, "Ba-cio! Ba-cio! Ba-cio!" per invitare la coppia a baciarsi. Alla fine del pasto gli sposi tagliano la prima fetta della torta tenendo ciascuno una mano sul coltello. Gli auguri che si formulano per i matrimoni sono "**Felicitazioni**", **Congratulazioni**", "**Auguri vivissimi di felicità**" e cose del genere.

LEGGIAMO IL COPIONE

Giulia e Carlo sono a letto.

Giulia:	-Hai mai pensato di tradirmi? [*Carlo esita nella risposta*] Ci devi pensare per dirmelo?
Carlo:	-No, che non ci devo pensare.
Giulia:	-E allora?
Carlo:	-E allora la risposta è no.
Giulia:	-Perché no?
Carlo:	-Perché sono innamorato di te.
Giulia:	-Quando sarai attratto da un'altra?
Carlo:	-Perché dovrei essere attratto da un'altra?
Giulia:	-Perché potrà succedere.
Carlo:	-Sì, potrà succedere a te forse.
Giulia:	-Sì, ma so che non succederà.
Carlo:	-E perché?
Giulia:	-Perché sono più forte di te. Lo sono sempre stata e sempre lo sarò... E se un giorno scopro che mi tradisci ti ammazzo.
Carlo:	-Hmff.
Giulia:	-Hai capito?
Carlo:	-Sì.

Perché pensi che Giulia avvii questa conversazione? Secondo te, che cosa intende dire Giulia quando afferma di essere più forte di Carlo? Che importanza ha per due persone in un rapporto come quello di Giulia e Carlo discutere di cose del genere?

Dopo aver rivisto l'ex amante Eugenio, Anna irrompe nello studio del marito Emilio mentre questi sta lavorando.

Anna:	-Ti ho tradito! [...]
Emilio:	-Che storia è questa?
Anna:	-È successo tre anni fa. Io oggi l'ho rivisto. Se mi avesse chiesto di seguirlo in capo al mondo ci sarei andata senza neanche passare per casa!
Emilio:	-Io spero solo che non sia vero!
Anna:	-E invece per te purtroppo lo è. Che sapore ha? È vita reale. Eh? Non mi rispondi? Non ce la fai? Mi stai odiando o la cosa ti lascia indifferente come sempre? Eh? Ehilà, sono qua! Mi vedi? Mi senti? Eh? Non hai mai fatto nulla per salvare il nostro matrimonio!
Emilio:	-Sono senza parole. Ne riparliamo stasera!
Anna:	-Ma certo, perché per te c'è qualcosa di più urgente della tua vita personale, vero?
Emilio:	-Esatto!
Anna:	-Esatto, cosa è esatto, Emilio? Cosa è esatto? Non lo sai più neanche tu che cosa dici. Non c'è niente neanche di lontanamente esatto nella nostra vita! Tutto questo tempo mi hai fatto sentire così sola, così sola!
Emilio:	-Non alzare la voce!

Anna:	-È per questo che ti ho tradito!
Emilio:	-Non lo voglio sapere!
Anna:	-Mi è anche piaciuto! Almeno lui mi ha fatto godere!
Emilio:	-Zitta! Questo non è normale, tu ti stai ammalando.
Anna:	-No, non è normale!
Emilio:	-No, non è normale. Ti stai ammalando!
Anna:	-Io sto cercando di sentirmi viva, non come te che sei morto e non lo sai!
Emilio:	-Ma che cosa dovevo fare? Che volevi da me? Eh? La passione adolescente? Essere incinta con il marito giovane e il nido d'amore appena scalzato? Che volevi da me? Abbiamo vissuto la nostra vita! Non è stata per niente una schifezza come continui a ripetere tu! Io sono ancora pieno di bei ricordi!
Anna:	-Beato te!
Emilio:	-Sei tu che stai incenerendo tutto! [*Anna rompe una lampada*] Che fai? Stai buona adesso! No, tu hai bisogno di dipendere da qualcuno per poi rinfacciargli di toglierti la libertà! Sei una pianta grassa con troppe spine!
Anna:	-Sì, una pianta grassa con troppe spine! Che cazzo vuol dire non lo so, ma è esattamente quello che penso io di te!

Puoi riassumere le due visioni, molto diverse, che Anna ed Emilio hanno del loro matrimonio? Quali sono le insoddisfazioni espresse da Anna? E come le interpreta Emilio? Perché secondo te proprio ora, a distanza di anni, Anna confessa al marito il suo tradimento? Come interpreti l'espressione "sei una pianta grassa con troppe spine"?

LA PAROLA AL REGISTA, GABRIELE MUCCINO

«Il film inizia e finisce con la voce off di un io narrante: Carlo. Il punto di vista è quindi esplicitamente maschile, anche se sono questioni universali il riuscire ad amare, a crescere ed essere felici. Spesso, durante le varie fasi della vita, questa crescita non coincide nelle donne e negli uomini. Le donne in genere anticipano i tempi. [...] Il gruppo di amici de *L'ultimo bacio* prova a mettere a fuoco l'emotività sulla soglia dei 30 anni. Un'età in cui diventa strutturale chiedersi dove si sta andando. Se si può smettere di essere figli e diventare padri, se si è in coro o da soli. C'è poi chi si immobilizza o continua la fuga. Ma anche chi riesce a non chiederselo mai. [...] L'idea originaria del film partiva da una protagonista di 50 anni. Pensavo un po' alle donne come mia madre, che hanno fatto il '68 tentando di mettere in discussione tutto o si sono ritrovate passivamente da figlie a madri di famiglia. Il lavoro de *L'ultimo bacio* si è diretto poi in tutt'altra direzione. Forse mi sono sentito inadeguato a sviluppare quello spunto. Il personaggio di Anna però è rimasto e ha un'importanza vitale. A 30 e 50 anni coincidono particolari periodi d'inquietudine, durante i quali, diversamente, si tenta di capire se si è ancora in gioco»[1].

---

1 "Un film-fandango sull'amore impossibile", intervista di Daniela Cannizzaro con Gabriele Muccino, 10 maggio 2001, www.cinemazip.it/intervista.asp?intervistaID=135.

Muccino parla di uomini che si chiedono dove stanno andando, se possono smettere di essere figli e diventare padri, qualcuno si immobilizza, oppure continua la fuga, qualcun altro non si pone domande... Sai ritrovare nei protagonisti del film queste diverse figure maschili? Come le ha sviluppate Muccino?

«[Carlo] è colto in un momento di immaturità come gli altri personaggi maschili; a parte uno di loro che si sposa all'inizio del film e non fa che caldeggiare la capacità di crescere all'interno del matrimonio, tutti gli altri sono colti nel momento dell'incapacità di gestire la propria avvenuta crescita. Mentre le donne vengono colte nel momento in cui hanno deciso di indossare l'abito di moglie e madre responsabile e compiuta come individuo. [...] Le donne: il fatto che siano colte in questa fase non vuol dire che non nutrano un sentimento come quello degli uomini, che non valga anche per loro la voglia di recuperare l'adolescenza [...]. Per le donne questo arriva comunque ma un po' dopo, intorno ai 40 si vuole recuperare quello che gli uomini hanno fatto fatica ad abbandonare attorno ai 30»[2].

Cosa significa che le donne a 40 anni vogliono recuperare "quello che gli uomini hanno fatto fatica ad abbandonare attorno ai 30"? Nel film ci sono degli indizi di questo desiderio? Secondo te è vero che le donne crescono prima degli uomini?

«Noi trentenni di oggi siamo cresciuti durante gli anni Ottanta, all'ombra di fratelli maggiori che venivano dall'esperienza del '77, sentendoci non sufficientemente colti, preparati e politicizzati, siamo cresciuti con un complesso di inferiorità netto, in un momento in cui il panorama mondiale si era adagiato nel narcisismo. Quel narcisismo che annunciava gli anni Novanta, estremamente vanitosi e in funzione dell'apparire. Siamo stati confusi strutturalmente dall'inizio, tra voglia di leggerezza e pesantezze intellettuali dei fratelli maggiori. [...] Oggi siamo più superficiali e leggeri ma viviamo meglio. Poi analizzando socialmente il fenomeno possiamo dire cose pessime di questa generazione: narcisismo, vacuità, nomadismo spirituale, non saper stare in nessun posto, non approfondire nessun rapporto perché la nevrosi porta sempre altrove. Cose meschine, brutte, molto diffuse: è il nervo scoperto che il mio film tocca»[3].

Come sono i trentenni del tuo paese? Vi riconosci la stessa nevrosi di cui parla Muccino? Sei d'accordo con Muccino quando dice che gli anni Novanta sono stati caratterizzati dal narcisismo? In base a quello che afferma il regista, secondo te perché i trentenni di oggi sono più superficiali e leggeri ma vivono meglio? I trentenni di questo film vivono bene?

---

2 "Gabriele Muccino, giovane leone", intervista di Paolo D'Agostini con Gabriele Muccino, 14 febbraio 2001, www.kwcinema.kataweb.it/templates/kwc_popup_stampa/0,2670,115389,00.html.

3 Ibid.

MA ORA IL REGISTA SEI TU... E VUOI CAMBIARE TUTTO!

Tutta la vicenda del film è narrata da Carlo, che la vive e interpreta secondo il suo punto di vista.

Ma ora il regista sei tu... e vuoi cambiare tutto!

Le vicende sono le stesse, ma nella storia che scriverai tu il punto di vista sarà quello di Giulia e sarà lei a raccontare l'accaduto al pubblico: cosa ne verrà fuori?

Se ti sembra opportuno, dopo aver scritto questa nuova versione della vicenda cambia anche il titolo del film, e spiega i motivi della tua nuova scelta.

RIFLETTIAMO UN PO'

1. A proposito del viaggio di cui parlano Paolo, Alberto, Adriano e Carlo, Paolo dice: «O partiamo adesso, o non partiamo mai più. Non abbiamo più venti anni, ma per fortuna di Dio non ne abbiamo ancora quaranta, ché a quaranta la vita se n'è già andata». Che ne pensi di questa affermazione? Sei d'accordo? Che tipo di carattere e di mentalità sono alla base di un discorso simile?

2. All'inizio del film Anna confessa al marito: «Stasera è successa una cosa tremenda: ho invidiato mia figlia perché... perché ha ancora tutta la vita davanti a sé. Perché il suo uomo la guarda ancora in quel modo, perché è ancora così lontana dal tempo che passa tutto uguale». Che tipo di disagio sta esprimendo Anna con queste parole? Secondo te cosa la spinge a dirle ad Emilio?

3. Dopo la grave lite con Giulia, Carlo commenta: «Improvvisamente libero. L'ha voluto lei. Sei di nuovo libero di fare quello che cazzo ti pare». Nel frattempo Anna decide di tornare dal marito, e dice: «Io non so che farmene della mia libertà. È solo accanto a lui che sento che la mia vita ha avuto un senso». Metti a confronto le frasi di questi due personaggi, ed esprimi la tua opinione personale su questi modi così diversi di considerare il rapporto fra la libertà e la vita di coppia.

4. Questo film sembra presentare la coppia in crisi: Carlo e Giulia, Anna ed Emilio, Paolo e la sua ex ragazza, Adriano e la moglie. Cosa hanno in comune queste crisi? E cosa ha, ciascuna, di particolare?

QUATTRO CHIACCHIERE CON...

In questo film un personaggio abbastanza particolare è Emilio, lo psichiatra. Invitalo ad accomodarsi sul divanetto del suo studio e per un attimo diventa tu il suo psicoterapeuta: dagli la possibilità di sfogarsi, di raccontare il suo matrimonio e di spiegare il suo punto di vista sulla sua crisi con Anna.

Immagina le sue risposte, poi trascrivi la conversazione avvenuta durante la seduta e discutine con i compagni.

NON VORRESTI SAPERNE DI PIÙ?

1. La scena del matrimonio dà l'avvio all'incontro tra Carlo e Francesca. Come si festeggiano le nozze nel tuo paese? In un modo molto diverso da quello che vedi nel film?

2. Paolo, Alberto, Adriano e Carlo programmano di andare in Africa. Progetta anche tu un viaggio in una regione italiana: dove andresti? Come vivresti? Chi ti porteresti dietro? Perché?

3. Carlo e Giulia convivono, sulla soglia dei 30 anni lei è incinta senza essere sposata, Anna ed Emilio sono sull'orlo del divorzio... Trent'anni fa, in Italia, situazioni del genere suscitavano scandalo e riprovazione sociale, mentre oggi sono considerate normali. Prova a ricercare un po' di dati statistici: a che età si sposano gli italiani oggi e a che età lo facevano 30 anni fa? In che percentuale, oggi e allora, invece del matrimonio scelgono/sceglievano la convivenza? E quanti abbandonano la famiglia scegliendo di essere *single*? Qual era l'età media delle donne e degli uomini al primo figlio trent'anni fa, e qual è oggi? Quante coppie divorziano attualmente, e quante lo facevano negli anni '70? Da questi numeri sei in grado di ricavare informazioni utili per capire come stia cambiando la famiglia in Italia? Ricerca le stesse cifre per quel che riguarda il tuo paese e confrontane l'andamento statistico con quello dell'Italia. Quali conclusioni puoi trarne?

4. La Cascata delle Marmore, dove gli amici portano lo sposo Marco per fare il salto con l'elastico (*bungee jumping*), si trova vicino a Terni in Umbria ed è un'opera artificiale realizzata dai romani. Oggi le Marmore costituiscono una meta turistica per coloro che vogliono godersi le bellezze naturali dell'Italia. Sapresti identificare i principali parchi italiani? Dove si trovano e per che cosa sono conosciuti?

5. Muccino dice che dal '68 alcune donne cominciarono a cercare di mettere in discussione tutto. Fai una breve ricerca sul movimento femminista in Italia, tracciane la storia e individua quali sono state le maggiori conquiste della donna (sempre in Italia) negli ultimi 50 anni.

6. Carmen Consoli, che ha composto la canzone 'L'ultimo bacio', è una cantautrice molto popolare in Italia. Fai una breve ricerca: quali sono altri cantautori di successo in Italia? Che tipo di canzoni compongono? Scegline tre da presentare ai tuoi compagni con un commento al testo.

7. Guarda un altro film di Gabriele Muccino. Individua delle scene chiave da far vedere ai tuoi compagni, racconta loro la trama e presenta le tematiche del film.

8. Stefano Benni, le cui poesie sono riportate sotto, è uno scrittore irriverente che gioca molto con il linguaggio. Più che per le poesie, è conosciuto per i racconti e romanzi. Leggi uno dei suoi libri e scrivine una recensione nella quale ne analizzi lo stile e ne identifichi i temi principali.

L'ANGOLO DELLA POESIA

L'ultimo bacio ci presenta storie d'amore attraversate da burrasche più o meno gravi, e ci propone alcuni personaggi che passano da una storia sentimentale ad un'altra: Carlo, la ex ragazza di Paolo e, ovviamente, Alberto. Una certa leggerezza nel vivere i rapporti sentimentali viene espressa in due brevi liriche di Stefano Benni. Giornalista, scrittore e poeta, Stefano Benni (Bologna, 1947) ha pubblicato numerosi romanzi, racconti, opere per teatro e poesie, e ha realizzato il film *Musica per vecchi animali* (1989). Fra le sue opere ricordiamo i libri *Terra!* (1983), *Comici spaventati guerrieri* (1986), *Il bar sotto il mare* (1987), *La compagnia dei Celestini* (1992), *Achille piè veloce* (2003). Scrittore comico e satirico le cui opere si inseriscono nella tradizione della letteratura umoristica, attualmente Benni collabora con alcune testate, tra cui *il Manifesto*. Leggiamo insieme queste sue due poesie.

L'amante distratto

- Gina, forse nel nostro amor
cambiò qualcosa?
"Forse... non sono Gina,
mi chiamo Rosa"

L'amore passa

Scusami,
ho usato
la nostra canzone
per una nuova
relazione

Come descriveresti il tono di queste poesie? Quali situazioni tratteggiano? A quali personaggi de *L'ultimo bacio* pensi che si adatterebbero maggiormente? Secondo te, cosa significa 'la nostra canzone' della seconda poesia? E cosa c'è di male nel fatto di 'riciclarla' per una nuova storia d'amore?

CAPITOLO 14
LE FATE IGNORANTI

LE FATE IGNORANTI, Italia/Francia, 2000		
Regia	Ferzan Ozpetek	
Sceneggiatura	Gianni Romoli e Ferzan Ozpetek	
Interpreti	Margherita Buy	*Antonia*
	Stefano Accorsi	*Michele*
	Serra Ylmaz	*Serra*
	Andrea Renzi	*Massimo*
	Gabriel Garko	*Ernesto*
	Erika Blanc	*Veronica*
	Koray Candemir	*Emir*
	Lucrezia Valia	*Mara*
	Rosaria De Cicco	*Luisella*
Durata	106'	

IL REGISTA: FERZAN OZPETEK

Ferzan Ozpetek nasce a Istanbul (Turchia) nel 1959. Finisce il liceo in una scuola inglese nel 1976 e parte subito per l'Italia. All'Università 'La Sapienza' di Roma studia Storia del cinema, ma abbandona gli studi a pochi esami dalla laurea. Nel 1982 entra nel cinema in qualità di aiuto regista prima con Massimo Troisi e poi con autori come Maurizio Ponzi, Ricky Tognazzi, Francesco Nuti e Marco Risi. La casa di produzione di quest'ultimo, la "Sorpasso Film", produce anche il suo esordio da regista: *Hamam - il bagno turco* (1997). Nei suoi primi film racconta di due simboli del suo paese: il bagno turco e la vita nascosta degli harem. Le sue opere, spesso cariche di un erotismo implicito, rappresentano riflessioni non convenzionali sui temi dell'amore e dell'omosessualità. Apprezzati dalla critica, i suoi film vengono presentati a Festival importanti come Cannes e Berlino. Nel 2002 realizza *La finestra di fronte* che nel 2003 vince cinque David di Donatello ed è un successo internazionale.

FRA I SUOI FILM PIÙ IMPORTANTI:

La finestra di fronte (2002)	*Harem Suaré* (1999)
Le fate ignoranti (2000)	*Hamam – il bagno turco* (1997)

TRAMA DEL FILM

Antonia e Massimo sono sposati felicemente da quindici anni e vivono in una villetta alla periferia di Roma. Un giorno Massimo muore in un incidente stradale, e mettendo a posto le sue cose la moglie scopre sul retro di un quadro una dedica da cui capisce che il marito la tradiva da sette anni. Decide quindi di scoprire chi sia l'amante, e la sua indagine la porta nel quartiere Ostiense di Roma, all'appartamento di un certo Michele. Il bisogno emotivo di conoscere la rivale la rende cieca alla realtà che ha di fronte ai suoi occhi: l'amante di Massimo è un uomo, Michele. Dopo un iniziale rifiuto, Antonia comincia a frequentare la colorita comunità che ruota intorno alla casa di Michele, e della quale faceva parte, a sua insaputa, anche suo marito. Questo contatto con una realtà diversa la aiuterà a superare il dolore della scomparsa e ad affrontare le nuove sorprese che la vita le riserva.

Le fate ignoranti si aggiudicò tre Nastri d'argento al Festival di Berlino nel 2001: per la miglior produzione a Tilde Corsi e Gianni Romoli; come miglior attrice a Margherita Buy e come miglior attore a Stefano Accorsi.

PRIMA DI VEDERE IL FILM...

PREPARIAMOCI ALLA PROIEZIONE...

☞ **Quartiere Ostiense**: l'appartamento di Michele si affaccia sul quartiere Ostiense, e dal suo terrazzo si vede il grande Gazometro che domina il panorama; di fronte ci sono anche i mercati generali dove lavora Michele. È un rione multiculturale in cui abitualmente si mescolano persone di etnie diverse.

☞ **Montecalvario, Sanità, Vomero**: sono quartieri di Napoli. Quando Israele viene presentato a Michele e agli altri della compagnia vengono fatte delle congetture sulla sua zona di provenienza: se sia di Montecalvario o Sanità, cioè di rioni popolari vicino al porto; Luisella dice invece che secondo lei Israele è del Vomero, un quartiere residenziale nella zona collinare.

☞ **Mercati generali**: sono grandi mercati, presenti in tutte le maggiori città (talvolta con nomi diversi), in cui si riforniscono i negozianti per i propri esercizi. Per questo motivo il loro momento di maggiore attività è la notte o il primo mattino, quando arrivano i fornitori, ad esempio gli agricoltori dalle campagne, per portare i loro prodotti, ed i commercianti, prima dell'apertura dei negozi, per rifornirsi di merce fresca.

☞ **World Gay Pride**: la celebrazione del World Pride Roma 2000 che fa da sfondo ai titoli di coda, e per cui i personaggi del film preparano gli striscioni sul terrazzo di Michele, si svolse dal 1° al 9 luglio a Roma. L'evento ha origine nel Greenwich Village di New York, quando la notte del 27 luglio 1969 la polizia fece l'ennesima incursione nello Stonewall Inn, storico locale gay, ma per la prima volta gli avventori reagirono e lottarono contro le forze dell'ordine. Da allora, la comunità Gay, Lesbica, Bisessuale, Transessuale (GLBT) internazionale manifesta ogni anno per rivendicare i propri diritti e per ricordare Stonewall.

...E AL LINGUAGGIO DEL FILM

Piccolo glossario delle espressioni particolari usate nel film.

➢ **Flebo**: fleboclisi.
➢ **Frocio**: termine volgare e offensivo per designare un omosessuale.
➢ **Pisello**: termine familiare per 'pene', si usa soprattutto con i bambini.
➢ **Tamarro**: zotico, rozzo.
➢ **Trasferta**: nello sport, una squadra gioca **in trasferta** quando va a disputare una partita o una gara sul campo degli avversari. Quando invece l'incontro si svolge sul proprio campo si dice che la squadra 'gioca **in casa**'. Ad esempio, nel calcio, il campo della squadra 'Lazio' è a Roma, e quindi se la squadra affronta il Napoli a Roma gioca 'in casa'; se invece la partita si disputa a Napoli, la Lazio è in trasferta, e gioca fuori casa, cioè è 'la **squadra ospite**'. Quando la Lazio affronta la Roma, la partita si gioca per forza a Roma: le due squadre 'sono di casa', e quindi è 'un **derby**'.
➢ **Zingara**: gitana, appartenente all'etnia Rom. È un termine usato molto comunemente ma non corretto politicamente; è preferibile usare la parola *rom*.

DOPO AVER VISTO IL FILM...

I PERSONAGGI

Abbina appropriatamente i personaggi della colonna sinistra con i loro nomi della colonna destra.

1.	Amante di Massimo	a.	Antonia
2.	Segretaria di Massimo	b.	Emir
3.	Colf	c.	Mara
4.	Madre di Antonia	d.	Luisella
5.	Medico	e.	Massimo
6.	Fratello di Serra	f.	Michele
7.	Transessuale	g.	Nora
8.	Giovane malato di AIDS	h.	Veronica
9.	Marito di Antonia	i.	Simona
10.	Cassiera al supermercato	j.	Ernesto

I PERSONAGGI: DESCRIVILI TU

1. Fai una descrizione dettagliata di Serra e del suo modo di vestire.
2. Descrivi la personalità di Antonia, specificando quali episodi mettono in rilievo i diversi tratti del suo carattere.
3. Analizza il personaggio di Michele: che ruolo ha nella storia?

LESSICO: I SINONIMI

Abbina ogni parola della colonna sinistra con il suo sinonimo della colonna destra.

1.	stabilito	a.	imbrogliare
2.	campare	b.	fasciare
3.	nicchia	c.	derubare
4.	fregare	d.	piazzata
5.	spicciarsi	e.	compatire
6.	ciccia	f.	ripagare
7.	scenata	g.	fanatico
8.	compiangere	h.	deciso
9.	strappacuore	i.	arrabbiarsi
10.	bendare	j.	abbordare
11.	svaligiare	k.	vivere
12.	rimorchiare	l.	commovente
13.	esaltato	m.	carne
14.	alterarsi	n.	cavità
15.	ricambiare	o.	sbrigarsi

LESSICO: I CONTRARI

Abbina ogni parola della colonna sinistra con il suo contrario della colonna destra.

1.	imprudente	a.	colto
2.	formidabile	b.	sparecchiare
3.	ignorante	c.	ubriaco
4.	sciapo	d.	tranquillo
5.	sobrio	e.	separare
6.	arrogante	f.	intelligente
7.	apparecchiare	g.	ordinario
8.	sconvolto	h.	modesto
9.	cretino	i.	saporito
10.	mischiare	j.	cauto

LA STORIA

1. All'inizio del film Antonia e Massimo sono in un museo e sembra che non si conoscano. Perché? Cosa sta succedendo?

2. Nel colloquio con un suo paziente all'inizio del film, cosa deve comunicare Antonia all'uomo? E in che tono si esprime? Cosa racconta l'uomo sulle circostanze in cui ha contratto l'infezione e gli ulteriori problemi che esse gli pongono?

3. Come si sono conosciuti Massimo e Michele?

4. Cosa raccontava Massimo alla moglie per poter passare le domeniche con l'amante senza destare sospetti? E come faceva a rendere più credibili le sue bugie?

5. Come mai Michele quando va al supermercato finge di non riconoscere Luisella alla cassa? Cosa stanno facendo?

6. Cosa fa Nora con le candele, le foto e altri oggetti di Massimo? Perché?

7. Perché Mara vuole tornare al suo paese? E perché pensa di doversi 'camuffare' prima di farlo?

8. Da dove viene Serra? Per quale motivo è venuta in Italia?

9. Perché Michele e gli altri non hanno detto a Ernesto che il suo ragazzo è morto? E cosa fa Antonia al riguardo? Perché?

10. Perché Michele alla fine fa cadere in terra il bicchiere?

DIAMO UN'OCCHIATA AL FILM

1. Che cosa sta succedendo in questa scena? Che importanza ha nella trama del film?
2. Quella che vedi all'inizio del capitolo è la locandina con cui *Le fate ignoranti* fu pubblicizzato in Italia al momento della sua uscita nelle sale cinematografiche. Secondo te perché fu usata proprio questa immagine per promuovere il film? Tu avresti fatto una scelta diversa? Perché?

IL CASO

Nel film incontriamo spesso la parola 'caso', che in italiano ha molti significati ed è presente in molti modi di dire.

Esploriamone alcuni:

➤ Caso= avvenimento casuale, fortuito

    a. «Oggi per caso ho incontrato Silvia».
    b. «Incontrare Silvia è stato un caso».

➤ A caso= senza intenzione, senza ragione, casuale, fortuito

    a. «È stato estratto un nome a caso ed era proprio il mio! Ho vinto!».
    b. «Non puoi dare delle risposte a caso, rifletti prima di parlare!».

➤ Fare caso= prestare attenzione

    a. «Non fare caso a quello che dice, è un po' matto!».
    b. «Mi scusi, non avevo fatto caso al cartello di divieto; vado subito a gettare la sigaretta».

➢ Si dà il caso...= accade che..., per l'appunto (con intenzione enfatica e talvolta ironica; vuole il congiuntivo)

    a. «Si dà il caso che io sia tua madre, e quindi ho tutto il diritto di insegnarti le buone maniere!».

    b. «Si dà il caso che domani sia domenica, quindi non ho intenzione di svegliarmi presto!».

➢ Il caso=la sorte

    a. «Il caso ha voluto che in quel momento passasse proprio un poliziotto, il quale ha potuto arrestare subito lo scippatore».

    b. «È stato quasi il caso a decidere: lei ha trovato lavoro ad Aosta, lui a Palermo, ed è così che si sono lasciati!».

➢ Caso= evento particolare

    a. «Gli investigatori stanno indagando su un caso di omicidio».

    b. «Il suo caso signora è molto difficile, perché la sua malattia è particolarmente rara».

➢ Caso patologico= di persona che si comporta in modo anormale (in senso negativo)

    a. «Ma tu sei un caso patologico, non fai altro che dire menzogne!».

    b. «Certe volte temo di essere un caso patologico, ho paura anche a stare sola in casa!».

➢ Nel caso in cui...(+ verbo), in caso di...(+ sostantivo)= se..., qualora..., nell'eventualità di...

    a. «Nel caso in cui tuo padre dovesse arrivare stasera, organizziamoci per andare a prenderlo alla stazione».

    b. «In caso di nebbia si consiglia sempre la massima prudenza sulle strade».

➢ In caso contrario= altrimenti

    a. «Se fai in tempo, raggiungici a casa mia per cena; in caso contrario, ci incontreremo dopo direttamente al cinema».

    b. «Se vuole acquistare quel fumetto, venga alla cassa a pagarlo; in caso contrario, smetta di leggerlo e se ne vada!».

➢ Fare al caso= essere adatto, opportuno

    a. «Questo lavoro fa proprio al caso mio: l'orario è perfetto e lo stipendio adeguato».

    b. «Non mi sembra che questo vestito faccia al caso tuo: se vuoi qualcosa da indossare a un matrimonio devi optare per un capo più elegante».

➢ Essere il caso= essere adatto, essere opportuno, essere necessario

    a. «Non è il caso che tu ti preoccupi, sono sicura che troveremo una soluzione al problema».

    b. «Mi sembra che sia il caso di prendere provvedimenti subito, altrimenti la situazione potrebbe precipitare».

Fra tutte queste possibilità dell'uso di 'caso', scegli quella giusta da sostituire nelle frasi seguenti.

Esempio: «Non è opportuno scherzare sull'affondamento del traghetto. Sono morte venti persone!» *diventa*:

«Non è il caso di scherzare sull'affondamento del traghetto. Sono morte venti persone!».

1. Per l'appunto domani ho lezione di geometria, e quindi è opportuno che io studi.
2. La facoltà di lettere non è adatta a te, tu nelle materie umanistiche non sei mai andato bene.
3. Ma voi siete attrezzati, qualora ci fosse bisogno di trasportare dei macchinari molto ingombranti? Altrimenti, dovremo ricorrere ad un'altra ditta di traslochi.
4. Te lo giuro, è stata una coincidenza: non sapevo che tuo cugino sarebbe stato assegnato alla tua squadra.
5. Non avevo notato le indicazioni, ho girato a destra invece che a sinistra e mi sono perso.
6. Non è necessario fare tutte queste polemiche, smettetela di discutere e continuiamo a lavorare.
7. È davvero una vicenda strana, gli intrusi hanno messo tutto sottosopra ma non hanno rubato niente!
8. La sorte ha deciso che ci dovessimo incontrare proprio il giorno di Natale!
9. Nell'eventualità di ritardi, avviseremo per tempo.
10. Mia sorella è proprio strana, è convinta che tutto il mondo ce l'abbia con lei!

DA UNA PAROLA ALL'ALTRA

Per ogni coppia di parole, in successivi passaggi trasforma la prima nella seconda, cambiando ogni volta solo una lettera. Attenzione: ogni parola che utilizzi nel gioco deve esistere nella lingua italiana.

Ad esempio, da 'riso' a 'nana':

riso > *viso* > *vaso* > *naso* > *nano* > *nana*.

forza > culto	sedia > nervo	volare > patata
mosca > censo	borsa > malto	letto > forme

FUORI DALL'INQUADRATURA

➤   Il titolo del film è ispirato ad un quadro di René Magritte, "La fata ignorante", che il regista ha visto per caso in un catalogo d'arte ad Istanbul. Il co-sceneggiatore Gianni Romoli l'ha reso plurale per non dare l'impressione che fosse Antonia 'la fata ignorante'. Nel film il dipinto viene attribuito ad un certo Joseph Lanti che sembrerebbe un nome inventato da Ozpetek poiché il quadro ripreso nel film non è quello di Magritte ma un vecchio disegno fatto dal regista.

➤   Ferzan Ozpetek ha dichiarato più volte che *Le fate ignoranti* è un film autobiografico, visto che gli episodi ed i personaggi prendono spunto dalla vita del regista e di Gianni Romoli. Ozpetek inoltre abita nel quartiere Ostiense a Roma e la luminosa terrazza che si vede nel film è quella di casa sua; l'appartamento stesso di Michele è una ricostruzione basata su quello del regista.

MODI DI DIRE

Scegli dalle liste che seguono ogni citazione del film l'espressione che secondo te ha un significato simile. Aiutati anche con le altre frasi fornite come esempio, e poi inventa tu stesso tre frasi per ogni modo di dire preso in esame.

1. Michele ad Antonia: «Adesso lui non c'è più e devo anche fare i conti con te?».

   «Con Luigi ho già chiarito la faccenda, e si guarderà bene dal comportarsi male in occasioni simili; con te invece facciamo i conti più tardi, ma sappi fin da ora che sono davvero arrabbiata».

   "Fare i conti"
   a. Discutere di una questione per giustificare o rimediare.
   b. Calcolare spese e entrate.
   c. Vendicarsi.

2. Antonia al paziente sieropositivo: «La scienza ha fatto passi da gigante».

   «Francesca ha fatto passi da gigante ultimamente, è migliorata moltissimo in aritmetica e anche in storia e geografia ha preso dei voti più alti rispetto al primo quadrimestre».

   "Fare passi da gigante"
   a. Conseguire dei risultati soddisfacenti.
   b. Esagerare.
   c. Migliorare, progredire.

3. Michele agli amici: «Ragazzi, per favore, non è aria!».

«Per favore non mi seccare con questi discorsi, oggi proprio non è aria: ho già avuto un sacco di problemi in ufficio e sono stanco morto».

"Non essere aria"

    a. Trovarsi in un ambiente poco sano, con l'aria viziata.
    b. Non essere opportuno rispetto alla situazione.
    c. Soffrire per mancanza di spazi adeguati.

4. Michele ad Antonia: «Si dia pace».

«Insomma, devi rassegnarti, datti pace: per quest'anno la borsa di studio è stata già assegnata a un altro. Tu potrai riprovare l'anno prossimo».

"Darsi pace"

    a. Accettare una situazione negativa che non è possibile modificare.
    b. Fare la pace con un avversario.
    c. Rassegnarsi a subire un sopruso.

5. Michele ad Antonia: «Non venga a farmi scenate».

«Ha perso il controllo di sé e mi ha fatto una scenata tremenda, si è messa a rinfacciarmi anche cose successe tre anni fa e non la smetteva più di gridare! È stato imbarazzantissimo!».

"Fare una scenata"

    a. Dare in escandescenze.
    b. Recitare una commedia.
    c. Perdere il controllo di sé, impazzire.

6. Antonia a Michele, parlando di Sandro: «Lui pende dalle tue labbra».

«Giovanni pende dalle labbra di sua moglie, fa tutto quello che vuole lei ed è convinto che lei abbia sempre ragione».

"Pendere dalle labbra di qualcuno"

    a. Essere dipendente da qualcuno.
    b. Non apprezzare una persona per i suoi meriti.
    c. Dare molta (o eccessiva) attenzione e credito a qualcuno.

7. Amica ad Antonia: «Ti stai vedendo con qualcuno?».

«Da un po' di tempo mio fratello si vede con una ragazza molto in gamba, spero che sia una cosa seria perché sembrano fatti l'uno per l'altra».

«In quel periodo mi vedevo spesso con alcuni colleghi dell'università, ma una volta finiti gli studi ognuno è andato per la sua strada».

"Vedersi con qualcuno"

    a. Frequentare qualcuno.
    b. Avere una relazione sentimentale con qualcuno.
    c. Incontrare spesso qualcuno.

DALLA FORMA IMPLICITA ALLA FORMA ESPLICITA

Trasforma le frasi seguenti dalla forma implicita alla forma esplicita.

Esempio: «Non sapevo di <u>dover consegnare</u> oggi gli esercizi svolti» *diventa*:
«Non sapevo che <u>dovevo consegnare</u> oggi gli esercizi svolti».

Esempio: «Dopo <u>aver bevuto</u> il caffè, per favore lavate la tazzina» *diventa*:
«Dopo che <u>avrete bevuto</u> il caffè, per favore lavate la tazzina».

Esempio: «<u>Essendo</u> la temperatura molto <u>calata</u>, sulle montagne cominciò a nevicare
pur <u>essendo</u> ancora settembre» *diventa*:
«Poiché la temperatura <u>era</u> molto <u>calata</u>, sulle montagne cominciò a
nevicare nonostante <u>fosse</u> ancora settembre».

1. <u>Avendo</u> già <u>incontrato</u> quel tipaccio prima di allora, non mi auguravo certo di <u>incontrarlo</u> di nuovo.

2. Mia madre, non <u>essendo</u> sicura dell'orario di inizio della riunione, telefonò all'Associazione e la segretaria, dopo <u>averle fornito</u> tutte le informazioni, la incoraggiò anche ad invitare altre amiche.

3. Mi sono rotto il polso per <u>aver cercato</u> di scavalcare il muro della scuola.

4. I miei zii, pur <u>avendo</u> generalmente una mentalità moderna, talvolta esprimono considerazioni molto antiquate.

5. Vedevano le persone <u>correre</u> ma non sapevano perché.

6. <u>Essendo</u> ancora possibile modificare il progetto, vi conviene ricontrollare i disegni e solo dopo <u>averli corretti</u> inviare tutto alla commissione giudicatrice.

7. Se credi di <u>esserti dimostrato</u> simpatico con quelle battute sui tuoi amici, sappi invece <u>di aver fatto</u> una brutta impressione sugli altri invitati.

8. Non capisco proprio come la squadra, pur <u>essendo</u> più allenata e abituata a giocare in trasferta, dopo <u>aver segnato</u> una rete all'inizio della partita abbia poi potuto perdere per 4 a 1.

9. Non credevo proprio di <u>farcela</u> a finire di leggere il libro entro gennaio, ma <u>avendo promesso</u> di <u>restituirlo</u> al più presto ho dedicato alla lettura tutto il mio tempo libero.

10. Pensiamo di <u>tornare</u> a trovarti domani.

SPIEGA CON PAROLE TUE!

Sono qui riportate alcune citazioni dai dialoghi del film. Spiega cosa significano in relazione ai personaggi che le pronunciano e a quello che accade nel film.

1. Antonia al paziente sieropositivo: «Guardi che è una battaglia, e lei la può combattere!».

2. Michele ad Antonia: «Io non sono la tua rivale. Non ho mai cercato di portartelo via. [...] Io non sono neanche potuto venire al suo funerale».

3. Serra ad Antonia: «Ero venuta da Istanbul a Roma per cambiare la mia vita. Invece il vero viaggio è stato di salire le scale e di bussare alla porta di Michele. Non conoscevo nessuno nel palazzo e mi serviva un po' di sale. È stato l'unico ad aprire. Quando mi ha vista così sconvolta per la fatica delle scale mi ha detto: "Altro che sale, le ci vorranno i sali se non si siede!" e mi ha fatto entrare».

PICCOLE NOTE CULTURALI ED ALTRE CURIOSITÀ

➢   **Nazim Hikmet:** 1902-1963. Uno dei massimi esempi della poesia turca moderna, Hikmet passò gran parte della sua vita tra l'esilio e la prigione per le sue idee politiche comuniste. Amico di Simone de Beauvoir, Pablo Neruda e Vladimir Majakovskij, è uno scrittore nelle cui opere la politica e il mondo personale si amalgamano con un risultato particolarmente felice.

➢   **La scena iniziale nel museo:** è una citazione dell'apertura di *Vestito per uccidere* (*Dressed to Kill*, 1980) di Brian De Palma, un film sul travestitismo e sulla paura del contatto fisico.

➢   **Feste comandate:** le feste prescritte dalla chiesa cattolica, che in Italia sono spesso giorni festivi.

➢   **Caritas:** organismi istituiti nelle varie diocesi su tutto il territorio italiano allo scopo di accogliere ed aiutare chi è nel bisogno. Si ispirano in generale ai valori della religione cattolica ed in particolare fanno opere di carità e solidarietà, non solo in Italia. Molte delle persone che vi lavorano lo fanno come volontari, cioè non sono retribuiti per l'opera prestata ed il tempo che vi dedicano.

LEGGIAMO IL COPIONE

Michele è piuttosto duro con Antonia quando le rivela di essere l'amante del marito. Leggiamo insieme il loro dialogo.

Michele:	-Ma è possibile che lei non l'abbia capito? Ma si è guardata intorno? Cos'è? Ha bisogno dei sottotitoli?
Antonia:	-Ma allora perché mio marito aveva le chiavi di quest'appartamento?
Michele:	-Ma appunto! E quest'appartamento di chi è?
Antonia:	-È suo.

Michele:	-E allora? Uno più uno fa ancora due oppure no? Lei si permette di piombare a casa mia come e quando le pare. Io invece non mi sono mai potuto nemmeno avvicinare alla sua bella casettina sul fiume. Quindi non venga a farmi scene, perché qua, se c'è qualcuno che deve essere incazzato, quello sono io, non lei. Me ne sono stato zitto e buono per sette anni, adesso quindi faccia la brava lei, almeno per una volta. Tanto che le serve sapere che ero io l'amante di suo marito?
Antonia:	-No!
Michele:	-Sì, per sette anni.

In questa scena Michele contende ad Antonia la posizione di vittima della situazione che hanno vissuto per sette anni (lui come amante e lei come moglie di Massimo), ed ha nei confronti della donna un tono quasi di rivalsa come se lei ne fosse la responsabile. Cosa ne pensi della sua logica? Di chi è la responsabilità della vita che ha fatto Michele per sette anni? Perché lui se la prende con Antonia?

Dopo l'incontro con Michele, Antonia confessa alla madre che Massimo la tradiva.

Antonia:	-Massimo aveva un amante.
Veronica:	-Ah, sì? Bene.
Antonia:	-Bene?
Veronica:	-Era un essere umano dopo tutto.
Antonia:	-Mamma... per sette anni!
Veronica:	-Oh, poverina.
Antonia:	-No, ti prego, non mi compiangere adesso.
Veronica:	-No, non dicevo a te. Dicevo a quell'altra.
Antonia:	-Ma non ti riesce proprio di star dalla parte mia?
Veronica:	-Hai idea di cosa significa essere un'amante? Sempre nell'ombra, sempre a raccogliere le briciole [...]. E... pensi di incontrarla?
Antonia:	-L'ho già fatto.
Veronica:	-Ah, e com'è andata?
Antonia:	-Le ho dato uno schiaffo.
Veronica:	-Ma... ma è sposata lei a qualcuno?
Antonia:	-No... penso... penso di no.
Veronica:	-E allora? Sola tu e sola lei, potreste anche diventare amiche.

Che cosa ne pensi del discorso della madre? Pensi che i suoi commenti sarebbero gli stessi se sapesse che l'amante di Massimo era un uomo? Che tipo di reazione ti aspetteresti da una madre a una notizia del genere? Perché secondo te Antonia non rivela l'identità dell'amante?

Antonia non apprezza l'atteggiamento di Veronica rispetto a quello che le sta dicendo, ma forse la madre, con la sua esperienza e in virtù dell'affetto che ha per la figlia, riesce a vedere oltre il problema contingente, e ad offrire ad Antonia una via d'uscita a tale dolore. Sai individuare in questo dialogo quali sono gli elementi apparentemente inadatti alla situazione ma che potrebbero fornire ad Antonia una chiave di lettura degli eventi che possa mitigare la sua delusione?

LA PAROLA AL REGISTA, FERZAN OZPETEK

«Le fate ignoranti sono quelle persone che incontriamo e cambiano il corso della nostra vita. Oppure che ci danno delle emozioni e degli appigli per andare avanti. Io queste persone le ho chiamate fate, ma non assomigliano sempre a delle fate, perché non sono sempre buone, dolci, educate. Magari dicono le parolacce, le bugie e ingannano il prossimo, ma la cosa più importante è che sanno amare»[1].

1. Da quello che dice il regista sembrerebbe chiaro che Michele e i suoi amici sono "le fati ignoranti" del titolo, ma sarebbe anche possibile considerare Antonia una "fata ignorante"? Perché?

2. Ozpetek spiega il significato della parola 'fata' ma trascura il significato di 'ignorante'. Secondo te, perché le 'fate' sono 'ignoranti'?

In un'intervista su Comzine.it, il regista parla delle diverse possibilità di amare[2].

Domanda: «Hai detto, forse ironicamente, che la Medusa [il distributore de *Le fate ignoranti*, nda] avrebbe dovuto siglare il tuo film con la frase "Puoi avere delle preferenze sessuali, sentimentali no". Ci spieghi meglio?».

Ozpetek: «Questa è una cosa che penso, lo dico sempre nella mia vita. Nel senso che tutte le grandi amicizie sono dei grandi amori per me. Due uomini o due donne che sono molto amici hanno un grande amore, gli manca solo il lato sessuale. Hanno quindi delle preferenze sessuali: una ragazza magari preferisce gli uomini ma può amare "sentimentalmente" una ragazza che è sua amica. Questo mi è capitato mille volte nella vita. Mi sono innamorato di donne con cui non sono mai andato a letto».

1. Sul manifesto pubblicitario per *Le fate ignoranti* c'è scritto: «L'amore, la passione, la trasgressione, raccontate da Ferzan Ozpetek». Secondo te, quali delle due frasi è più efficace e più fedele al film: quella che compare effettivamente sulla locandina o quella che avrebbe voluto proporre la Medusa? Perché?

2. Alla luce delle parole di Ozpetek nell'intervista che hai appena letto, quali amori descrive il regista nel suo film? Pensi che Antonia e Michele si amino? In che senso?

MA ORA IL REGISTA SEI TU... E VUOI CAMBIARE TUTTO!

La morte di Massimo permette ad Antonia di scoprire la doppia vita del marito. Superato l'iniziale dolore, Antonia comincia a frequentare quelle "fate ignoranti" che irrompono nel suo mondo e fanno breccia nella sua mentalità borghese.

Ma ora il regista sei tu... e vuoi cambiare tutto!

Riscrivi la storia: Massimo non muore nell'incidente, ma Antonia scopre lo stesso la scritta dietro il quadro. Cosa succederà?

---

1 "Le fate ignoranti", www.waytrend.net/root/suoni_videorama_418.html.

2 "Le fate ignoranti di Ferzan Ozpetek", www.comzine.it/index.php?sez=ozpetek.

Se ti sembra opportuno, dopo aver raccontato questa nuova versione della vicenda cambia anche il titolo del film, e spiega i motivi della tua nuova scelta.

RIFLETTIAMO UN PO'

1. Dedica sul quadro: «A Massimo, per i nostri sette anni insieme, per quella parte di te che mi manca e che non potrò mai avere, per tutte le volte che mi hai detto "non posso", ma anche per quelle in cui mi hai detto "ritornerò". Sempre in attesa, posso chiamare la mia pazienza 'amore'? La tua fata ignorante!». Quali gioie e quali dolori sono espressi in questa dedica? In che modo sono caratteristici della condizione dell'amante? Secondo te questa dedica sarebbe stata diversa se la 'fata' fosse stata una donna? Perché?

2. Luisella a tavola, discutendo il problema di Mara del ritorno a casa, risponde così ad Antonia che dice «Non è giusto...» senza terminare la frase: «Che cosa non è giusto? Mentire a quelli che ami? Ma se poi gli dici la verità magari loro non ti amano più». Tu che ne pensi? In alcune situazioni, è giusto mentire a quelli che amiamo? Ti è mai capitato di doverlo fare? E anche: che amore è se potrebbe svanire quando ci riveliamo per quello che siamo?

3. Antonia: «Massimo non aveva solo un amante, aveva un mondo intero. La sua vera famiglia era un'altra». Così Antonia definisce Michele e il gruppo di persone che abitano con lui. Più che un gruppo di amici sembra un mondo intero di affetti, personalità, culture... Antonia questo mondo lo chiama 'famiglia'. Secondo te cosa lo caratterizza come famiglia? Qual è la tua idea di famiglia? Secondo te, al giorno d'oggi il concetto di 'famiglia' è lo stesso di 50 anni fa? Perché?

4. Michele, quando va a casa di Antonia, si guarda d'intorno poi scoppia a piangere e dice: «Perdonami... perdonami!». Di cosa sta chiedendo perdono, secondo te? A tuo parere è giusto che lo faccia? Perché?

5. Quando Antonia ha il responso delle analisi e scopre di essere incinta, commenta: «È una bellissima notizia. Sono sconvolta, ma... è bellissima», ma poi non ne parla né con Michele né con gli altri. Secondo te perché?

QUATTRO CHIACCHIERE CON...

Antonia, ma forse non solo lei, avrebbe tante domande da porre a Massimo sulla sua doppia vita e sui suoi due amori: lei stessa e Michele, una donna e un uomo.

Immagina di poter intervistare Michele. Cosa racconterebbe e spiegherebbe di sé? Cosa penserebbe del rapporto sviluppatosi fra Antonia e Michele? Trascrivi le domande che vorresti porre e le risposte che ti aspetteresti di ricevere, e poi discutine con i tuoi compagni.

NON VORRESTI SAPERNE DI PIÙ?

1. *Le fate ignoranti* si svolge a Roma ma incontriamo anche persone di altri paesi: Serra, Emir, Nora. In questi ultimi anni la composizione demografica dell'Italia sta lentamente cambiando e si arricchisce di componenti di altre etnie, altre culture, altre religioni... Quanti immigrati ci sono in Italia? Da quali paesi vengono e perché? Quali problemi affrontano? Secondo te l'immigrazione è una ricchezza o un danno per una nazione? Nel tuo paese arrivano stranieri? Come vengono accolti?

2. Ernesto, il giovane sieropositivo, ad un certo punto decide di sottoporsi alle terapie e la sua salute comincia a migliorare; il suo ragazzo, Emanuele, non è stato altrettanto fortunato, e questo ci ricorda che purtroppo l'AIDS fa ormai parte della nostra realtà, e non è un pericolo da sottovalutare. Tu sei informato al riguardo? Sai come proteggerti? Sai a chi rivolgerti per chiarire eventuali dubbi o paure? Quanto è diffuso l'AIDS in Italia e nel mondo? Inventa uno spot televisivo per la prevenzione della malattia che a tuo avviso possa essere efficace per sensibilizzare i tuoi coetanei.

3. In 90 paesi del mondo l'omosessualità è considerata un reato punibile con la reclusione, e in altri 10 è prevista la pena di morte. Da cosa dipendono questi trattamenti così drastici e ingiusti nei confronti degli omosessuali? Come pensi che i governi giustifichino queste leggi? Qual è la situazione in Italia? E nel tuo paese? E tu, che ne pensi?

4. Mara viene da un paese vicino a Catanzaro, il capoluogo della Calabria. Dove si trova questa regione? Quali sono le sue attrazioni principali? Per quali prodotti è conosciuta? Su cosa si basa la sua economia?

5. Massimo aveva una ricetta segreta per preparare le polpette. Hai anche tu qualche specialità culinaria? Trascrivi la ricetta del tuo piatto speciale, dettagliando bene in italiano le istruzioni per la preparazione.

6. Molte scene del film riprendono cene, pranzi e preparazione di cibi a casa di Michele. In Italia si dice che «A tavola non si invecchia». Che cosa significa questo proverbio? Conosci altre espressioni italiane che rivelino l'importanza del cibo e dello stare a tavola con altri commensali?

7. Guarda un altro film di Ferzan Ozpetek. Individua delle scene chiave da far vedere ai tuoi compagni, racconta loro la trama e presenta le tematiche del film.

8. Leggi le poesie riportate sotto e scegli uno degli autori da approfondire. Trova un'altra sua poesia da commentare e presentare ai tuoi compagni.

VI PRESENTO *LE FATE IGNORANTI*

Scrivi una composizione, di almeno 5000 caratteri (spazi esclusi), in cui presenti *Le fate ignoranti*: la trama, i personaggi, le tematiche affrontate, le soluzioni di regia e quant'altro ti sembra importante. Aggiungi anche una tua valutazione critica ed un commento personale.

L'ANGOLO DELLA POESIA

Uno dei temi ricorrenti ne *Le fate ignoranti* è quello della diversità, sia nella sessualità che nei modi di vivere la vita. Ma che cosa significa essere diversi? In una quartina di Sandro Penna (Perugia 1906 – Roma 1977), "Felice chi è diverso" che apre la raccolta *Appunti* (1950), il poeta risponde in maniera quasi aforistica a questa domanda. Romano per adozione, Penna occupa una posizione quasi di nicchia nella cultura letteraria italiana, in parte perché la sua poesia è estranea alle maggiori correnti poetiche del Novecento. Di carattere inquieto, e insofferente alla logica convenzionale, visse un'esistenza precaria e spesso sull'orlo della miseria. Nelle sue liriche, quasi sempre molto brevi, canta sovente l'amore omosessuale, e in particolare l'erotismo che si rivela come chiave di interpretazione della realtà. Lui stesso si definiva polemicamente «Poeta esclusivo d'amore». Dopo la pubblicazione di *Tutte le poesie* (1970), c'è stata una rivalutazione critica della sua produzione letteraria. Leggiamo insieme la poesia:

Felice chi è diverso

Felice chi è diverso
essendo egli diverso.
Ma guai a chi è diverso
essendo egli comune.

Come interpreti la diversità cantata in questa lirica attraverso un sapiente bisticcio di parole? Che differenza c'è fra il diverso 'diverso' e il diverso 'comune'? Perché il poeta si pronuncia contro i diversi 'comuni'? Che definizione daresti tu di "diverso"? Ti sei mai sentito 'diverso' per qualche motivo? In che occasione? Perché?

Nelle poesie di un altro scrittore, Dario Bellezza (Roma, 1944-1996), troviamo molti degli stessi temi affrontati ne *Le fate ignoranti* quali l'identità sessuale, la morte, la diversità, la passione. Salutato al suo esordio da Pier Paolo Pasolini come «il miglior poeta della sua generazione», Dario Bellezza è morto di AIDS nel 1996. Nella sua produzione poetica esprime il contrasto tra realtà e ideale nella società, la sofferenza del corpo e il pensiero della morte incombente, con una scrittura di chiari echi classicheggianti. Leggiamo insieme una delle sue poesie.

Né maschile né femminile, il suo sguardo

Né maschile né femminile, il suo sguardo.
Di fuori l'aria serena invade
la realtà. Io non vedo, cieco
da sempre; mi sfiguro a pensare
i lieti conforti di una età diversa,
priva del vizio della morte.

Quali elementi comuni trovi tra questa poesia e *Le fate ignoranti*? Come immagini la situazione dell'io narrante della lirica? Cosa pensi che intenda per «vizio della morte»? Quale sentimento ti suscita la lettura di questa poesia? Perché?

CAPITOLO 15
LA STANZA DEL FIGLIO

LA STANZA DEL FIGLIO, Italia/Francia, 2001

Regia	Nanni Moretti	
Sceneggiatura	Linda Ferri, Heidrun Schleef, Nanni Moretti	
Interpreti	Nanni Moretti	*Giovanni Sermonti*
	Laura Morante	*Paola*
	Jasmine Trinca	*Irene*
	Giuseppe Sanfelice	*Andrea*
	Sofia Vigliar	*Arianna*
	Silvio Orlando	*Oscar*
	Stefano Accorsi	*Tommaso*
	Alessandro Infusini	*Matteo*
	Marcello Bernacchini	*Luciano*
	Emanuele Lo Nardo	*Filippo*
Durata	99'	

IL REGISTA: NANNI MORETTI

Giovanni Moretti, detto Nanni, nasce nel 1953 a Brunico (Bolzano), dove i genitori sono in vacanza, ma cresce a Roma. Da ragazzo i suoi grandi amori sono il cinema e la pallanuoto: gioca con la Lazio in serie A e fa parte della Nazionale giovanile. Nel 1976 gira il suo primo lungometraggio, *Io sono un autarchico*, che lo farà conoscere al grande pubblico. L'anno successivo presenta *Ecce bombo* a Cannes, riscuotendo un notevole successo. Con *Sogni d'oro* (1981) vince il Gran premio speciale della giuria della Mostra del cinema di Venezia. Da allora tutti i suoi film sono successi: *Bianca*, *La messa è finita*, *Palombella rossa*, *Caro diario...* Fortemente interessato e partecipe alle vicende politiche italiane, nel 1990 Moretti realizza *La cosa* (1990), un documentario sulla controversa trasformazione del Partito Comunista Italiano nel Partito Democratico della Sinistra, e nel 1995 insieme ad altri registi italiani firma il cortometraggio *L'unico paese al mondo* che denuncia la situazione politica in Italia. Moretti e l'amico Angelo Barbagallo nel 1987 fondano la casa di produzione "Sacher Film", e nel 1996 nasce il "Sacher Festival" che promuove giovani realizzatori di cortometraggi; l'anno successivo, con Barbagallo ed altri, Moretti fonda la società di distribuzione "Tandem", realizzando così il suo sogno di fare un cinema "autarchico".

FRA I SUOI FILM PIÙ IMPORTANTI:

La stanza del figlio (2001)	*La messa è finita* (1985)
Aprile (1998)	*Bianca* (1983)
Caro diario (1994)	*Ecce bombo* (1978)
Palombella rossa (1989)	*Io sono un autarchico* (1976)

TRAMA DEL FILM

Ambientato ad Ancona, *La stanza del figlio* racconta la storia di una famiglia qualunque (Giovanni, psicanalista, la moglie Paola e due figli adolescenti, Andrea ed Irene) che improvvisamente si trova immersa in un dramma terribile, la morte del figlio Andrea. Ognuno dei familiari reagisce in maniera differente: Giovanni non riesce a mantenere vivo il rapporto con la moglie e la figlia, come non riesce a gestire i problemi psicologici dei suoi pazienti; il dolore di Paola trova sfogo anche nella ricerca di Arianna, la ragazza di Andrea della cui esistenza la famiglia non era a conoscenza prima del dramma; Irene, isolata dai genitori, piange da sola di nascosto. È un dolore che divide le persone che si amano, e che dovranno trovare la loro via per tornare a vivere.

Nel 2001 *La stanza del figlio* vince la Palma d'oro al Festival di Cannes, tre David di Donatello, un Nastro d'argento come miglior film e viene candidato agli Oscar nel 2002 come miglior film straniero.

PRIMA DI VEDERE IL FILM...

PREPARIAMOCI ALLA PROIEZIONE...

🏳 **Funerali**: quando si verifica un decesso i congiunti del defunto pubblicano un annuncio su un giornale locale o nazionale per rendere noto il luttuoso evento e il luogo delle **esequie funebri**. Gli intimi vengono comunque avvisati telefonicamente. Spesso chi riceve la notizia invia immediatamente un telegramma di **condoglianze**, cioè un'espressione di cordoglio, alla famiglia. La formula più comunemente usata è: "**Condoglianze**", che esprime la partecipazione ad un dolore altrui. Dopo gli accertamenti legali sulle cause della morte, la salma viene presa spesso in consegna da **un'impresa di pompe funebri** o da enti preposti che la puliscono, la vestono con abiti forniti dalla famiglia e la compongono in una **bara**, solitamente di legno. Per alcune ore (fino a uno o due giorni) la **salma** viene **esposta** o in casa o in luoghi appositi (**cappelle del commiato, cappelle funebri**...), dove si allestisce la cosiddetta **camera ardente** per la visita di chi desidera rivedere un'ultima volta la persona; l'**esposizione della salma** è proibita di legge nei casi in cui la causa del decesso sia una malattia altamente infettiva oppure viene evitata su richiesta della famiglia laddove le condizioni del morto rendano la sua vista troppo sconvolgente e diversa da come appariva in vita (ad esempio, nel caso di un incidente che abbia distrutto o bruciato il corpo). Intimi e conoscenti porgono il loro ultimo saluto alla salma e successivamente la bara viene chiusa e si procede alla celebrazione del funerale (che può essere, anche in questo caso, una cerimonia religiosa o una commemorazione civile), cui si partecipa **vestiti a lutto**, cioè di nero o comunque con abiti scuri. Dopo il funerale gli intimi seguono la **processione funebre** fino al **cimitero**, dove la salma viene **inumata**, cioè la bara viene sepolta. Nei giorni successivi, la famiglia può mettere un altro annuncio, sugli stessi giornali da cui era stata annunciata la morte, per ringraziare chi ha partecipato alle esequie; altrimenti vengono spediti individualmente biglietti di ringraziamento **listati a lutto**, cioè con una piccola riga nera in un angolo o a cornice del foglio. In occasione di un decesso solitamente si offrono fiori per la cerimonia in chiesa, per decorare il **carro funebre** (una macchina speciale in grado di contenere una bara) che provvederà al **trasporto funebre**, e da deporre sulla **tomba** al momento dell'inumazione. In alternativa ai fiori, talvolta la famiglia chiede a parenti e conoscenti di esprimere l'omaggio al defunto attraverso un'offerta a un ente benefico (ad esempio, un'associazione di volontariato che offre sostegno domiciliare ai malati gravi), ed in questo caso la formula usata negli annunci è "**Niente fiori ma opere di bene**".

...E AL LINGUAGGIO DEL FILM

Piccolo glossario di espressioni particolari usate nel film.

➤ **Ammonite**: fossile di mollusco a forma di spirale.
➤ **Atmosfera**: unità di misura (simbolo: atm) della pressione di un gas, equivalente a 10,132 newton/m^2.
➤ **Canna**: sigaretta fatta artigianalmente che contiene sostanze stupefacenti quali hashish, marijuana e simili.

➢ **Classico**: usato qui per '**liceo classico**'. Scuola superiore in cui si studiano anche il latino e il greco.

➢ **Dire una messa per...**: celebrare una messa di commemorazione di un defunto (**messa a suffragio**).

➢ **Embolia**: presenza di un corpo estraneo – anche gassoso – all'interno di un vaso sanguigno, che ne causa l'occlusione e spesso arriva a bloccare la circolazione provocando la morte.

➢ **Essere in riserva**: avere a disposizione di qualcosa (ossigeno, carburante...) solo una piccola scorta sufficiente a garantire un'autonomia limitata.

➢ **Farsi una sega**: masturbarsi (espressione volgare, si usa solo per la masturbazione maschile).

➢ **Fosbury**: uno degli stili del salto in alto, in cui si scavalca l'asta dorsalmente.

➢ **Linoleum**: rivestimento per pavimenti, di solito colorato, ottenuto pressando diversi materiali.

➢ **Mandare al macero**: destinare la carta alla macerazione, cioè all'immersione in acqua o altri liquidi per l'estrazione delle fibre ed il recupero del materiale per la produzione di carta riciclata.

➢ **Manometro**: apparecchio usato per misurare la pressione di un liquido.

➢ **Militare di carriera**: persona che presta il servizio militare non per la leva (servizio obbligatorio) ma come scelta professionale.

➢ **Parquet**: tipo di pavimentazione costituita da listelli di legno.

➢ **Scavalcamento ventrale**: uno degli stili del salto in alto, in cui si scavalca l'asta ventralmente.

➢ **Seduta**: incontro con il medico, uno specialista o un professionista di altro tipo per una terapia (in questo caso dallo psicanalista).

➢ **Sforbiciata**: uno degli stili del salto in alto, in cui si scavalca l'asta con un movimento a forbice delle gambe.

➢ **Squalificare**: nello sport, misura disciplinare che esclude uno o più giocatori, o anche una squadra intera da una competizione in seguito a gravi scorrettezze.

➢ **Svincolo**: strada di diramazione da un'autostrada all'altra oppure di uscita dall'autostrada.

➢ **TAC**: acronimo di tomografia assiale computerizzata, una tecnica diagnostica che permette di ricostruire l'immagine di un organo interno attraverso l'utilizzo di raggi röntgen e di un apposito rivelatore.

➢ **Tavor**: nome commerciale di un farmaco tranquillante.

➢ **Timpano**: sottile membrana che si trova all'interno dell'orecchio.

DOPO AVER VISTO IL FILM...

I PERSONAGGI

Abbina appropriatamente i personaggi della colonna sinistra con i loro nomi della colonna destra.

1.	Paziente malato di tumore	a.	Irene
2.	Figlio di Paola	b.	Paola
3.	Complice nel furto a scuola	c.	Filippo
4.	Ragazzo di Irene	d.	Oscar
5.	Psicanalista	e.	Andrea
6.	Figlia di Giovanni	f.	Luciano
7.	Ragazzo spione	g.	Giovanni
8.	Moglie di Giovanni	h.	Matteo

I PERSONAGGI: DESCRIVILI TU

1. Fai una descrizione dettagliata di Giovanni e del suo modo di vestire.
2. Descrivi la personalità di Irene, specificando quali episodi mettono in rilievo i diversi tratti del suo carattere.
3. Analizza il personaggio di Oscar: che ruolo ha nella storia?

LESSICO: I SINONIMI

Abbina ogni parola della colonna sinistra con il suo sinonimo della colonna destra.

1.	oziare	a.	chiudere
2.	botola	b.	stritolatore
3.	ovattato	c.	combinare guai
4.	pervadere	d.	poltrire
5.	tritare	e.	distributore
6.	spappolatore	f.	influenzare
7.	scemenza	g.	cacciare
8.	infastidirsi	h.	tombino
9.	fare casino	i.	forzare
10.	strusciarsi	j.	sminuzzare
11.	erogatore	k.	attutito
12.	otturare	l.	disturbarsi
13.	espellere	m.	sciocchezza
14.	scassinare	n.	sfregarsi
15.	influire	o.	permeare

LESSICO: I CONTRARI

Abbina ogni parola della colonna sinistra con il suo contrario della colonna destra.

1.	sfiduciato	a.	integro
2.	distrarsi	b.	perfetto
3.	buffo	c.	tranquillità
4.	sbeccato	d.	concentrarsi
5.	cretino	e.	riuscire
6.	difettoso	f.	fiducioso
7.	fallire	g.	tragico
8.	ansia	h.	intelligente

LESSICO: UNA PAROLA, DUE SIGNIFICATI

Abbina appropriatamente ogni parola della colonna sinistra con i suoi due significati della colonna destra.

1.	lucido	a.	recuperare posizioni
		b.	tranquillo
2.	rimontare	c.	concessione esclusiva
		d.	crepato
3.	sereno	e.	patentino
		f.	cosciente
4.	brevetto	g.	compromesso
		h.	lustro
5.	incrinato	i.	terso
		j.	salire nuovamente

LA STORIA

1. Perché Oscar è in terapia? E perché ad un certo punto la interrompe?
2. Perché Tommaso è in terapia?
3. Perché il preside della scuola di Andrea convoca Giovanni per un colloquio? Cosa è successo? E come si risolve la questione? Filippo ha visto l'ammonite o qualcos'altro?
4. È conveniente avere un negozio vicino allo studio di uno psicanalista? Perché?
5. Perché Andrea il giorno della sua morte non è andato a correre con suo padre?
6. Come è accaduto l'incidente di Andrea? Quali elementi fanno pensare che sia andata così?
7. Perché Tommaso non è andato al funerale di Andrea?
8. Perché Giovanni smette di lavorare?

9. Come reagiscono i diversi pazienti di Giovanni alla notizia che lui intende smettere di lavorare?

10. Perché Irene viene squalificata? E quando riprende a giocare?

DIAMO UN'OCCHIATA AL FILM

1. Che cosa sta succedendo in questa inquadratura? Collocala al punto giusto nella trama del film e spiega l'importanza di quello che sta accadendo.

2. Quella che vedi all'inizio del capitolo è la locandina con cui *La stanza del figlio* fu pubblicizzato in Italia al momento della sua uscita nelle sale cinematografiche. Secondo te perché fu usata proprio questa immagine per promuovere il film? Tu avresti fatto una scelta diversa? Perché?

ALTERAZIONI DI NOMI E AGGETTIVI

Oscar durante una seduta racconta un suo sogno: "Attraverso una botola vedo una <u>scaletta</u> che conduce a una <u>porticina</u>". Le due parole sottolineate si dicono 'alterate' rispetto alla loro forma di base, cioè, rispettivamente, "scala" e "porta", cui sono stati aggiunti alcuni suffissi diminutivi.

Le alterazioni possono essere accrescitive (-one, -otto, occio...), diminutive (-ino, -etto, -ello...), vezzeggiative (-uccio, -ino, -olino...), peggiorative (-accio, -astro, -ucolo, -iccio ...).

Sapresti ritornare, dalle parole alterate dell'elenco sottostante, alla forma di base che le ha generate, e anche dire che tipo di alterazione è stata applicata?

Attenzione, ci sono delle trappole: 4 parole sono solo apparentemente alterate, perché ormai la loro forma alterata è diventata indipendente da quella originaria, acquisendo stabilmente un proprio significato...

sorellastra	asinello	semolino	libretto	gommone	scatolone
omuncolo	ragazzaccio	mammina	divanetto	quadernino	giovinastro

Delle parole che seguono, invece, crea tu un accrescitivo, un diminutivo, un vezzeggiativo e un peggiorativo:

casa	sedia	zia	carta	piede	fazzoletto

Anche gli aggettivi che seguono derivano da altri, sai dire qual è la parola originaria e che significato ha così alterata?

freddino	grassoccio	furbetto	tiepidino	romanaccio	poveretto
grandicello	giallastro	paffutello	pigrone	riccone	azzurrino
dolciastro	saputello	biondiccio	magrolino	rossiccio	amarognolo
verdolino	grigiastro	palliduccio	malaticcio	calduccio	intelligentone

SINTESI

In ciascuna delle frasi che seguono sono contenute due proposizioni che devono essere ridotte a una. Per aiutarti, le parti delle frasi che devono essere sostituite o modificate sono in corsivo.

Esempio: «Il dolce *che preferisco* è il tiramisù» *diventa*:
             «Il *mio* dolce *preferito* è il tiramisù».

Esempio: «La squadra *che è stata* appena ammessa al torneo dovrà affrontare una temibile avversaria» *diventa*:
             «La squadra appena ammessa al torneo dovrà affrontare una temibile avversaria».

1. Il treno *che sta arrivando* da Bologna è in ritardo.
2. Ho comprato un quaderno *che era* uguale al tuo.
3. Il prosciutto *che è* già *tagliato a fette* puoi metterlo in frigo.
4. La tempesta *che incombe* ha spaventato gli animali.
5. Il film *che hanno trasmesso* ieri era davvero drammatico.
6. Dopo *che avrete fatto* merenda, tornate a studiare.
7. La festa *che si terrà* stasera sarà sicuramente bellissima.
8. La casa *che si trova* sulla collina è disabitata da molti anni.
9. Quelle sono tutte persone *che stanno aspettando* il dottore.
10. Le vacanze *che sono* appena iniziate vi permetteranno di riposarvi.

FUORI DALL'INQUADRATURA

➤   Per la scelta degli attori Moretti ha fatto provini a 2.500 ragazze e a 1.500 ragazzi prima di scegliere Jasmine Trinca e Giuseppe Sanfelice.

➤   Il regista spiega il titolo del film: «La stanza del figlio è quella stanza che, dopo la morte del figlio, non si ha più il coraggio di aprire, dove è difficile rientrare»[1].

➤   Ci sono state anche delle lamentele a proposito della lavorazione del film, fra le quali una dichiarazione di Stefano Accorsi (Tommaso), secondo cui Moretti per una scena gli avrebbe imposto settanta ciak. Il regista sostiene invece che si limitò a quattordici.

➤   Moretti afferma che l'associazione di idee che ha portato a scegliere il cognome del protagonista è nata dalla musica: parlando della canzone di Fiorella Mannoia il cui ritornello dice: "L'amore con l'amore si paga" gli sono venuti in mente i versi di Dante "Amor, ch'a nullo amato amar perdona" (*Inferno*, V, 103) e, per associazione d'idee, il commento di Vittorio Sermonti all'opera del poeta fiorentino. Quindi il cognome scelto è stato Sermonti, mentre il nome Giovanni è un riferimento autobiografico al regista.

CORREGGI!

Le frasi che seguono sono sbagliate: individua gli errori e correggili, tenendo presente che possono essere più d'uno in una sola frase.

1. Se avevo voluto vedere Andrea, le avrei telefonato e avrei fissato un appuntamento con lui.
2. Quando abbiamo conosciuto la tua madre ci è sembrato subito molto simpatica.
3. Qual'è secondo voi la situazione ideale in cui si ci dovrebbe trovare per raggiungere la massima concentrazione?
4. Alla televisione ultimamente non trasmettono film particolarmente interessante.
5. Non credevano che lo spettacolo era già finito, non se n'erano proprio accorte!
6. Qualcuno pensa che lui sia la colpevole, mentre qualcun'altro lo difendono a spada tratta!
7. Quell'attore è tanto bello che bravo.
8. Anche Cristina mai non ha capita come si risolve questo rompicapo.
9. Com'è andata con i nuovi sci? Ci ti sei trovata bene?
10. Se anche verrai tu saremmo proprio un bel gruppo e ci divertiremo molto.

---

1 "Moretti: «Un personaggio che mi è rimasto dentro»", *La Repubblica*, 7 marzo 2001.

MASCHILE O FEMMINILE? (plurale)

In alcuni sostantivi plurali si riscontra una peculiarità: qualche volta un sostantivo ha apparentemente due forme plurali, una maschile e una femminile, che in realtà hanno significati diversi. Riempi gli spazi vuoti nelle frasi con il termine giusto fra quelli proposti tra parentesi. Dove appropriato, ometti l'articolo. Componi poi tu stesso una frase utilizzando l'altro sostantivo.

> *Esempio*:   «_____ della bilancia sono uguali» (i bracci – le braccia) *diventa:*
> «*I bracci* della bilancia sono uguali». *Inoltre si ha:*
> «Ieri ho sollevato degli oggetti pesanti e ora mi fanno male *le braccia*».

1. Si narrano ancora _____ degli antichi eroi. (i gesti – le gesta)
2. Ho tolto _____ dalla carne prima di darla al gattino. (gli ossi – le ossa)
3. _____ della matematica si imparano già dalla scuola superiore. (i fondamenti – le fondamenta)
4. I sotterranei dell'edificio erano percorsi da interminabili _____, sembrava un labirinto! (i budelli – le budella)
5. Ho sentito un bellissimo concerto di _____. (i corni – le corna)
6. È pericoloso avvicinarsi troppo a _____ dei burroni. (i cigli – le ciglia)
7. In questa università svolgono attività di ricerca grandi _____. (i cervelli – le cervella)
8. Mi hai comprato _____ di seta per il ricamo? (i fili – le fila)
9. Quando gli gratto la testa, il mio gatto fa _____. (i fusi – le fusa)
10. Tutte quelle persone con il distintivo sono _____ dell'associazione. (i membri – le membra)

SPIEGA CON PAROLE TUE!

Sono qui riportate alcune citazioni dai dialoghi del film. Spiega cosa significano in relazione ai personaggi che le pronunciano e a quello che accade nel film.

1. Oscar, durante una seduta: «Che noia questo sogno. [...] È pieno zeppo di simboli su cui lei perderebbe sicuramente delle ore».
2. Giovanni ad un paziente: «Forse non sarò sufficientemente intelligente per lei, però qui non si tratta mica di una sfida di intelligenza, insomma, è un'altra cosa...».
3. Oscar a Giovanni, dopo aver scoperto di avere un tumore: «Ho paura. Prima quando stavo bene pensavo solo a morire, adesso mi chiedo in continuazione se riuscirò a sopravvivere».

PICCOLE NOTE CULTURALI ED ALTRE CURIOSITÀ

➤ **Marche**: è la regione in cui si svolge la vicenda. La 'marca' era una regione di confine, e nel Medioevo questo territorio segnava il limite del Sacro Romano Impero.

➤ **«L'uomo davanti all'universo»**: quando Irene e Matteo stanno facendo i compiti insieme, i versi che devono tradurre dal latino sono tratti dal primo libro (versi 1114-1117) del *De rerum natura* di Tito Lucrezio Caro (98-96 a.C. – 55 a.C.). Lucrezio, filosofo romano, divulgò la dottrina epicurea, una filosofia materialista che sostiene che per essere felici non bisogna avere paura della morte perché essa è nulla, temerla è assurdo e il dolore è sempre sopportabile. Infatti, secondo Lucrezio, il dolore stesso nasce dalla paura della morte. Nel *De rerum natura*, Lucrezio tenta di dimostrare che solo l'epicureismo può liberare le persone dalla paura, dall'ignoranza e dall'angoscia.

➤ **"Le dita del piede"**: è la poesia dello scrittore statunitense Raymond Carver (1938-1988) che Giovanni legge alla moglie Paola prima di addormentarsi.

➤ **Arianna**: nella mitologia greca Minosse, re di Creta, fu punito da Nettuno per non aver sacrificato alle figlie Arianna e Fedra un bellissimo toro bianco inviato dal dio: la moglie del re, invaghitasi del toro, concepì un figlio mostruoso, il Minotauro, che Minosse fece relegare in un labirinto costruito da Dedalo e da cui era impossibile uscire. Ogni nove anni vi venivano condotti sette giovani e sette giovinette ateniesi per essere divorati dal mostro. Teseo entrò nel labirinto e lo percorse svolgendo una matassa di filo il cui capo era tenuto, all'entrata, da Arianna; l'eroe uccise il Minotauro e poi riuscì ad uscire seguendo il filo di Arianna. Anche l'Arianna del film, come quella del mito, sembra finalmente portare fuori di casa la famiglia prigioniera del dolore negli intricati corridoi e nelle molte stanze dell'appartamento.

➤ *Insieme a te non ci sto più*: è la canzone che tutta la famiglia canta in macchina. La canzone, scritta da Paolo Conte e cantata da Caterina Caselli, è del 1968, e Moretti l'ha utilizzata anche nel finale del suo film *Bianca*.

LEGGIAMO IL COPIONE

Dopo la partita di tennis, Giovanni parla con Andrea.

Giovanni:	-Perché in te non c'è per niente la competitività, la voglia di vincere? Hai perso apposta contro Stefano, hai perso apposta.
Andrea:	-No, io oggi ho perso perché ho giocato peggio.
Giovanni:	-Ma no, tu hai perso perché giochi per giocare, così... Non giochi per vincere. Non bisognerebbe giocare per vincere? Sennò che gusto c'è? Non sei d'accordo?
Andrea:	-No.

Padre e figlio hanno opinioni diverse sul gioco. Quali aspetti del loro carattere emergono da questo dialogo? Secondo te il gioco è divertente anche se non si vince?

Quello che segue è un colloquio fra Giovanni ed Oscar in una delle ultime sedute.

Oscar: -Dopo la terapia sto male due giorni, ma sono abbastanza sereno. E poi in fin dei conti tutto dipende dall'atteggiamento che hai nei confronti della malattia. Non bisogna mai lasciarsi andare, mai darsi per vinti, è vero?

Giovanni: -Ora spesso si dice che l'atteggiamento psicologico del paziente sia fondamentale nella guarigione...

Oscar: -Secondo lei non è così?

Giovanni: -No. Secondo me non è così. Nelle malattie gravi può andare a finire bene anche se l'atteggiamento del malato è passivo, anche se il malato non ci tiene a vivere. E se invece deve andare a finire male finisce male comunque, anche se il malato è bravo, reagisce, è combattivo, finisce male anche se il malato vuole assolutamente vivere. Secondo me è così.

Secondo te perché Giovanni è così fatalista? Perché risponde così duramente a Oscar? Che tipo di risposta si sarebbe invece aspettato Oscar dal suo psicanalista?

LA PAROLA AL REGISTA, NANNI MORETTI

«L'idea [de *La stanza del figlio, nda*] nasce da due riflessioni. Volevo affrontare il tema del dolore in modo serio e raccontarlo come un sentimento che divide e lacera. Il fatto che la sofferenza unisca le persone per me è solo retorica. Ognuno ha un modo diverso di reagire e di rielaborare il dolore, è questo che accade ai tre protagonisti del film e l'unità familiare ne è stravolta. Inoltre volevo soffermarmi sulla figura di uno psicanalista, la sua vita, il suo rapporto con i pazienti e il suo lavoro in una città nella quale probabilmente di analisti ce ne sono pochi»[2].

1. Nel film quali sono i sintomi delle divisioni e lacerazioni di cui parla Moretti?

2. Nella tua esperienza, diresti che il dolore unisce o divide le persone? Perché?

«Diciamo che lì [nel finale a Mentone, in Francia, *nda*] il dolore dei tre, fino a quel momento privato e separato, ritrova un'unità, una sintonia di racconto. Ogni spettatore però vivrà quell'ultima inquadratura in modo diverso. C'è chi privilegerà il loro stare insieme, chi vorrà leggervi l'inizio di strade separate»[3].

1. Moretti lascia dunque allo spettatore la libertà d'interpretare il finale del film. Tu come lo consideri? Una riunificazione della famiglia o l'inizio di strade separate? Perché?

«Come Giovanni, il mio personaggio, non credo che esista un aldilà. Quando, nella camera ardente, il padre vede chiudere la bara, sa bene che quello è l'ultimo addio ad un figlio che non vedrà mai più. È per questo che nulla lo può confortare. Non ha la fede»[4].

---

2 "Intervista a Nanni Moretti", www.italica.rai.it/principali/argomenti/cinema/stanza/intervista.htm

3 "Intervista a Nanni Moretti", di Stefania Chinzari, www.cinemazip.it/intervista.asp?intervistaID=169.

4 "Moretti agli Oscar. *La stanza del figlio*", www.rai.it/RAInet/cinema/Rpub/raiRCiPubArticolo2/0,7740,id_obj=847^sezione=homepage^stato=,00.html

1. Secondo te è vero che la fede può aiutare ad affrontare la morte di una persona cara?
2. Nel film si cita Lucrezio (vedi: *Piccole note culturali ed altre curiosità*), ma a quanto pare anche la sua filosofia non aiuta in questi casi. Perché? Cosa c'è alla base del nostro dolore per la morte di un familiare?

«Io non parlo dei miei film prima che siano finiti, perché amo lasciare in pace gli attori, le attrici e il pubblico. Quando esce il mio film, poi, vedono il manifesto, la presentazione in televisione, ne sentono parlare qualche amico che l'ha già visto e così decidono se andarlo a vedere o meno. Io non credo che presso il pubblico ci sia questa attenzione morbosa che c'è tra i giornalisti di sapere a tutti i costi di cosa parla il nuovo film di Moretti. Io lascio in pace gli altri e vorrei essere lasciato in pace a lavorare. Se uno ha un amico pittore non gli va dietro ogni cinque minuti chiedendogli quando finisce e perché ci mette tanto. Quando finirà il quadro se ne discuterà. Porto ad esempio il film di Truffaut *La signora della porta accanto*: io non sapevo di quel finale dove muoiono sia Gérard Depardieu che Fanny Ardant. Erano già uscite le recensioni, ma io all'epoca avevo già smesso di leggerle. Per fortuna: così ho potuto rimanere in sala per cinque minuti incollato alla poltrona dopo la fine della proiezione per l'emozione ricevuta da quella scena. Che non ci sarebbe stata se io avessi saputo già tutto. Come spettatore cerco di proteggermi dal sapere tutto di un film, come regista faccio lo stesso. Finito il lavoro, se ne parla»[5].

1. Moretti spiega perché di solito non concede interviste mentre sta girando un film. Sei d'accordo con il suo ragionamento? Perché?
2. Perché secondo te i giornalisti manifestano l'attenzione morbosa di cui parla Moretti?
3. In base a quali criteri scegli di vedere un film? Ti piace sapere in anticipo la trama o preferisci essere completamente sorpreso?

MA ORA IL REGISTA SEI TU... E VUOI CAMBIARE TUTTO!

Andrea muore durante un'immersione una domenica in cui sarebbe potuto andare a correre con suo padre se questi non fosse accorso da un suo paziente. Questa tragedia sprofonda i suoi familiari nel dolore, e Paola non riesce a proteggere Giovanni dai suoi sensi di colpa.

Ma ora il regista sei tu... e vuoi cambiare tutto!

Nella storia che tu riscriverai Giovanni fissa l'appuntamento con Oscar per il giorno dopo, Andrea va a correre con il padre, e proprio per colpa di questi inciampa e cade. La caduta gli causa una grave invalidità. Quali dinamiche familiari si innescheranno a partire da questo dramma? Questo dolore unirà o dividerà la famiglia?

Se ti sembra opportuno, dopo aver raccontato questa nuova versione della vicenda cambia anche il titolo del film, e spiega i motivi della tua nuova scelta.

---

5 "L'intervista. Nanni Moretti al Giornale Radio Rai" di Antonio D'Olivo, www.rai.it/RAInet/cinema/Rpub/raiRCiPubArticolo2/0,7740,id_obj=871^sezione=homepage^stato=,00.html.

RIFLETTIAMO UN PO'

1. Giovanni dice ad Enrico, dopo la seduta in cui è stato particolarmente duro con Oscar: «Avrei voluto recuperare e chiedergli [a Oscar, *nda*] scusa, però non ce l'ho fatta. Enrico io continuo a pensare a quella domenica in cui sono andato a casa sua. Io non so se posso continuare a vederlo. Sono sicuro che assocerò sempre quel paziente alla morte di Andrea, sempre». Come mai Giovanni non riesce più ad offrire una terapia adeguata ad Oscar? In un lavoro come il suo, quanto sono importanti l'imparzialità e la distanza professionale? Perché? Quali altri mestieri richiedono questi stessi requisiti? Secondo te è sempre possibile in queste professioni mantenersi alla distanza giusta per poter esercitare?

2. Oscar: «Come è possibile andare avanti normalmente, stare anche bene, e continuare a pensare ad ammazzarsi?»; Raffaella: «E poi, guardando il titolo di un giornale, ho visto la parola 'lento'. È stato più forte di me, ho dovuto subito cercare la parola contraria»... La morte di Andrea non è l'unico dramma di questo film: anche i pazienti di Giovanni soffrono, e la loro vita non è facile. Parla di questi personaggi e immagina le difficoltà che può incontrare chi soffre di disagi psicologici di un certo rilievo.

3. Giovanni riflette mentre una paziente gli sta dicendo che intende interrompere la terapia che a suo giudizio si è rivelata inutile: «È vero, non posso fare più niente, la terapia è finita. Che farà lei adesso? Andrà da un altro analista? Lascerà perdere? Non ce l'ho fatta, ho fallito». I mestieri di medico e di psicoterapeuta sono particolarmente delicati, in quanto consistono proprio nell'alleviare le sofferenze delle persone e nell'aiutarle a risolvere problemi spesso molto dolorosi. Il fallimento di una terapia comporta sicuramente riflessioni e assunzioni di responsabilità più profonde rispetto ad altre professioni. Quali sono le tue considerazioni a questo proposito? Te la sentiresti di assumerti responsabilità così grandi? Perché?

4. Un paziente dice a Giovanni: «Nella mia vita non succede mai niente. Qui invece mi sento vivo. Posso finalmente piangere... non ero mai riuscito a piangere prima. Mi fa star bene». Secondo te perché l'uomo dice che piangere lo fa star bene? Ti capita mai di sentirti così? Nella cultura italiana l'uomo deve sempre mostrarsi forte, e spesso è costretto a nascondere i propri dolori perché non vengano considerati segni di debolezza o di scarsa virilità. Che ne pensi? Anche nella tua cultura succede la stessa cosa?

QUATTRO CHIACCHIERE CON...

Irene sembra essere la componente della famiglia che vive il lutto nel modo più equilibrato: piano piano torna alla sua vita, trova uno sfogo alla sua aggressività, cerca di salvare le consuetudini familiari preparando la colazione per tutti, ed è quella che riesce a vedere nella giusta prospettiva anche la storia di Andrea con Arianna.

Ciononostante non la sentiamo parlare molto della scomparsa del fratello: prova tu a farla sfogare, fatti raccontare come si sente, cosa le manca del fratello, se ha dei rimpianti, e come vede il suo futuro senza di lui... Trascrivi la vostra conversazione e parlane con i tuoi compagni.

NON VORRESTI SAPERNE DI PIÙ?

1. Il film è ambientato ad Ancona, nelle Marche. Quali sono le caratteristiche di questa città e di questa regione?

2. Nel film lo sport è sempre presente: pallacanestro, immersioni subacquee, corsa, tennis, salto in alto... Fai una piccola ricerca su questi sport: trova la loro terminologia specifica in italiano, scopri quali sono i principali tornei e campionati, e se vi sono campioni italiani anche di fama internazionale.

3. Abbiamo visto le responsabilità che ha uno psicanalista nei confronti dei suoi pazienti; queste responsabilità sono per molti aspetti simili a quelle del medico. In Italia i medici per poter esercitare la loro professione fanno il 'giuramento di Ippocrate'. In cosa consiste? Esiste anche nel tuo paese? La legislazione italiana ha apportato delle modifiche alla formulazione originale del giuramento, sai dire quali?

4. Quando Irene studia latino con Matteo, Giovanni sobbalza alla parola 'canna'. Fai una piccola ricerca sull'uso degli stupefacenti in Italia (non solo le cosiddette 'droghe leggere', anche le altre). Che tipo di interventi vengono fatti per salvaguardare i giovani da questo problema? E cosa invece per aiutare i tossicodipendenti ad uscire da quello che viene chiamato 'il tunnel della droga'?

5. Fai una ricerca sulle diverse figure professionali correlate ai problemi della psiche: psicologi, psichiatri, psicomotricisti, psicotecnici, psicoterapisti, psicopatologi, psicopedagoghi, psicanalisti junghiani, psicanalisti freudiani... Che tipo di studi devono fare? Di cosa si occupano in particolare? In cosa si differenzia il loro lavoro e, eventualmente, la loro terapia?

6. Fai una breve ricerca su Lucrezio e sulla filosofia epicurea.

7. Guarda un altro film di Nanni Moretti. Scegli delle scene chiave da far vedere ai tuoi compagni e racconta loro la trama del film.

8. Leggi la poesia riportata sotto e approfondisci la biografia del poeta. Trova un'altra delle sue poesie da commentare e presentare ai tuoi compagni.

VI PRESENTO *LA STANZA DEL FIGLIO*

Scrivi una composizione, di almeno 5000 caratteri (spazi esclusi), in cui presenti *La stanza del figlio*: la trama, i personaggi, le tematiche affrontate, le soluzioni di regia e quant'altro ti sembra importante. Aggiungi anche una tua valutazione critica ed un commento personale.

L'ANGOLO DELLA POESIA

Il dolore paterno alla morte del figlio è anche il tema di una famosa poesia di Giosuè Carducci (Pietrasanta, Lucca 1835 – Bologna 1907), un poeta dominante nel canone letterario del primo Novecento ma la cui fortuna è venuta meno nel secondo Novecento. Docente di "eloquenza italiana" (che poi si chiamò letteratura italiana) all'Università di Bologna dal 1860 al 1904, Carducci reagisce contro una certa corrente romantica con una produzione poetica classicistica e realistica. Le *Rime Nuove* (1861-1887) e le *Odi Barbare* (1877-1889) sono fra le sue opere poetiche più significative. Nel 1906 viene conferito al poeta il premio Nobel per la letteratura. Compose "Pianto antico" (1871) in memoria del figlio Dante che morì nel 1870 alla tenera età di tre anni. Leggiamola insieme.

Pianto antico

L'albero a cui tendevi
la pargoletta mano,
il verde melograno
da' bei vermigli fior,

nel muto orto solingo   5
rinverdì tutto or ora
e giugno lo ristora
di luce e di calor.

Tu fior de la mia pianta
percossa e inaridita,   10
tu de l'inutil vita
estremo unico fior,

sei ne la terra fredda,
sei ne la terra negra;
né il sol più ti rallegra   15
né ti risveglia amor.

Il poeta confronta i fiori del melograno con il fiore della sua vita, cioè suo figlio. Cosa del melograno risveglia il dolore del poeta? Perché? Paragona l'atteggiamento espresso dal poeta in questa poesia con quello di Giovanni Sermonti nel film. La poesia è costruita in base a delle nitide opposizioni fra le prime due strofe e le ultime due strofe (anche se l'immagine del "muto orto solingo" al verso 5 anticipa l'esito): quali sono? Che effetto fa l'uso dell'anafora (la figura retorica che consiste nella ripetizione di parole all'inizio di frasi) ai versi 9/11, 13/14 e 15/16? Scrivi una parafrasi della poesia.

CAPITOLO 16
IL CUORE ALTROVE

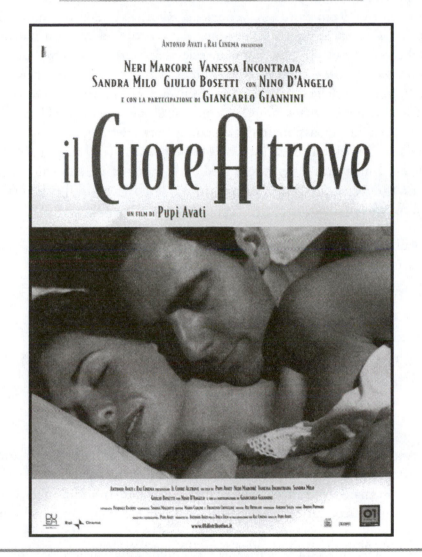

IL CUORE ALTROVE, Italia, 2003

Regia	Pupi Avati	
Sceneggiatura	Pupi Avati	
Interpreti	Neri Marcorè	*Nello Balocchi*
	Vanessa Incontrada	*Angela Gardini*
	Sandra Milo	*Arabella*
	Giulio Bosetti	*Dottor Gardini, padre di Angela*
	Nino D'Angelo	*Nino*
	Giancarlo Giannini	*Cesare Balocchi, padre di Nello*
	Anna Longhi	*Lina, la madre di Nello*
Durata	107'	

IL REGISTA: PUPI AVATI

Pupi Avati nasce a Bologna nel 1938 e rimane fortemente legato alla città natale dove ambienta molti dei suoi film, spesso di vena nostalgica ed intimista. Debutta come regista a trent'anni con l'horror *Balsamus, l'uomo di Satana*. Ritorna allo stesso genere negli anni '70 con *La casa dalle finestre che ridono* (1976), uno dei capisaldi dell'horror italiano, e ancora negli anni '80 con *Zeder* (1982). Decisamente eclettico, Avati gira inoltre film comici come *La mazurka del barone, della santa e del fico fiorone* (1975) e anche un musical, *Aiutami a sognare* (1980). In molta della sua produzione degli anni '80 si intravede una nostalgia per il passato e per le tradizioni ormai scomparse, come in *Una gita scolastica* (1983), ambientato in inizio secolo. Grande appassionato di jazz e musicista dilettante, ha anche realizzato un film sulla vita di Leon Beiderbecke, *Bix. Un'ipotesi leggendaria* (1990). Del 2001 è *I cavalieri che fecero l'impresa*, una saga avventurosa medievale tratta da un suo romanzo. Nel 2004 Avati realizza *La rivincita di Natale*, in cui si ritrova, dopo 15 anni, il riso amaro che aveva caratterizzato *Regalo di Natale*.

FRA I SUOI FILM PIÙ IMPORTANTI:

Il cuore altrove (2003)	*Storia di ragazzi e ragazze* (1988)
I cavalieri che fecero l'impresa (2001)	*Regalo di Natale* (1987)
La via degli angeli (1999)	*Festa di laurea* (1985)
L'amico d'infanzia (1994)	*Una gita scolastica* (1983)
Magnificat (1993)	*La casa dalle finestre che ridono* (1976)

TRAMA DEL FILM

Ambientato negli anni '20 tra Roma e Bologna, *Il cuore altrove* racconta la storia di Nello Balocchi, un timido professore trentacinquenne di greco e latino che si trasferisce da Roma a Bologna per insegnare in un liceo. Abbastanza imbranato con le donne, Nello si lascia consigliare da Domenico, un barbiere con il quale divide una stanza nella pensione di Arabella. Dopo qualche insuccesso, Domenico lo porta ad un tè danzante in un istituto per ciechi, dove Nello incontra la splendida e disinibita Angela, non vedente, della quale s'innamora immediatamente. Proprio l'avvenenza e la disinvoltura della ragazza creeranno molti problemi al giovane, oltre al fatto che la famiglia Balocchi non vede di buon occhio un fidanzamento con una cieca...

Nel 2003 *Il cuore altrove* riceve il David di Donatello per la miglior regia.

PRIMA DI VEDERE IL FILM...

PREPARIAMOCI ALLA PROIEZIONE...

☞ **Lucrezio**: poeta latino la cui opera più famosa è il *De rerum natura* ('La natura delle cose'). Tito Lucrezio Caro (98-96 a.C. – 55 a.C.) fu un divulgatore della filosofia epicurea, che invitava l'uomo a perseguire il piacere dello spirito anche attraverso quello del corpo e utilizzare la ragione per combattere le superstizioni e le false credenze. Il poeta sosteneva la mortalità dell'anima e che non vi fosse nessun tipo di esistenza dopo la morte. In alcuni periodi, e soprattutto in certi ambienti, la lettura del *De rerum natura* non era vista di buon occhio nelle scuole italiane, poiché propagava idee in netto contrasto con la morale cattolica. Lucrezio morì suicida, e la **follia venerea** di cui parla il preside nel film si riferisce al fatto che Lucrezio fu affetto da sifilide, malattia venerea (cioè a trasmissione sessuale) che causa anche pazzia; proprio tale pazzia, secondo alcuni, causò il suicidio del poeta.

☞ **Camino, Sistina, Fumata bianca, Conclave**: per l'elezione di un nuovo papa l'assemblea dei cardinali (**conclave**) si riunisce nella cappella **Sistina** in Vaticano e al termine dei suoi lavori procede alle votazioni. Se queste non sono valide, cioè nessuno ha ottenuto almeno due terzi dei voti più uno, le schede votate vengono bruciate insieme a della paglia umida che produce un fumo scuro, e dal **camino** (condotto di pietra che porta il fumo fuori dall'edificio) viene fatta uscire una **fumata** (ondata di fumo) **nera**. Se invece risulta eletto un nuovo papa, le schede vengono bruciate da sole, e lo sbuffo di fumo che esce dal camino è chiaro (**fumata bianca**). Nei primi tempi della cristianità, il papa veniva eletto direttamente da clero e popolo. La procedura creò alcuni problemi e papa Niccolò II (1059-1061) riservò l'elezione del pontefice ai cardinali. Gregorio X (1271-1276) stabilì nuove regole per procedere all'elezione 'in conclave', cioè 'con chiave', perché i cardinali vengono chiusi a chiave nella sala dell'adunanza per garantire l'isolamento e la segretezza.

... E AL LINGUAGGIO DEL FILM

> **Bestemmia**: oltraggio a Dio.
> **Culla di Cicerone, Livio, Seneca**: Roma.
> **Curia**: organo amministrativo del vescovo per il governo della propria diocesi, cioè della circoscrizione a lui soggetta.
> **Domineddio**: Dio (composto di *Domine* + *Dio*, Signore Iddio).
> **Grazia**: concessione straordinaria che si chiede ad un santo, ad un beato, alla Madonna o a Dio.
> **Immacolata**: ricorrenza dell'Immacolata Concezione (8 dicembre) in omaggio alla Madonna, nata senza la macchia del peccato originale. In Italia è giorno festivo.
> **Notaio**: pubblico ufficiale che può attribuire validità legale ad atti e documenti che gli vengono presentati.
> **Orsoline**: appartenenti a uno degli ordini religiosi femminili ispirati alla regola della compagnia delle dimesse di S. Orsola.
> **Periglioso**: pericoloso. Termine d'uso soprattutto letterario.

> ➤ **S. Lucia**: santa protettrice di coloro che hanno problemi di vista.
> ➤ **Sua Santità**: il Papa.
> ➤ **Udienza (papale)**: incontro con il Papa.

DOPO AVER VISTO IL FILM...

I PERSONAGGI

Scegli per ogni affermazione riguardante i personaggi del film il finale appropriato.

1. Lo zio Renato durante il suo viaggio a Prato era...

    a. diventato ladro.
    b. diventato omosessuale.
    c. stato derubato.

2. 'Nello' è il diminutivo di...

    a. Lionello.
    b. Otello.
    c. Raffaello.

3. Domenico di professione fa il...

    a. cameriere.
    b. pasticcere.
    c. barbiere.

4. La sorella di Miriam si chiama...

    a. Iole.
    b. Viola.
    c. Emanuela.

5. Domenico è di...

    a. Bologna.
    b. Napoli.
    c. Roma.

6. Nello prima di arrivare a Bologna...

    a. insegnava in una scuola femminile.
    b. dava lezioni private solo a ragazzi.
    c. insegnava solo in scuole maschili.

7. Domenico ha litigato con la moglie perché questa...

    a. lo tradiva con suo fratello.
    b. lo ha scoperto a letto con sua sorella.
    c. lo ha scoperto a letto con sua madre.

8. Angela è diventata cieca...

    a. cascando di bicicletta.

    b. perché è stata investita da un tram.

    c. in un incidente d'auto.

9. Il marito di Angela è...

    a. il medico che l'ha guarita.

    b. un diplomatico svizzero.

    c. Guido Beccalis.

I PERSONAGGI: DESCRIVILI TU

1. Fai una descrizione dettagliata di Nello e del suo modo di vestire.

2. Descrivi la personalità di Angela, specificando quali episodi mettono in rilievo i diversi tratti del suo carattere.

3. Analizza il personaggio di Cesare: che ruolo ha nella storia?

LESSICO: I SINONIMI

Abbina ogni parola della colonna sinistra con il suo sinonimo della colonna destra.

1.	auspicare	a.	bordello
2.	fifa	b.	eredità
3.	trigesimo	c.	spacconata
4.	sozzerie	d.	esonerare
5.	cesso	e.	augurare
6.	civettare	f.	irritare
7.	menomazione	g.	trentesimo
8.	lascito	h.	gabinetto
9.	torso	i.	oscenità
10.	sceneggiata	j.	invalidità
11.	bravata	k.	scorgere
12.	esentare	l.	flirtare
13.	casino	m.	paura
14.	intravedere	n.	messinscena
15.	spazientire	o.	busto

LESSICO: I CONTRARI

Abbina ogni parola della colonna sinistra con il suo contrario della colonna destra.

1.	agitare	a.	previsto
2.	candido	b.	confortante
3.	inflessibile	c.	ubriacone
4.	istruito	d.	disinvolto
5.	impudicizia	e.	nero
6.	impacciato	f.	rassicurare
7.	inatteso	g.	pudore
8.	astemio	h.	elastico
9.	intimidire	i.	incolto
10.	devastante	j.	calmare

LESSICO: UNA PAROLA, DUE SIGNIFICATI

Abbina appropriatamente ogni parola della colonna sinistra con i suoi due significati della colonna destra.

1.	pena	a.	opporsi
		b.	eseguire
2.	rimediare	c.	partita di caccia
		d.	frutto primaticcio
3.	protestare	e.	barzelletta
		f.	srotolare
4.	invertito	g.	procurarsi
		h.	fare ricorso legale
5.	svolgere	i.	anticipazione
		j.	riparare
6.	battuta	k.	omosessuale
		l.	punizione
7.	primizia	m.	pietà
		n.	rovesciato

LA STORIA

1. Perché la famiglia di Nello ha voluto che lui andasse a lavorare a Bologna?

2. Perché, come racconta Nello a cena, è stato difficile vestire Benedetto XV?

3. Qual è stato, secondo Cesare, l'errore che Dio ha commesso nei confronti della sua famiglia? E perché la moglie si arrabbia quando lui ne parla?

4. Il padre di Angela cerca di mettere in guardia Nello contro cosa? Di che si preoccupa?

5. Cos'è 'quella cosa' che Nello chiede al capocameriere Enzo? Perché questi risponde alla richiesta con un ammirato «Complimenti!»?

6. Quale parola dei telegrammi di Nello preoccupa i genitori che li ricevono? E come si concretizzano le loro preoccupazioni quando incontrano Angela?

7. Perché il prete che Nello incontra accanto all'altare di Santa Lucia gli dà del 'malato di mente'?

8. Che tipo di attività svolge la famiglia di Nello?

9. Perché il preside è convinto di dare una bella notizia a Nello quando gli mostra il giornale?

10. In quali circostanze avviene l'ultimo incontro fra Nello e Angela?

DIAMO UN'OCCHIATA AL FILM

1. Che cosa viene rappresentato in questa inquadratura? In quale momento della trama del film puoi collocarla?

2. Quella che vedi all'inizio del capitolo è la locandina con cui *Il cuore altrove* fu pubblicizzato in Italia al momento della sua uscita nelle sale cinematografiche. Secondo te perché fu usata proprio questa immagine per promuovere il film? Tu avresti fatto una scelta diversa? Perché?

SCRIVIAMO A CASA

Trasforma i telegrammi che Nello spedisce alla famiglia in lettere vere e proprie. Aiutati con i dettagli del film e con la fantasia per rendere le comunicazioni di Nello un po' più elaborate.

Esempio: «oggi bella giornata con amici – stop» *può diventare*:
«Cari genitori, oggi ho trascorso una bella giornata in campagna insieme a degli amici con cui vado sempre in gita la domenica».

1. conosciuta emanuela – stop – bella mansueta e attratta – stop – stanotte cena – stop – presto forse auspicabile vostra presenza per conoscenza ufficiale – stop – baci nello

2. conosciuta angela – stop – bellissima – stop – particolarissima – stop – speso tutti i risparmi – stop – spedire subito molti soldi – stop

3. approfondita conoscenza angela gardini – stop – convintasi nottetempo opportunità matrimonio – stop – bella dolce particolarissima – stop – urge vostra presenza per vicendevole conoscenza – stop – baci nello

QUALE DELLE TRE?

Sostituisci la parola sottolineata di ogni frase con l'alternativa più appropriata scelta fra quelle elencate. Quando la parola è contrassegnata anche con *, significa che essa costituisce un errore.

1. Emanuela: «Se *avrei delle mani così belle non lo farei».

   a. avrò
   b. avevo
   c. avessi

2. Emanuela: «Se le *facci sistemare».

   a. faccia
   b. farei
   c. farebbe

3. Domenico: «Avete colpito molto la mia fidanzata. È rimasta proprio colpita da voi».

   a. impressionato – impressionata
   b. stupito – stupita
   c. sconcertato – sconcertata

4. Angela, parlando a Nello della carrozza: «Le costerà una fortuna».

   a. tutti i suoi soldi
   b. l'intero lascito dei suoi genitori
   c. un patrimonio

5. Angela, parlando di Guido: «Magari mi ha vista e <u>si tiene alla larga</u>».

    a. si nasconde

    b. si allontana

    c. rimane a una certa distanza

6. Cesare: «Se avessimo saputo che <u>incontravamo</u> una così, ma come puoi pensare che ci *<u>saressimo</u> venuti?»

    a. incontreremmo – saremmo

    b. incontravamo – eravamo

    c. avremmo incontrato – saremmo

FUORI DALL'INQUADRATURA

➢   Il fratello del regista ha trovato Neri Marcorè un po' per caso: Antonio e Pupi Avati non riuscivano ad individuare un attore con le doti particolari necessarie per interpretare il personaggio di Nello, finché un giorno Antonio accende il televisore e vede Neri Marcorè, già famoso autore/attore comico e satirico, che conduce la trasmissione "Per un pugno di libri". Antonio telefona subito al fratello e lo sollecita a guardare la televisione, dove in quel momento c'è il conduttore televisivo più a disagio che lui abbia mai visto. In seguito a questo episodio Marcorè fu chiamato per interpretare Nello.

➢   La madre di Pupi Avati, quando il regista era ancora ragazzo, gli raccontava di un ospizio per non vedenti fuori Porta San Ruffillo (Bologna) dove le monache invitavano gli uomini di Bologna a tè danzanti nelle domeniche d'estate. Il giovane si era spesso domandato che tipo di persona avrebbe potuto partecipare a tali incontri, e proprio questo è stato lo spunto iniziale della storia di *Il cuore altrove*.

➢   Neri Marcorè aveva promesso a Pupi Avati che avrebbe imparato un brano molto impegnativo da suonare per la scena in cui Nello cena per la prima volta alla pensione di Arabella. Arrivato il giorno delle riprese, l'attore suonò un pezzo così misero che fu deciso di tagliare la scena.

FORMA IL CONTRARIO E TROVA UN SINONIMO

Per ogni parola del gruppo 'A', forma il suo contrario con l'aggiunta di un prefisso (cioè una o più lettere poste all'inizio della parola); per le parole del gruppo 'B' dopo aver formato il contrario grazie al prefisso trova un sinonimo di entrambi; anche i sinonimi devono differire fra loro solo nel prefisso. In qualche caso, puoi approfittare anche del fatto che alcune parole hanno più di un significato.

Esempio: 'cauto'; *contrario*: '*in*cauto'; *sinonimo di* 'cauto': 'prudente'; *contrario di* 'prudente': '*im*prudente'.

Gruppo 'A': orientamento, fioritura, simmetrico, impegno, perfezione, normale, giusto, organizzazione, affidabile, proporzionato, sessuato, ordine.

Gruppo 'B': esatto, congruente, discreto, sicurezza, adatto, tipico, cortese, piacere, costante.

DALLA FORMA ESPLICITA ALLA FORMA IMPLICITA

Trasforma le frasi seguenti dalla forma esplicita alla forma implicita. Ricordati di adattare anche il resto della frase (avverbi, preposizioni...).

Esempio: «Non sapevo che <u>dovevo consegnare</u> oggi gli esercizi svolti» *diventa*: «Non sapevo di <u>dover consegnare</u> oggi gli esercizi svolti».

Esempio: «Dopo che <u>avrete bevuto</u> il caffè, per favore lavate la tazzina» *diventa*: «Dopo <u>aver bevuto</u> il caffè, per favore lavate la tazzina».

Esempio: «Poiché la temperatura <u>era</u> molto <u>calata</u>, sulle montagne cominciò a nevicare <u>nonostante fosse</u> ancora settembre» *diventa*: «<u>Essendo</u> la temperatura molto <u>calata</u>, sulle montagne cominciò a nevicare <u>pur essendo</u> ancora settembre».

1. Mi piace andare al circo a vedere gli equilibristi che <u>fanno</u> le loro evoluzioni e i clown che <u>si azzuffano</u> tra loro dopo che <u>si sono fatti</u> sgambetto!
2. Potrai andare fuori a giocare solo dopo che <u>avrai finito</u> di fare i compiti e che <u>avrai fatto</u> merenda.
3. Ho deciso che <u>cambierò</u> casa, perché i vicini sono troppo fastidiosi: tutte le sere li sento che <u>litigano</u> fino a tardi e mi impediscono di dormire.
4. Visto che <u>aveva</u> già molto <u>apprezzato</u> le opere precedenti dell'autore, ha comprato anche il nuovo libro, che invece lo ha deluso molto.
5. Dopo che <u>avevamo sbrigato</u> tutte le commissioni, decidemmo che <u>ci saremmo riposati</u> in un elegante caffè del centro e che <u>avremmo bevuto</u> una cioccolata calda.

SPIEGA CON PAROLE TUE!

Sono qui riportate alcune citazioni dai dialoghi del film. Spiega cosa significano in relazione ai personaggi che le pronunciano e a quello che accade nel film.

1. Nello a Emanuela: «Anch'io se fossi una ragazza non uscirei mai con uno come me».
2. Nello fra sé, dopo aver impressionato Iole parlandole in latino: «Che idiota! Se anche a Emanuela avessi parlato in latino! O forse avrei dovuto parlarle un po' in greco. Sì, la prossima volta parlo in greco».

3. Domenico a Nello commentando l'ira del padre di Angela: «È tutta una sceneggiata per farvi cadere nella rete che vi hanno preparato e così ve la sposate veramente. Ma chi volete che se la pigli una così. Guardate in faccia la realtà. Dove lo trovano un altro fesso come voi!».

PICCOLE NOTE CULTURALI ED ALTRE CURIOSITÀ

➢ **A scuola**: fino a pochi anni fa il **preside** era il massimo responsabile all'interno di scuole medie e superiori, mentre alle scuole elementari lo era il **direttore**; questa terminologia è ancora rimasta nell'uso comune, nonostante da pochi anni in realtà le scuole materne, elementari e medie siano raggruppate nell'**istituto comprensivo**, il cui responsabile è il **dirigente scolastico**. In ogni scuola le classi si distinguono per **sezione** (la suddivisione indicata con lettere che comprende al suo interno un ciclo completo: ad esempio, dalla prima alla quinta) e **classe** (l'anno del ciclo, indicato con numerali ordinali): la IIIª B è la classe del terzo anno della sezione B. Il **compito in classe** è una prova scritta che gli studenti sostengono, per ogni materia che prevede anche esercitazioni scritte, almeno tre volte per quadrimestre (quindi almeno sei volte l'anno). Materie che solitamente prevedono esercitazioni scritte sono italiano, latino, greco, lingua straniera, matematica, e così via; mentre per altre materie le verifiche di profitto sono solo orali: filosofia, storia, fisica, e così via. La **pagella** è una scheda personale dello studente su cui i suoi insegnanti annotano il suo profitto alla fine di ogni quadrimestre. Per i bambini di solito il profitto è quantificato in **giudizi** ('insufficiente', 'sufficiente', 'buono', 'distinto', 'ottimo'), mentre alla scuola superiore si usano i numeri da 0 a 10, e 6 è il **voto** minimo di sufficienza. Si dà '**impreparato**' allo studente che dichiara di non aver studiato e non si fa interrogare sulla lezione.

➢ **Scottadito**: vivanda arrostita o sbollentata.

➢ **Puntarelle**: germogli di cicoria.

➢ **Corpo diplomatico**: insieme di persone che hanno cariche e/o incarichi diplomatici.

➢ **Mignolino**: diminutivo di 'mignolo', il quinto dito della mano. I nomi delle altre dita sono: pollice (il primo, quello opponibile), indice (il secondo), medio (il terzo) e anulare (il quarto). Per designare le dita dei piedi si usano solo i numerali (secondo, terzo, quarto, quinto) tranne che per il corrispondente del pollice, che si chiama alluce.

➢ **Ovidio**: poeta latino. Publio Ovidio Nasone (43 a.C. – 17-18 d.C.) scrisse le *Metamorfosi*, cioè "il poema delle trasformazioni" contenenti circa 250 miti, e l'*Ars amatoria* ('L'arte amatoria') che insegna come incontrare, conquistare e conservare l'amore di una donna. Dall'8 d.C. per un ordine dell'imperatore Augusto, i cui motivi sono ignoti, fu costretto a vivere a Tomi lungo il Mar Nero in esilio per il resto della sua vita.

➢ **Doris**: nome della fidanzata di Guido che, come osserva Nello, è di provenienza biblica. Doris infatti era la moglie di Erode, colui che ordinò la strage degli innocenti nel tentativo di eliminare Gesù.

➢ **Guido Guinizzelli**: (ca. 1235-1276). Giudice di professione ma anche fine poeta, con i suoi versi influenzò Dante Alighieri ed altri poeti del periodo che lo considerarono il caposcuola del *dolce stil novo*. La lirica *Al cor gentil rempaira sempre Amore*, di Guinizzelli, è infatti uno dei maggiori esempi della poetica stilnovista.

➢ **Dolce stil novo**: corrente poetica del tardo Duecento e inizio Trecento rappresentata da poeti quali Guido Guinizzelli, Guido Cavalcanti, Dante Alighieri, Lapo Gianni, Gianni Alfani, Dino Frescobaldi e Cino da Pistoia. Il nome 'dolce stil novo' compare per la prima volta nel XXIV canto del *Purgatorio* di Dante Alighieri. Dalle tradizioni poetiche precedenti gli stilnovisti riprendono l'esaltazione dell'amore come suprema forma di vera nobiltà spirituale, che risiede nell'animo e non nel sangue, e la rappresentazione della donna come figura angelica. Trasformano la letteratura d'amore in un'esperienza poetica più intima e vissuta, sciogliendo l'amore dai vincoli della corte e inserendolo nella vita cittadina.

➢ **Gaio Valerio Catullo**: (ca. 84 a.C. – ca. 54 a.C.). Uno degli esponenti più rappresentativi dei *poetae novi* latini, Catullo cantò il proprio amore con Lesbia in toni abbastanza espliciti.

➢ **Il Resto del Carlino**: un quotidiano di Bologna.

➢ **Cartina d'Italia**: nell'aula dell'Istituto Galvani la cartina politica d'Italia è anacronistica, cioè non corrisponde alla realtà politica del periodo: la cartina raffigura infatti il confine orientale dell'Italia del 1947, quando invece nell'epoca in cui è ambientato *Il cuore altrove* Pola, Fiume e l'intera Istria facevano parte del territorio italiano. Inoltre, l'ordinamento amministrativo è del tutto inadeguato a quello degli anni '20: in tale cartina compaiono Valle d'Aosta e Trentino – Alto Adige, costituite come regioni solo nel 1948, e anche il Molise, costituita addirittura nel 1963.

➢ **Circolazione stradale**: nel film le automobili 'tengono la sinistra', come è stato in Italia fino al 1º marzo 1925, data in cui fu cambiata la mano di circolazione stradale, da sinistra a destra.

➢ **Lucius Caecilius Firmianus Lactantius**: (ca. 250 – dopo il 317). Retore ecclesiastico latino, Lattanzio esalta la potenza divina che si riflette nell'atto della creazione del corpo umano nella sua opera *De opificio Dei* (303-304). Le *Divinae Institutiones* (304-313) è considerato il suo capolavoro. Quando il professor Gibertoni rimprovera Nello per non aver assegnato Virgilio, gli consiglia di leggere Lattanzio per capire perché Lucrezio non dovrebbe essere insegnato nelle scuole.

LEGGIAMO IL COPIONE

Il primo incontro fra Angela e Nello avviene all'ospizio per non vedenti, dove Nello rimane folgorato all'apparizione di lei. Già da questa conversazione emerge la personalità particolarmente estroversa e disinvolta di Angela.

Angela:	-Lo sa qual è la cosa che mi manca di più?
Nello:	-No, non lo so.
Angela:	-Se la indovina, mi faccio baciare! Ha mai baciato una ragazza cieca della quale neppure sa il nome?
Nello:	-Non... mi sembra... non... ricordo... no...
Angela:	-Allora il mio nome è Angela, però il premio c'è soltanto se indovina, eh!
Nello:	-Sì...
Angela:	-La cosa che vorrei più vedere è... ?
Nello:	-È...?
Angela:	-Su, coraggio... Lo so che è vicino... Mi toccherà baciare un romano!
Nello:	-È... È lei stessa?
Angela:	-Bravo! Bravissimo! Non sa che darei per rivedermi tutta quanta, come facevo una volta, tutte le mattine, davanti al mio specchio... Ma come fa a conoscere le donne così bene?
Nello:	-Boh!

Pensi che la domanda di Angela sia facile o difficile? Tu cosa le avresti risposto? Che cosa si capisce del carattere di Angela da questo dialogo? Riesci ad immaginare cosa mancherebbe a te se tu perdessi la vista?

Il padre di Angela cerca di mettere in guardia Nello spiegandole che tipo di donna sia sua figlia.

Gardini:	-Mia figlia, Angela, mi ha parlato di lei.
Nello:	-Ah... sì...
Gardini:	-Questa sua disponibilità ad aiutarla a cosa la devo?
Nello:	-A nulla... è che l'ho sentita interessata ad approfondire... certi classici, certi studi interrotti... certe ricerche...
Gardini:	-Angela?! Ma se è sempre stata di un'ignoranza abissale. Mai aperto un libro. Le pochissime sufficienze le deve alla sua abilità di civettare con i professori. Lo dice suo padre che la adora e che soffre come un cane per quanto le è accaduto.
Nello:	-Sembrava così avida di sapere.
Gardini:	-Lei ha la faccia... i modi... la voce proprio della brava persona.
Nello:	-Grazie.
Gardini:	-Esattamente l'opposto di quei tizi che piacciono a lei.
Nello:	-Grazie.
Gardini:	-Sa perché l'ho ricoverata in quel luogo?
Nello:	-No.

Gardini:	-Perché impari a vivere con la propria menomazione, perché quelle suore e quegli istruttori le facciano apprendere come leggere, come scrivere, come muoversi negli ambienti che non conosce, come usare le posate, versarsi da bere, entrare in una vasca da bagno, attraversare la strada... Insomma, rendersi completamente indipendente da chi vede. Mi segue?
Nello:	-Ah, sì, sì, certo.
Gardini:	-E adesso ad una settimana dal ricovero avrebbe una fortissima nostalgia per i suoi studi. Le sembra credibile?
Nello:	-Non lo so...
Gardini:	-Quello che lei prova per mia figlia... è proprio solidarietà umana?
Nello:	-Ah sì, sì... è una solidarietà grande, grandissima.
Gardini:	-Niente altro?
Nello:	-Scherza?
Gardini:	-Sappi che la sua specialità è sempre stata quella di far innamorare gli uomini per poi divertirsi a lasciarli.
Nello:	-Le sembro il tipo che si lascia illudere?
Gardini:	-Un po' sì. È per questo che la sto mettendo in guardia.

Perché il dottor Gardini ritiene che Nello debba essere 'messo in guardia'? Che tipo di immagine fornisce il padre della figlia? E che idea s'è fatto l'uomo a proposito di Nello? Secondo te, Nello avrebbe dovuto dare retta a questi avvertimenti e lasciar perdere Angela?

LA PAROLA AL REGISTA, PUPI AVATI

«Io posso dare la mia interpretazione [del finale del film, *nda*], anche se ognuno può interpretarlo come crede secondo la sua sensibilità. Per me Nello (Neri Marcorè) non canterà in nessun coro. La distanza tra il singolo e il coro è la metafora del film. Nonostante la storia intensa che vive con Angela sarà sempre l'uomo con il cuore altrove... continuerà ad investire su progetti, sui sogni, sulle attese. Così l'ho pensato io»[1].

1. Che cosa intende Avati con la metafora del coro? Ci sono altri momenti nel film in cui è presente questa metafora?

2. Quale altra interpretazione potresti dare all'ultima scena? Ti sembra un finale ottimista, pessimista, o neutro? Perché?

«[Per Angela cercavo] una bellezza indiscutibile e immediata e una ragazza che fosse dotata di un'energia che dimostrasse quanto il suo handicap fisico la ostacolasse poco. Angela è una cieca ma non dimessa. È capricciosa, arrogante, spiazzante. Basti pensare che lei dopo aver passato tutta la notte a insegnare a Nello a far l'amore continua a chiamarlo con un nome che non è il suo perché nemmeno se lo ricorda. Questa è la dimostrazione di quanto questa donna sia pericolosa per gli altri. Il tipo di donna che piace moltissimo agli uomini.

---

1 "Intervista a Pupi Avati" di Vanessa Bozzi, www.film.it/articoli/2003/01/27/365161.php.

Le donne che alternano momenti di estrema tenerezza a attimi di assoluta indifferenza sono quelle che conquistano gli uomini. Noi maschietti siamo un po' idioti...»[2].

1. Cosa ne pensi di questa descrizione del personaggio di Angela?
2. Condividi l'opinione del regista secondo cui a molti uomini piace quel tipo di donna? Perché pensi che sia così?
3. In che senso secondo te Pupi Avati dice che gli uomini sono idioti?

MA ORA IL REGISTA SEI TU... E VUOI CAMBIARE TUTTO!

Nello Balocchi s'innamora perdutamente di Angela Gardini ed è pronto a soddisfare tutte le sue richieste, anche le più irragionevoli, assurde e umilianti pur di starle vicino.

Ma ora il regista sei tu... e vuoi cambiare tutto!

Nella storia che tu riscriverai il professore di greco e latino si innamora perdutamente di Iole, la fidanzata di Domenico, ma il barbiere napoletano non mollerà così facilmente, e... cosa succederà nella competizione fra l'esperto Domenico e Nello, così maldestro con le ragazze?

Se ti sembra opportuno, dopo aver raccontato questa nuova versione della vicenda cambia anche il titolo del film, e spiega i motivi della tua nuova scelta.

RIFLETTIAMO UN PO'

1. Nello racconta ai suoi studenti: «Fin da bambino per essere incuriosito da un testo avevo bisogno di sapere qualcosa di più sulla vita di un autore, di quell'autore. Qualcosa che riguardasse il suo rapporto con il mondo, con le persone. Insomma, qualcosa che mi colpisse, che me lo rendesse più vicino in qualche modo». Senti anche tu la stessa esigenza quando leggi un testo? Ritieni che conoscere la vita di un autore possa aiutare il lettore a capirne l'opera?
2. A cena, un coinquilino di Nello dichiara: «Dare il voto alle donne è come portare la politica in camera da letto, luogo che mi sembra più adatto a ben altre cose!». Che tipo di mentalità è questa? Secondo te esistono ancora persone che la pensano così? Perché?
3. Quando Angela chiede a Nello quali siano le cose che più ha desiderato e non ha avuto, lui risponde: «Un amico vero. Una fidanzata vera», cioè l'amore vero e la vera amicizia. Come si distinguono l'amore e l'amicizia veri da quelli che non lo sono? Quanto sono importanti, secondo te, nella vita delle persone? E nella tua?

---

2 Ibid.

4. Cesare, dopo aver conosciuto Angela, dice a Nello: «Io non ce l'ho coi ciechi. Quelli fanno il loro dovere. Se la natura li ha puniti, tocca aiutarli. Facciamogli degli ospizi, diamogli i cani, ma per favore, non sposiamoli proprio noi!». Questo modo di pensare è comune non solo nei confronti dei non vedenti ma più in generale di coloro che in qualche modo ci appaiono 'diversi' da noi. Sai fare degli esempi? Pensi che si dovrebbe fare qualcosa per cambiare questa mentalità? Oppure sei d'accordo con Cesare? Secondo te perché alcune persone la pensano così?

QUATTRO CHIACCHIERE CON…

Cesare Balocchi apparentemente tratta i familiari, e non solo loro, senza grande rispetto: tradisce la moglie con Lella e poi propone la stessa dipendente a Nello come sposa; prende in giro senza pietà il fratello omosessuale; considera Nello come il figlio che doveva essere morto al posto del gemello; all'incontro con Angela reagisce in modo molto ostile perché la ragazza è cieca.

Supponi di poter intervistare Cesare, ponigli delle domande che permettano al pubblico di capirlo meglio, e immagina le sue risposte. Trascrivi la tua intervista e discutine con i compagni.

NON VORRESTI SAPERNE DI PIÙ?

1. Bologna è nota come "la rossa, la grassa, la dotta". A cosa si riferiscono queste tre parole e perché vengono usate per descrivere Bologna? Quali sono le attrazioni principali della città? Quali sono i suoi piatti tipici?

2. Le immagini che scorrono durante i titoli di testa provengono da filmati degli anni '20 e la storia si svolge in un anno non precisato durante il papato di Pio XI (1922-1939). Cesare Balocchi fa il sarto e veste l'alto clero in un periodo in cui il rapporto tra stato e chiesa era piuttosto difficile. Qual era la situazione politica in Italia in quel periodo? Quali erano i problemi fra lo Stato e la Chiesa? Come si sono risolti?

3. Nello è un grande appassionato di poeti greci e latini. Spesso filtra le sue emozioni tramite i loro versi. Scegli uno dei suoi poeti preferiti e indaga sulla sua poetica.

4. L'Italia è rinomata per le sue grandi firme della moda. Quali sono gli stilisti italiani più conosciuti a livello internazionale? Quali sono i maggiori centri dell'industria della moda in Italia e quali le più importanti manifestazioni (mostre-mercato, esposizioni, sfilate…) che vi si tengono? Sapresti tracciare una breve storia del tessile e della moda in Italia?

5. Quali sono le principali organizzazioni e associazioni al servizio dei non vedenti in Italia? Quali attività svolgono? Quanto è diffuso questo handicap? Negli ultimi anni si stanno facendo grossi progressi e si stanno intraprendendo molte iniziative per agevolare la vita delle persone afflitte da questo problema, sai fare alcuni esempi? Cosa manca ancora? In alcuni casi esistono anche delle soluzioni terapeutiche, quali? Nel tuo paese, qual è la situazione?

6. Dov'è lo stato Vaticano? Che forma di governo c'è? Chi lo dirige? Qual è la sua storia?

7. Guarda un altro film di Pupi Avati. Individua delle scene chiave da far vedere ai tuoi compagni, racconta loro la trama e presenta le tematiche del film.

8. Leggi la poesia di Guido Guinizzelli riportata sotto. Approfondisci la biografia dell'autore e trova un'altra delle sue poesie da commentare e presentare ai tuoi compagni.

VI PRESENTO *IL CUORE ALTROVE*

Scrivi una composizione, di almeno 5000 caratteri (spazi esclusi), in cui presenti *Il cuore altrove*: la trama, i personaggi, le tematiche affrontate, le soluzioni di regia e quant'altro ti sembra importante. Aggiungi anche una tua valutazione critica ed un commento personale.

L'ANGOLO DELLA POESIA

Ne *Il cuore altrove* si parla di amore facendo spesso riferimento alla poesia. L'esaltazione della donna come fonte d'amore e di ispirazione trova un suo antecedente illustre nello stilnovismo più volte citato da Nello Balocchi. Il bolognese Guido Guinizzelli (Bologna ca. 1235 – Monselice 1276) espone nel sonetto "Io voglio del ver la mia donna laudare" alcune delle caratteristiche della poetica stilnovista quali l'identità di amore e cuor gentile, la donna angelo, lo sguardo della donna, il saluto della donna e l'effetto della donna su coloro che la vedono.

Io voglio del ver la mia donna laudare

Io voglio del ver la mia donna laudare
ed asembrarli la rosa e lo giglio:
più che stella diana splende e pare,
e ciò ch'è lassù bello a lei somiglio.
Verde river' a lei rasembro e l'âre,
tutti color di fior', giano e vermiglio,
oro ed azzurro e ricche gioi per dare:
medesmo Amor per lei rafina meglio.
Passa per via adorna, e sì gentile
ch'abassa orgoglio a cui dona salute,
e fa 'l de nostra fé se non la crede;
e no lle pò apressare om che sia vile;
ancor ve dirò c'ha maggior vertute:
null' om pò mal pensar fin che la vede.

Scrivi una parafrasi della poesia. Come viene rappresenta la donna? Che effetto ha la donna su quelli che saluta? Quali sono i pregi maggiori della donna descritta nella lirica? Pensi che Nello Balocchi abbia un atteggiamento simile verso Angela (nome assai significativo!)? Secondo te quali sono gli aspetti positivi e negativi di una idealizzazione del genere della donna amata? Che effetto fa se sostituisci "donna" con "uomo" (naturalmente con tutte le altre sostituzioni di genere necessarie) nel sonetto e cosa ne pensi del cambiamento?

CREDITI

Hanno gentilmente autorizzato la pubblicazione delle immagini e dei testi poetici:

Photofest per l'immagine in copertina tratta da *Pane e tulipani* e le immagini alle pagine 1, 6, 19, 35, 40, 67, 73, 87, 92, 110, 150

Scuola Nazionale del Cinema (Roma) per le immagini alle pagine 24, 105, 145, 163, 181, 186, 199, 206, 219, 237, 242

Maurizio Nichetti, Bambù cinema e TV per le immagini tratte da *Ladri di saponette*.

Fotografo Sergio Strizzi e Copyright Melampo Cinematografica per le immagini tratte da *La vita è bella*.

Sacher Film s.r.l. per le immagini tratte da *La stanza del figlio*.

DUEA Film s.r.l. per le immagini tratte da *Il cuore altrove*.

Mondadori per "Amicizia" (pagina 34) di Vincenzo Cardarelli tratta dal volume *Opere*, Mondadori, Milano 1981.

Mondadori per "Ricordo una stagione" (pagina 50) di Maria Luisa Spaziani tratta dal volume *Le acque del Sabato*, Mondadori, Milano 1954.

Mondadori per "La prigione" (pagina 50) di Maria Luisa Spaziani tratta dal volume *Utilità della memoria*, Mondadori, Milano 1966.

Dino Buzzati Estate per "La saponetta" (pagina 66) di Dino Buzzati tratta da *Il panettone non bastò* di Dino Buzzati. © 2004 Copyright Dino Buzzati Estate. All rights reserved. Published in Italy by Arnoldo Mondadori Editore, Milano.

Gianfranco Zavalloni per "Manifesto dei diritti naturali di bimbe e bimbi" (pagina 85) di Gianfranco Zavalloni, http://www.scuolacreativa.it/

Mondadori per "Ed è subito sera" (pagina 161) di Salvatore Quasimodo tratta dal volume *Tutte le poesie*, Mondadori, Milano 2003.

Mondadori per "Forse un mattino andando in un'aria di vetro" (pagina 161) di Eugenio Montale tratta dal volume *Tutte le poesie*, Mondadori, Milano 2004.

Mondadori per "Natale" (pagina 179) di Giuseppe Ungaretti tratta dal volume *Vita di un uomo. Tutte le poesie*, Mondadori, Milano 2003.

Paola Gatto per "Settembre a Venezia (1939)" (pagina 196) e "Natale al Caffè Florian" (pagina 197) di Alfonso Gatto, tratte dal volume *Poesie (1929-1969)*, Mondadori, Milano 1972.

Garzanti Libri per "Supplica a mia madre" (pagina 217) di Pier Paolo Pasolini tratta dal volume *Bestemmia*, Garzanti, Milano 1996.

Feltrinelli per "L'amante distratto" (pagina 235) di Stefano Benni tratta dal volume *Ballate*, Feltrinelli, Milano 1991.

Feltrinelli per "L'amore passa" (pagina 235) di Stefano Benni tratta dal volume *Prima o poi l'amore arriva*, Feltrinelli, Milano 1981.

Garzanti Libri per "Felice chi è diverso" (pagina 253) di Sandro Penna tratta dal volume *Tutte le poesie*, Garzanti, Milano 1970.

Gloria Bellezza per "Né maschile né femminile, il suo sguardo" (pagina 253) di Dario Bellezza tratta dal volume *Serpenta*, Mondadori, Milano 1987.